SALLY ROONEY, geboren 1991, studierte am Trinity College und lebt in Dublin. 2017 erschien ihr gefeierter Debütroman *Gespräche mit Freunden*. Ihr zweiter Roman *Normale Menschen* wurde 2018 zum weltweiten Bestseller und literarischen Ereignis – er ist die Vorlage für die international erfolgreiche TV-Serie *Normal People*, deren Drehbuch sie mitverfasste. Sally Rooney gehört zu den herausragendsten Autorinnen der Gegenwart und gilt als ausdrucksstärkste Stimme ihrer Generation. *Schöne Welt, wo bist du* ist ihr dritter Roman.

SALLY
ROONEY

SCHÖNE WELT, WO BIST DU

ROMAN

Aus dem Englischen
von Zoë Beck

ULLSTEIN

Besuchen Sie uns im Internet:
www.ullstein.de

Wir verpflichten uns zu Nachhaltigkeit
- Papiere aus nachhaltiger Waldwirtschaft und anderen kontrollierten Quellen
- Druckfarben auf pflanzlicher Basis
- ullstein.de/nachhaltigkeit

Die Übersetzung dieses Buchs wurde von Literature Ireland gefördert.

LITERATURE IRELAND
Promoting and Translating Irish Writing

FSC MIX Papier FSC® C083411

Ungekürzte Ausgabe im Ullstein Taschenbuch
1. Auflage Juli 2022
2. Auflage 2024

Die englische Originalausgabe erschien 2021 unter dem Titel *Beautiful World, Where Are You* bei Faber & Faber, London.

Umschlaggestaltung: zero-media.net, München,
nach einer Vorlage von Büro Jorge Schmidt, München
Titelabbildung: © Sara Herranz
Satz: Pinkuin Satz und Datentechnik, Berlin
Gesetzt aus der Legacy
Druck und Bindearbeiten: CPI books GmbH, Leck
ISBN 978-3-548-06614-1

»Wenn ich etwas schreibe, denke ich meist, daß es sehr wichtig ist und daß ich eine sehr große Schriftstellerin bin. Ich glaube, das geht allen so. Aber es gibt einen Winkel in meiner Seele, in dem ich sehr wohl und immer weiß, was ich bin, nämlich eine ganz kleine Schriftstellerin. Ich schwöre, daß ich es weiß. Aber es kümmert mich nicht weiter.«

Natalia Ginzburg, »Mein Beruf«

1

Eine Frau saß in einer Hotelbar und behielt die Tür im Auge. Ihre Erscheinung war ordentlich und gepflegt: weiße Bluse, das blonde Haar hinter die Ohren gestrichen. Sie warf einen Blick auf ihr Telefon, das einen Chatverlauf anzeigte, und sah dann wieder zur Tür. Es war Ende März, die Bar war ruhig, und vor dem Fenster rechts von ihr ging gerade die Sonne über dem Atlantik unter. Es war vier Minuten nach sieben, dann fünf, dann sechs. Kurz und ohne erkennbares Interesse betrachtete sie ihre Fingernägel. Um acht Minuten nach sieben trat ein Mann durch die Tür. Er war schlank und dunkelhaarig und hatte ein schmales Gesicht. Er sah sich um, scannte die Gesichter der anderen Gäste, zog dann sein Telefon hervor und checkte die Nachrichten. Die Frau am Fenster bemerkte ihn, aber abgesehen davon, dass sie ihn beobachtete, unternahm sie keine weiteren Anstrengungen, um seine Aufmerksamkeit auf sich zu lenken. Sie schienen ungefähr im gleichen Alter zu sein, Ende zwanzig oder Anfang dreißig. Sie ließ ihn dort stehen, bis er sie sah und zu ihr kam.

Bist du Alice?, fragte er.

Bin ich, antwortete sie.

Okay, ich bin Felix. Tut mir leid, ich bin zu spät.

Sie erwiderte sanft: Schon in Ordnung. Er fragte, was sie trinken wolle, und ging dann zur Bar, um zu bestellen. Die Bedienung erkundigte sich, wie es ihm ging, und er antwortete: Gut, und selbst? Er bestellte einen Wodka Tonic und ein Lager. Statt die Flasche Tonic Water mit an den Tisch zu nehmen, leerte er sie mit einer schnellen, geübten Bewegung ins Glas. Die Frau am Tisch trommelte mit den Fingern auf einen Bierdeckel und wartete. Seit der Mann den Raum betreten hatte, wirkte sie aufmerksamer und munterer. Sie sah jetzt nach dem Sonnenuntergang, als fände sie ihn interessant, obwohl sie ihm vorher keine Beachtung geschenkt hatte. Als der Mann zurückkam und die Getränke abstellte, schwappte das Lager etwas über, und sie beobachtete, wie ein Tropfen schnell am Glas herablief.

Du hast gesagt, du wärst gerade erst hergezogen, sagte er. Stimmt das?

Sie nickte, nahm einen Schluck, leckte sich die Oberlippe.

Und warum?, fragte er.

Wie meinst du das?

Ich meine, es gibt nicht so viele Leute, die hierherziehen. Normalerweise ziehen die Leute eher weg. Du bist wohl kaum wegen der Arbeit hier, oder?

Oh. Nein, nicht wirklich.

Ein flüchtiger Blick zwischen ihnen zeigte, dass er wohl eine ausführlichere Antwort erwartete. Ein Flackern huschte über ihr Gesicht, als versuchte sie, eine Entscheidung zu treffen, dann lächelte sie ungezwungen, fast schon konspirativ.

Na ja, ich wollte sowieso umziehen, sagte sie, und dann hörte ich von einem Haus hier etwas außerhalb der Ortschaft – eine Freundin von mir kennt die Besitzer. Offenbar versuchen sie schon ewig, es zu verkaufen, und jetzt haben sie nach jemandem gesucht, der in der Zwischenzeit dort wohnt. Jedenfalls dachte ich, es wäre nett, am Meer zu leben. Ein bisschen impulsiv wahrscheinlich, aber – na ja, das ist die ganze Geschichte, es gibt keinen anderen Grund.

Er trank und hörte ihr zu. Gegen Ende ihrer Bemerkungen

schien sie etwas nervös geworden zu sein, was sich in Kurzatmigkeit und einem selbstironischen Gesichtsausdruck äußerte. Gelassen betrachtete er ihre Darbietung und stellte dann sein Glas ab.

Ah, okay, sagte er. Und vorher warst du in Dublin, oder?

Nicht nur. Ich war eine Weile in New York. Ich bin eigentlich aus Dublin, das hab ich dir, glaube ich, geschrieben. Aber bis letztes Jahr habe ich in New York gelebt.

Und was willst du hier machen? Suchst du einen Job oder so?

Sie zögerte. Er lächelte und lehnte sich auf seinem Stuhl zurück, ließ sie dabei nicht aus den Augen.

Tut mir leid, dass ich so viel frage, sagte er. Ich versteh das alles noch nicht so ganz.

Nein, schon in Ordnung. Aber ich bin nicht so gut darin, Fragen zu beantworten, wie du merkst.

Als was arbeitest du denn? Das ist meine letzte Frage.

Sie lächelte zurück, jetzt angespannter. Ich bin Schriftstellerin, sagte sie. Und du? Erzähl doch mal, was du so machst.

Ach, nichts so Außergewöhnliches. Ich würde gern wissen, worüber du schreibst, aber ich werde nicht fragen. Ich arbeite in einem Warenlager etwas außerhalb.

Und was machst du da?

Tja, was mache ich da, wiederholte er philosophisch. Ich hole die Bestellungen aus den Regalen und lege sie in einen Wagen und bringe sie nach vorn, wo sie eingepackt werden. Nicht sehr aufregend.

Das heißt, es gefällt dir nicht?

O Gott, nein, sagte er. Ich hasse diesen Scheißladen. Aber man bezahlt mir kein Geld für etwas, das mir Spaß macht, oder? Das ist das Problem mit der Arbeit, würde sie einem gefallen, würde man sie umsonst machen.

Stimmt, sagte sie und lächelte. Draußen vorm Fenster war der Himmel dunkler geworden, und unten auf dem Campingplatz gingen die Lichter an: das kühle, kristallene Schimmern der Außenleuchten und das wärmere, gelbe Licht in den Fenstern. Die Bedienung war hinter der Bar hervorgekommen und wischte die leeren Tische mit einem Tuch ab. Die Frau, Alice, sah ihr ein paar Sekunden lang zu und richtete dann wieder den Blick auf den Mann.

Und was macht man hier so, um Spaß zu haben?, fragte sie.

Dasselbe wie überall sonst auch. Ein paar Pubs. Ein Club unten in Ballina, gut zwanzig Minuten mit dem Auto von hier. Und es gibt natürlich die Freizeitparks, aber die sind eher für Kinder. Ich nehme an, du hast hier in der Gegend keine Freunde, oder?

Ich glaube, du bist der erste Mensch, mit dem ich mich unterhalte, seit ich hergezogen bin.

Er hob die Augenbrauen. Bist du schüchtern?, fragte er.

Sag du's mir.

Sie sahen sich an. Jetzt wirkte sie nicht mehr nervös, sondern irgendwie unnahbar, während sein Blick über ihr Gesicht glitt, als versuchte er, etwas zusammenzufügen, eine Sekunde, zwei – doch er schien nicht davon überzeugt zu sein, dass es ihm gelungen war.

Könnte sein, sagte er.

Sie fragte ihn, wo er wohne, und er sagte, in einem Haus ganz in der Nähe, zur Miete, zusammen mit ein paar Freunden. Mit einem Blick aus dem Fenster fügte er hinzu, man könne das Grundstück von da, wo sie saßen, fast sehen, direkt hinter dem Campingplatz. Er beugte sich über den Tisch und versuchte, es ihr zu zeigen, aber dann sagte er, es sei doch schon zu dunkel. Jedenfalls gleich dort drüben, auf der anderen Seite. Während er ihr so nah war, trafen sich ihre Blicke.

Sie sah schnell auf ihren Schoß, und als er sich wieder hinsetzte, schien er ein Lächeln zu unterdrücken. Sie fragte ihn, ob seine Eltern noch in der Gegend wohnten. Er sagte, seine Mutter sei im letzten Jahr gestorben, und sein Vater sei »Gott weiß wo«.

Ich meine, fairerweise sollte ich sagen, er ist wahrscheinlich in einer Stadt wie Galway, fügte er hinzu. Er wird vermutlich nicht eines Tages in Argentinien oder so auftauchen. Aber ich habe ihn seit Jahren nicht gesehen.

Tut mir leid mit deiner Mutter, sagte sie.

Ja. Danke.

Ich habe meinen Vater eigentlich auch schon eine Weile nicht mehr gesehen. Er ist – nicht sehr zuverlässig.

Felix sah von seinem Glas auf. Oh?, sagte er. Trinkt er?

Mhm. Und er – na ja, er denkt sich Geschichten aus.

Felix nickte. Ich dachte, das wäre dein Job, sagte er.

Bei dieser Bemerkung wurde sie rot, was ihn zu überraschen und sogar zu beunruhigen schien. Sehr witzig, sagte sie. Egal. Willst du noch was trinken?

Nach dem zweiten tranken sie ein drittes Glas. Er fragte, ob sie Geschwister habe, sie sagte ja, einen jüngeren Bruder. Er sagte, er habe auch einen Bruder. Am Ende des dritten Drinks war Alice' Gesicht gerötet, und ihr Blick glasig und strahlend. Felix sah exakt so aus wie zu dem Zeitpunkt, als er die Bar betreten hatte, die gleiche Haltung, der gleiche Ton. Aber während ihr Blick zunehmend durch den Raum wanderte und ein diffuseres Interesse an ihrer Umgebung erkennen ließ, wurde die Aufmerksamkeit, die er ihr schenkte, eindringlicher und entschlossener. Um sich abzulenken, ließ sie das Eis in ihrem leeren Glas klirren.

Möchtest du dir mein Haus anschauen?, fragte sie. Ich will schon die ganze Zeit damit angeben, aber ich kenne hier niemanden, den ich einladen könnte. Ich meine, ich werde natürlich meine Freunde einladen. Aber sie sind alle woanders.

In New York.

Die meisten in Dublin.

Wo ist denn das Haus, fragte er, können wir hinlaufen?

Auf jeden Fall. Das müssen wir sogar. Ich kann nicht fahren, du?

Nicht im Moment, nein. Jedenfalls würde ich das nicht riskieren. Aber ich habe einen Führerschein, doch.

Ach wirklich, murmelte sie. Wie romantisch. Willst du noch was trinken, oder sollen wir los?

Er runzelte die Stirn über die Frage oder darüber, wie sie formuliert war, oder über den Gebrauch des Wortes »romantisch«. Sie wühlte in ihrer Handtasche, ohne aufzusehen.

Ja, lass uns los, warum nicht, sagte er.

Sie stand auf und zog ihren Mantel an, einen beigefarbenen einreihigen Regenmantel. Er sah zu, wie sie den Aufschlag eines Ärmels umkrempelte, damit er zu dem anderen passte. Als sie aufrecht stand, war er nur wenig größer als sie.

Wie weit ist es?, fragte er.

Sie lächelte ihn spielerisch an. Überlegst du es dir anders?, fragte sie. Wenn du keine Lust mehr hast zu laufen, kannst du mich jederzeit stehen lassen und umkehren, ich bin es gewohnt. Das Laufen, meine ich. Nicht stehen gelassen zu werden. Es könnte sein, dass ich daran auch gewöhnt bin, aber das ist nichts, was ich einem Fremden anvertrauen würde.

Darauf erwiderte er rein gar nichts, er nickte nur mit einem flüchtigen Ausdruck düsterer Nachsicht, als hätte er nach ein oder zwei Stunden Unterhaltung beschlossen, diesen Teil ihrer Persönlichkeit, ihre Tendenz, »witzig« und ausschweifend zu sein, zu ignorieren. Beim Rausgehen verabschiedete er sich von der Bedienung. Alice stutzte und sah sich um, als wollte sie die Frau noch einmal betrachten. Draußen auf dem Gehweg fragte sie ihn, ob er sie kenne. Die Wellen rauschten tief und ruhig hinter ihnen, und die Luft war kalt.

Die Frau, die dort arbeitet?, fragte Felix. Ja, ich kenne sie. Sinead. Warum?

Sie wird sich fragen, warum du dich da drin mit mir unterhalten hast.

In flachem Ton erwiderte Felix: Ich vermute mal, sie hat da schon den richtigen Eindruck. In welche Richtung müssen wir?

Alice schob die Hände in die Taschen ihres Regenmantels und schlug den Weg ein, der den Hügel hinaufführte. Sie schien eine Art Herausforderung, vielleicht sogar Ablehnung in seinem Tonfall erkannt zu haben, und anstatt eingeschüchtert zu sein, wirkte sie nur entschlossener.

Warum? Triffst du dich dort oft mit Frauen?, fragte sie.

Er musste sich beeilen, um mit ihr Schritt zu halten. Das ist eine seltsame Frage, antwortete er.

Wirklich? Ich vermute mal, dass ich ein seltsamer Mensch bin.

Geht es dich was an, ob ich mich hier mit Leuten treffe?, fragte er.

Natürlich nicht, das ist deine Sache. Ich bin nur neugierig.

Er schien darüber nachzudenken und wiederholte währenddessen in einem leiseren, weniger sicheren Ton: Ja, aber ich wüsste nicht, was dich das angeht. Nach ein paar Sekunden fügte er hinzu: Du hast das Hotel vorgeschlagen. Nur um das mal klarzustellen. Ich gehe da normalerweise nicht hin. Also nein, ich treffe mich dort nicht sehr oft mit Leuten. Okay?

Schon okay, schon gut. Ich bin nur neugierig geworden wegen deiner Bemerkung über die Frau hinter der Bar, sie habe den »richtigen Eindruck« davon, warum wir dort waren.

Na ja, ich bin mir sicher, sie hat sich zusammengereimt, dass wir ein Date hatten, sagte er. Mehr meinte ich nicht.

Obwohl sie sich nicht zu ihm umdrehte, zeichnete sich auf Alice' Gesicht mehr Erheiterung ab als zuvor, oder eine andere Art von Erheiterung. Es stört dich nicht, wenn dich Leute, die du kennst, bei einem Date mit einer Fremden sehen?, fragte sie.

Du meinst, weil es peinlich ist oder so? Stört mich nicht, nein.

Den Rest des Weges entlang der Küstenstraße zu Alice' Haus unterhielten sie sich über Felix' Sozialleben, oder vielmehr stellte Alice einige Fragen zu dem Thema, die er sich durch den Kopf gehen ließ und beantwortete. Beide sprachen lauter als zuvor, um das Rauschen des Meeres zu übertönen. Er offenbarte keinerlei Überraschung angesichts ihrer Fragen und antwortete bereitwillig, wenn auch knapp und ohne irgendetwas preiszugeben, was sie nicht direkt einforderte. Er sagte, dass er sich in erster Linie mit Leuten traf, die er aus der Schule oder von der Arbeit kannte. Die beiden Kreise überschnitten sich etwas, aber nicht sehr. Er stellte ihr seinerseits keine Fragen, vielleicht hatten ihn ihre vorsichtigen Antworten zu Beginn ihrer Unterhaltung befangen gemacht, vielleicht war er auch einfach nicht mehr interessiert.

Gleich hier, sagte sie schließlich.

Wo?

Sie drückte die Klinke eines kleinen weißen Tors herunter und sagte: Hier. Er blieb stehen und sah auf das Haus vor ihnen, das sich am Ende eines ansteigenden Gartens befand. Keines der Fenster war erleuchtet, und die Fassade des Hauses ließ sich nicht im Detail erkennen, aber seinem Gesicht war abzulesen, dass er wusste, wo sie waren.

Du wohnst im alten Pfarrhaus?, fragte er.

Oh, ich wusste nicht, dass du es kennst. Sonst hätte ich es dir in der Bar erzählt, ich wollte kein Geheimnis daraus machen.

Sie hielt ihm das Tor auf, und er folgte ihr, den Blick noch immer auf das Haus gerichtet, das über ihnen aufragte, dem Meer zugewandt. Um sie herum raschelten die Blätter der Pflanzen im Wind. Mit leichtem Schritt ging sie den Pfad hinauf und suchte in ihrer Handtasche nach den Hausschlüsseln. Sie waren irgendwo in der Tasche zu hören, aber sie schien sie nicht finden zu können. Er stand da, ohne ein Wort zu sagen. Sie entschuldigte sich für die Verzögerung und schaltete die Taschenlampenfunktion ihres Handys ein, leuchtete in ihre Tasche und warf dabei kaltes graues Licht auf die Stufen des Hauses. Er hatte die Hände in den Taschen. Hab sie, sagte sie. Dann schloss sie die Tür auf.

Innen war ein langer Flur mit rot und schwarz gemusterten Bodenfliesen. Ein Lampenschirm aus marmoriertem Glas hing an der Decke, und ein filigraner, graziler Tisch mit Schnitzereien von Ottern stand an der Wand. Sie ließ die Schlüssel auf den Tisch fallen und warf einen schnellen Blick in den trüben, fleckigen Wandspiegel.

Du wohnst hier allein?, fragte er.

Ich weiß, sagte sie. Es ist natürlich viel zu groß. Und es kostet mich ein Vermögen, es zu heizen. Aber es ist nett, oder? Und ich muss keine Miete zahlen. Gehen wir in die Küche? Ich schalte die Heizung wieder an.

Er folgte ihr den Flur entlang in eine große Küche mit Einbauten auf der einen Seite und einem Esstisch auf der anderen. Über dem Spülbecken war ein Fenster, das zum hinteren Garten hinausging. Er blieb in der Tür stehen, während sie in einem der Schränke nach etwas suchte. Sie drehte sich zu ihm um.

Du kannst dich setzen, wenn du magst. Oder bleib stehen, wenn dir das lieber ist. Möchtest du ein Glas Wein? Es ist das Einzige, was ich zu trinken im Haus habe. Aber ich brauche erst mal ein Glas Wasser.

Was für Sachen schreibst du? Wenn du eine Schriftstellerin bist.

Sie drehte sich verwirrt um. Wenn ich eine bin?, fragte sie. Ich nehme mal nicht an, du denkst, ich hätte dich angelogen. In dem Fall hätte ich mir was Besseres ausgedacht. Ich bin Schriftstellerin. Ich schreibe Bücher.

Und verdienst du damit Geld?

Sie warf ihm einen Blick zu, als würde sie eine neue Gewichtigkeit in der Frage wittern, und goss sich ein Glas Wasser ein. Ja, sagte sie. Er ließ sie nicht aus den Augen und setzte sich an den Tisch. Die gepolsterten Sitzflächen der Stühle waren mit knittrigem, rostrotem Stoff bezogen. Alles wirkte sehr sauber. Er rieb mit dem Zeigefinger über die glatte Tischfläche. Sie stellte ihm ein Glas Wasser hin und setzte sich auf einen der Stühle.

Warst du schon mal hier?, fragte sie. Du scheinst das Haus zu kennen.

Nein, ich kenne es nur, weil ich hier im Ort groß geworden bin. Ich wusste nie, wer hier wohnt.

Ich kenne sie selbst kaum. Ein älteres Paar. Die Frau ist Künstlerin, glaube ich.

Er nickte und sagte nichts.

Ich kann dich rumführen, wenn du magst, fügte sie hinzu.

Er sagte immer noch nichts, und diesmal nickte er nicht einmal. Sie wirkte dadurch nicht verunsichert. Es schien einen Verdacht, der in ihr keimte, zu bestätigen, und als sie weitersprach, tat sie es in demselben trockenen, fast schon sarkastischen Tonfall.

Du denkst wahrscheinlich, ich muss verrückt sein, hier allein zu wohnen, sagte sie.

Mietfrei, willst du mich verarschen?, erwiderte er. Du wärst verrückt, wenn du's nicht tun würdest. Er gähnte unbefangen und sah aus dem Fenster oder vielmehr auf das Fenster, da es draußen mittlerweile dunkel war und die Scheibe nur das Innere des Raumes reflektierte. Wie viele Schlafzimmer hat es, nur so aus Neugier?, fragte er.

Vier.

Wo ist deins?

Als Reaktion auf diese unerwartete Frage veränderte sie zunächst nicht ihren Blick, sondern starrte ein paar Sekunden lang weiter konzentriert auf ihr Wasserglas, bevor sie ihn direkt ansah. Oben, sagte sie. Sie sind alle oben. Soll ich's dir zeigen?

Warum nicht, sagte er.

Sie standen vom Tisch auf. Im oberen Flur lag ein türkischer Läufer mit grauen Fransen. Alice öffnete die Tür zu ihrem Zimmer und schaltete eine kleine Bodenlampe ein. Links stand ein großes Doppelbett. Der Boden hatte abgezogene Dielen, und an einer Wand befand sich ein mit jadefarbenen Kacheln gefliester Kamin. Rechts war ein großes Schiebefenster mit Blick aufs Meer, in die Dunkelheit. Felix schlenderte zum Fenster und lehnte sich so nahe an die Scheibe, dass sein eigener Schatten den Schein des reflektierten Lichts verhüllte.

Das muss tagsüber eine schöne Aussicht sein, sagte er.

Alice stand noch immer in der Tür. Ja, sie ist schön, sagte sie. Abends ist sie eigentlich sogar noch besser.

Er wandte sich vom Fenster ab, ließ einen abschätzenden Blick über die Details des Zimmers wandern, während Alice ihm zusah.

Sehr schön, schloss er. Sehr schönes Zimmer. Hast du vor, ein Buch zu schreiben, während du hier bist?

Ich werde es wohl versuchen.

Und worum geht's in deinen Büchern?

Oh, keine Ahnung, sagte sie. Leute.

Das ist ein bisschen vage. Was für Leute denn? Leute wie du?

Sie sah ihn ruhig an, als würde sie ihm etwas mitteilen wollen: vielleicht, dass sie sein Spiel verstand und dass sie ihn sogar gewinnen ließe, solange er nett war.

Was glaubst du denn, wie ich bin?, fragte sie.

Etwas in ihrem ruhigen, kühlen Blick schien ihn zu verunsichern, und er lachte auf. Ähm, na ja, sagte er. Ich habe dich ja erst vor ein paar Stunden kennengelernt, ich weiß noch nicht so genau, was ich über dich denke.

Du lässt es mich dann hoffentlich wissen, wenn es so weit ist.

Vielleicht.

Ein paar Sekunden lang stand sie ganz still im Raum, während er ein wenig herumschlenderte und so tat, als würde er sich etwas ansehen. Sie wussten beide, was geschehen würde, auch wenn keiner von ihnen hätte sagen können, woher sie es wussten. Sie wartete ohne sichtliches Interesse, während er sich weiter im Zimmer umsah, bis er sich schließlich, vielleicht, weil ihm die Energie fehlte, das Unausweichliche weiterhin aufzuschieben, bei ihr bedankte und ging. Sie brachte ihn die Treppe hinunter – einen Teil des Wegs. Sie stand auf den Stufen, als er durch die Tür trat. Es war so eine Sache. Hinterher fühlten sie sich beide schlecht, und sie waren sich gleichermaßen unsicher, warum sich der Abend letztlich als ein solcher Reinfall herausgestellt hatte. Allein stand sie am Fuß der Treppe. Dann drehte sie sich um und sah hinauf zum Treppenabsatz. Folge jetzt ihrem Blick durch die halb offen stehende Schlafzimmertür auf den Streifen weißer Wand zwischen den Pfosten des Geländers.

2

Liebe Eileen. Ich habe so lange auf deine Antwort auf meine letzte Mail gewartet, dass ich dir jetzt tatsächlich – stell dir vor! – eine neue schreibe, bevor du geantwortet hast. Zu meiner Verteidigung, ich habe mittlerweile zu viel Material gesammelt, und wenn ich noch länger warte, fange ich an, Sachen zu vergessen. Du musst wissen, dass unsere Korrespondenz meine Art ist, das Leben festzuhalten, mir Notizen zu machen und dadurch etwas von meiner – ansonsten fast wertlosen oder sogar vollkommen wertlosen – Existenz auf diesem rapide degenerierenden Planeten zu bewahren ... Dieser Absatz ist hauptsächlich dazu da, dir ein schlechtes Gewissen zu machen, weil du mir noch nicht geantwortet hast, und dich dieses Mal zu einer rascheren Antwort zu nötigen. Was machst du überhaupt, wenn du mir nicht mailst? Sag nicht, du arbeitest.

Ich werde wahnsinnig, wenn ich an die Miete denke, die du in Dublin zahlst. Weißt du, dass es dort jetzt teurer ist als in Paris? Und verzeih mir, aber alles, was Paris hat, fehlt Dublin. Eines der Probleme ist, dass Dublin – und ich meine das wortwörtlich und topografisch – flach ist. Alles muss auf einer einzigen Ebene stattfinden. Andere Städte haben U-Bahn-Netze, was ihnen Tiefe verleiht, und steile Hügel oder Wolkenkratzer für die Höhen, aber Dublin hat nur niedrige, gedrungene, graue Gebäude und Trambahnen, die durch die Straßen fahren. Und es gibt keine Innenhöfe oder Dachgärten wie in

Städten auf dem Kontinent, was wenigstens die Oberfläche aufbräche – wenn schon nicht vertikal, dann zumindest konzeptionell. Hast du darüber schon mal nachgedacht? Selbst wenn nicht, ist es dir vielleicht unbewusst aufgefallen. Es ist schwer, in Dublin sehr weit hoch zu kommen oder sehr tief runter, schwer, sich selbst oder andere zu verlieren oder ein Gefühl für Perspektive zu bekommen. Man könnte das für demokratisch halten, eine Stadt so zu organisieren – sodass alles von Angesicht zu Angesicht geschieht, quasi auf Augenhöhe. Es stimmt schon, niemand schaut von oben auf einen herab. Aber es weist dem Himmel eine Position vollständiger Dominanz zu. Nirgendwo ist der Himmel sinnstiftend durchbrochen oder von irgendetwas aufgelockert. The Spire, könntest du jetzt einwerfen, und klar, den Spire gibt es, doch schmaler könnte die Unterbrechung nicht sein, und er ragt wie ein Zollstock in die Höhe, als würde er die Winzigkeit aller anderen Gebäude um ihn herum demonstrieren wollen. Die totalisierende Wirkung des Himmels ist schlecht für die Leute. Nichts schiebt sich jemals vor ihn und blendet ihn aus. Er ist wie ein Memento mori. Ich wünsche mir, jemand würde ein Loch für dich hineinschneiden.

Letztens habe ich über rechte Politik nachgedacht (haben wir das nicht alle), und wie es kommt, dass Konservatismus (als gesellschaftliche Kraft) mit habgierigem Marktkapitalismus assoziiert wird. Die Verbindung ist nicht offensichtlich, jedenfalls nicht für mich, weil Märkte nichts bewahren, sondern alle Aspekte einer existierenden gesellschaftlichen Landschaft in sich aufnehmen und als Transaktion wieder ausscheiden, jeglicher Bedeutung und Erinnerung beraubt. Was könnte an einem solchen Prozess »konservativ« sein? Aber ich habe auch den Eindruck, dass die Idee des »Konservatismus« an sich falsch ist, weil nichts als solches bewahrt werden kann – ich meine, die Zeit bewegt sich nur in eine Richtung. Dieser Gedanke ist so elementar, dass ich mir sehr klug vorkam, als ich ihn das erste Mal hatte, um mich dann sofort zu fragen, ob ich eine Idiotin sei. Aber ergibt das für dich einen Sinn? Wir können nichts bewahren, insbesondere nicht gesellschaftliche Beziehungen, ohne ihr Wesen zu verändern, ohne auf unnatürliche Weise einen Teil ihres Zusammenspiels mit der Zeit auszubremsen. Sieh dir nur mal an, was die Konservativen mit der Umwelt machen: Deren Vorstellung von Bewahren ist es, zu entziehen, zu plündern und zu zerstören, »weil wir das schon immer so gemacht haben« – aber genau deswegen handelt es sich nicht mehr um dieselbe Erde, der wir dies antun. Ich vermute, du denkst, dass das alles extrem rudimentär ist und hältst mich vielleicht sogar für undialektisch. Aber das sind nur die abstrakten Gedanken, die ich hatte und aufschreiben musste und als deren (willige oder unwillige) Empfängerin du dich nun wiederfindest.

Ich war heute im örtlichen Laden, um mir etwas zum Mittagessen zu kaufen, als mich mit einem Mal ein sehr merkwürdiges Gefühl überkam – die spontane Erkenntnis, wie unpassend dieses Leben ist. Ich meine, ich dachte an den ganzen Rest der menschlichen Population – die zum größten Teil in Umständen lebt, die du und ich bitterste Armut nennen würden –, der noch nie so einen Laden gesehen oder betreten hat. Und deren Arbeit genau das aufrechterhält – genau diesen Lifestyle von Leuten wie uns! All die verschiedenen Softdrinks in Plastikflaschen, all die vorportionierten Mittagsmenüs und Süßigkeiten in luftdichten Verpackungen und aufgebackenen Fertigteile – darin kulminiert sie, die gesamte Arbeit dieser Welt, das ganze Verheizen von fossilen Brennstoffen und die ganze Knochenarbeit auf den Kaffeefeldern und Zuckerplantagen. Alles dafür! Für diesen Minimarkt! Mir wurde schwindlig, als ich darüber nachdachte. Ich meine, mir war richtig elend. Es war, als würde mir mit einem Mal wieder einfallen, dass mein Leben Teil einer Fernsehshow ist und dass jeden Tag Menschen sterben, um diese Show zu produzieren, dass sie auf grauenhafteste Weise zu Tode kommen, Kinder, Frauen, und alles nur, damit ich zwischen verschiedenen Lunchoptionen wählen kann, die alle in mehreren Schichten Einwegplastik verpackt sind. Dafür sterben sie – das ist das große Experiment. Ich dachte, ich müsste mich übergeben. Natürlich kann so ein Gefühl nicht andauern. Ich fühle mich vielleicht noch den Rest des Tages schlecht, den Rest der Woche sogar – und dann? Ich muss mir trotzdem was zu essen kaufen. Und falls du dir Sorgen um mich machst, lass dir versichert sein: Klar habe ich mir was gekauft.

Noch ein Update zu meinem Landleben, und dann mach ich Schluss. Das Haus ist unübersichtlich groß, so als würde es ständig spontan neue, zuvor unbemerkte Räume produzieren. Es ist außerdem kalt und an manchen Stellen feucht. Ich wohne zwanzig Minuten zu Fuß von dem bereits erwähnten Laden entfernt, und es fühlt sich an, als würde ich die meiste Zeit damit zubringen, hin und her zu laufen, um Sachen zu kaufen, die ich beim letzten Mal vergessen habe. Wahrscheinlich verändert mich das tiefgreifend, und wenn wir uns dann wiedersehen, werde ich eine unfassbare Persönlichkeit ausgebildet haben. Vor ungefähr zehn Tagen hatte ich ein Date mit jemandem, der im Warenlager eines Versandhandels arbeitet, und er fand mich schrecklich. Um ehrlich zu sein (und das bin ich immer), ich glaube, ich habe mittlerweile vergessen, wie man sozialen Umgang pflegt. Ich wage nicht, mir vorzustellen, was für Grimassen ich gezogen haben muss bei dem angestrengten Versuch, wie ein Mensch zu wirken, der regelmäßig mit anderen Menschen zu tun hat. Sogar beim Schreiben dieser Mail fühle ich mich ein wenig haltlos und dissoziativ. Es gibt ein Rilke-Gedicht, das wie folgt endet: »Wer jetzt allein ist, wird es lange bleiben,/ wird wachen, lesen, lange Briefe schreiben/ und wird in den Alleen hin und her/ unruhig wandern, wenn die Blätter treiben.« Eine bessere Beschreibung für meine gegenwärtige Lage könnte ich mir nicht ausdenken, abgesehen davon, dass es April ist und nirgendwo Blätter treiben. Verzeih also den »langen Brief«. Ich hoffe, du kommst mich mal besuchen. Alles, alles, alles Liebe, Alice.

3

An einem Mittwochnachmittag um zwanzig nach zwölf saß eine Frau hinter einem Schreibtisch in einem Großraumbüro in der Dubliner Innenstadt und scrollte durch ein Textdokument. Sie hatte sehr dunkles Haar, das sie locker mit einer Schildpattspange zusammenhielt, und sie trug einen dunkelgrauen Sweater, der in einer schwarzen Zigarettenhose steckte. Mit dem weichen, speckigen Rädchen ihrer Computermaus bewegte sie sich durch das Dokument, ihr Blick glitt zwischen den engen Textspalten hin und her, gelegentlich hielt sie inne, klickte, fügte Zeichen hinzu oder löschte sie. Meistens fügte sie zwei Punkte in den Namen »WH Auden« ein, um ihn zu »W.H. Auden« zu vereinheitlichen. Als sie das Ende des Dokuments erreichte, öffnete sie die Suchfunktion, wählte »Groß-/Kleinschreibung beachten« und suchte WH. Die Suche ergab keine Treffer. Sie scrollte zum Anfang des Dokuments, Wörter und Absätze flogen so schnell vorbei, dass sie mit ziemlicher Sicherheit unlesbar waren, und dann speicherte sie, offenbar zufrieden, ihre Arbeit und schloss die Datei.

Um eins sagte sie zu ihren Kolleginnen, sie würde jetzt mittagessen gehen, und sie lächelten und winkten hinter ihren Monitoren. Sie zog eine Jacke an, ging zu einem Café in der Nähe des Büros und setzte sich an einen Tisch am Fenster. Mit einer Hand aß sie ein Sandwich, in der anderen hielt sie den Roman, den sie las, *Die Brüder Karamasow.* Ab und zu legte sie das Buch ab, wischte sich Hände und Mund mit einer Papierserviette ab, sah sich im Raum um, als wollte sie prüfen, ob irgendjemand zu ihr hinsah, und widmete sich wieder ihrem Buch. Um zwanzig vor zwei blickte sie auf und sah, wie ein großer, blonder Mann das Café betrat. Er trug Anzug und Krawatte, hatte ein Umhängeband aus Plastik um den Hals und sprach in ein Handy. Ja, sagte er, mir hat man Dienstag gesagt, aber ich rufe zurück und checke das für dich. Als er die Frau bemerkte, die am Fenster saß, veränderte sich sein Gesichtsausdruck, schnell hob er seine freie Hand und formte das Wort »Hey« mit den Lippen. Ins Telefon sagte er: Ich glaube nicht, dass du in cc warst, nein. Zur Frau hin deutete er ungeduldig auf sein Handy und machte mit den Fingern eine Blabla-Geste. Sie lächelte, spielte an der Ecke einer Seite ihres Buchs herum. Genau, genau, sagte der Mann. Hör zu, ich bin jetzt eigentlich schon aus dem Büro raus, aber ich kümmere mich drum, wenn ich wieder zurück bin. Ja. Gut, gut, hat mich gefreut.

Der Mann beendete das Gespräch und kam zu ihrem Tisch herüber. Sie musterte ihn von oben bis unten und sagte: Simon, du siehst so wichtig aus, ich mache mir Sorgen, dass jemand einen Anschlag auf dich verübt. Er hob sein Umhängeband an und betrachtete es. Das liegt an diesem Ding, sagte er. Es gibt mir das Gefühl, dass ich es verdient hätte. Darf ich dir einen Kaffee ausgeben? Sie sagte, sie müsse zurück zur Arbeit. Wie wär's, sagte er, wenn ich dir einen zum Mitnehmen kaufe und dich zum Büro begleite? Ich brauch mal deine Meinung. Sie klappte ihr Buch zu und sagte Ja. Während er zur Theke ging, stand sie auf und wischte die Sandwichkrümel weg, die ihr in den Schoß gefallen waren. Er bestellte zwei Kaffee, einen mit Milch und einen schwarz, und warf ein paar Münzen in den Becher für das Trinkgeld. Die Frau gesellte sich zu ihm, nahm die Spange aus dem Haar und machte sie wieder fest. Wie war's noch bei Lolas Anprobe?, fragte der Mann. Die Frau sah auf, ihre Blicke trafen sich, und sie gab einen seltsamen, unterdrückten Laut von sich. Ganz okay, sagte sie. Meine Mutter ist in der Stadt, wir treffen uns alle morgen, um Hochzeitsoutfits zu kaufen.

Er lächelte wohlwollend und verfolgte die Fortschritte, die der Kaffee hinter der Theke machte. Lustig, sagte er. Ich hatte gestern Nacht einen schlechten Traum, du hast geheiratet.

Was war so schlecht daran?

Du hast nicht mich geheiratet.

Die Frau lachte. Sprichst du so auch mit den Frauen bei dir auf der Arbeit?, fragte sie.

Belustigt drehte er sich wieder zu ihr und antwortete: O Gott, nein, da würde ich richtig Ärger bekommen. Zu Recht. Nein, ich flirte nie mit jemandem auf der Arbeit. Wenn überhaupt, flirten sie mit mir.

Ich vermute, wir reden über Frauen mittleren Alters, die wollen, dass du ihre Töchter heiratest.

Ich kann diese negativen kulturellen Bilder von Frauen mittleren Alters nicht teilen. Von allen demografischen Gruppen mag ich sie tatsächlich am liebsten.

Was ist verkehrt an jungen Frauen?

Sie sind einfach ein bisschen ...

Er machte mit der Hand eine abwägende Geste, um Reibung, Unsicherheit, sexuelle Chemie, Unentschiedenheit oder vielleicht Durchschnittlichkeit anzudeuten.

Deine Freundinnen sind nie mittleren Alters, gab die Frau zu bedenken.

Und ich bin es auch noch nicht, vielen Dank.

Auf dem Weg nach draußen hielt der Mann die Tür für die Frau auf, damit sie durchgehen konnte, was sie auch tat, ohne ihm zu danken. Was wolltest du mich denn fragen?, wollte sie wissen. Sie gingen die Straße entlang zu ihrem Büro, und er sagte, er bräuchte ihren Rat, weil sich ein Problem zwischen zwei Personen, mit denen er befreundet war, ergeben hätte. Die Frau schien beide namentlich zu kennen. Sie hatten in einer WG zusammengelebt und waren dann eine unklare sexuelle Beziehung miteinander eingegangen. Nach einer Weile war die eine Person mit jemand anderem zusammengekommen, und die andere Person, die noch immer Single war, wollte aus der Wohnung ausziehen, hatte aber kein Geld und wusste nicht, wohin. Eher ein emotionales als ein Wohnungsproblem, sagte die Frau. Der Mann pflichtete ihr bei, fügte aber hinzu: Ich denke trotzdem, dass es für sie gut wäre, auszuziehen. Ich meine, sie kann die beiden offenbar hören, wenn sie miteinander schlafen, nicht so toll. Sie hatten mittlerweile das Bürogebäude erreicht. Du könntest ihr was leihen, sagte die Frau. Der Mann entgegnete, das habe er ihr bereits angeboten, sie habe es abgelehnt. Ehrlich gesagt war ich erleichtert, fügte er hinzu, mein Instinkt sagt mir, ich sollte mich nicht zu sehr einmischen. Die Frau fragte, was der andere Mitbewohner dazu zu sagen habe, und der Mann antwortete, dass er nicht das Gefühl hatte, etwas falsch zu machen, dass die Beziehung der beiden von allein zu Ende gegangen sei, und ob er vielleicht für immer Single bleiben solle? Die Frau verzog das Gesicht und sagte: O Gott, ja, sie muss wirklich dringend aus dieser Wohnung raus. Ich halte die Augen offen. Sie blieben noch einen Moment auf den Stufen stehen. Meine Hochzeitseinladung ist übrigens angekommen, sagte der Mann.

Ach stimmt, sagte sie. Das war ja diese Woche.

Wusstest du, dass sie mich plus eins eingeladen haben?

Sie sah ihn an, wie um sich zu versichern, dass er keinen Witz machte, und hob dann die Augenbrauen. Wie nett, sagte sie. Ich wurde nicht plus eins eingeladen, aber in Anbetracht der Umstände wäre das wohl auch taktlos gewesen.

Willst du, dass ich aus Solidarität allein komme?

Nach kurzem Zögern fragte sie: Wieso, gibt es jemanden, den du mitbringen möchtest?

Na ja, vermutlich das Mädchen, mit dem ich zusammen bin. Wenn es dich nicht stört.

Sie sagte: Hm. Dann fügte sie hinzu: Du meinst hoffentlich Frau.

Er lächelte. Lass uns nett zueinander sein, okay, sagte er.

Nennst du mich etwa hinter meinem Rücken *ein Mädchen*?

Natürlich nicht. Ich nenne dich gar nichts. Wann immer dein Name fällt, werde ich nervös und verlasse den Raum.

Ohne darauf einzugehen, fragte die Frau: Wann hast du sie kennengelernt?

Keine Ahnung. Vor sechs Wochen?

Sie ist aber keine von diesen zweiundzwanzigjährigen skandinavischen Frauen, oder?

Nein, sie ist keine Skandinavierin, sagte er.

Mit einem übertrieben erschöpften Ausdruck warf die Frau ihren Kaffeebecher in den Mülleimer vor der Tür des Bürogebäudes, und der Mann fügte hinzu: Ich kann auch allein kommen, wenn es dir lieber ist. Wir können uns quer durch den Raum anhimmeln.

So wie du das sagst, muss ich sehr verzweifelt wirken, sagte sie.

Nein, überhaupt nicht.

Ein paar Sekunden lang sagte sie nichts, starrte nur auf den Verkehr. Schließlich meinte sie: Sie sah sehr schön aus bei der Anprobe. Lola, meine ich. Weil du gefragt hast.

Ohne sie aus den Augen zu lassen, erwiderte er: Kann ich mir vorstellen.

Danke für den Kaffee.

Danke für den Rat.

Den Rest des Nachmittags arbeitete sie im Büro mit demselben Textverarbeitungsprogramm, öffnete neue Dateien, schob Apostrophe umher und löschte Kommas. Immer wenn sie eine Datei geschlossen hatte und bevor sie die nächste öffnete, checkte sie routinemäßig ihre Social-Media-Feeds. Ihr Gesichtsausdruck, ihre Haltung blieben unverändert angesichts der Informationen, die sie dort vorfand: ein Bericht über eine schreckliche Naturkatastrophe, ein Foto von jemandes geliebtem Haustier, eine Journalistin, die sich zu Todesdrohungen äußerte, ein Witz, der nur für Menschen ansatzweise nachvollziehbar war, die auch die anderen im Internet kursierenden Witze kannten, auf die er sich bezog, eine leidenschaftliche Verurteilung weißer Vorherrschaft, ein gesponserter Tweet, der Nahrungsergänzungsmittel für werdende Mütter bewarb. Nichts veränderte sich in ihrer äußeren Beziehung zur Welt, was einem Beobachter Rückschlüsse darüber erlaubt hätte, was sie dabei empfand. Nach einer Weile schloss sie ohne erkennbaren Anlass das Browserfenster und öffnete den Texteditor. Gelegentlich kam ein Kollege oder eine Kollegin mit einer arbeitsbezogenen Frage zu ihr, und sie antwortete, oder jemand teilte eine lustige Anekdote mit dem Büro und alle lachten, aber im Großen und Ganzen verlief die Arbeit still.

Um siebzehn Uhr vierunddreißig nahm die Frau erneut ihre Jacke vom Garderobenhaken und verabschiedete sich. Sie wickelte ihre Kopfhörer vom Handy, stöpselte sie ein und ging die Kildare Street entlang in Richtung Nassau Street, bog dann links ab und lief in westliche Richtung. Nach einem achtundzwanzigminütigen Spaziergang blieb sie vor einem neu erbauten Wohnkomplex an der nördlichen Uferstraße stehen und ging hinein, stieg zwei Treppen hinauf und schloss eine abgeplatzte weiße Tür auf. Niemand sonst war zu Hause, aber

Schnitt und Einrichtung des Apartments legten nahe, dass sie nicht seine einzige Bewohnerin war. Ein kleines, dunkles Wohnzimmer mit einem Fenster, an dem eine Gardine hing und das den Blick zum Fluss freigab, ging in eine Kochnische mit Ofen, halbhohem Kühlschrank und Spüle über. Die Frau nahm sich eine mit Frischhaltefolie abgedeckte Schüssel aus dem Kühlschrank. Sie entfernte die Frischhaltefolie und stellte die Schüssel in die Mikrowelle.

Nachdem sie gegessen hatte, ging sie in ihr Zimmer. Durch das Fenster konnte man die Straße sehen und die langsamen, wogenden Bewegungen des Flusses. Sie zog Jacke und Schuhe aus, nahm die Spange aus dem Haar und zog die Vorhänge zu. Die Vorhänge waren dünn und gelb und hatten ein Muster aus grünen Rechtecken. Sie zog ihren Pullover aus, schälte sich aus der Hose und ließ beides zusammengeknüllt auf dem Boden liegen. Der Stoff der Hose schimmerte leicht. Dann zog sie sich ein Baumwollsweatshirt und graue Leggins an. Ihr dunkles, lose über die Schultern fallendes Haar wirkte sauber und ein wenig trocken. Sie setzte sich im Schneidersitz auf ihr Bett und öffnete den Laptop. Eine Weile scrollte sie sich durch die Startseiten verschiedener Nachrichtenmedien, öffnete gelegentlich lange Artikel über Wahlen in Übersee und überflog sie. Ihr Gesicht war blass und müde. Zwei Personen kamen in die Wohnung und unterhielten sich im Flur darüber, ob sie Essen bestellen sollten. Sie gingen an ihrem Zimmer vorbei, durch den Schlitz unter der Tür erschienen kurz ihre Schatten, und weiter in die Küche. Die Frau öffnete ein privates Browserfenster auf ihrem Laptop, rief eine Social-Media-Website auf und tippte die Wörter »aidan lavin« in das Suchfeld. Eine Liste mit Ergebnissen erschien, und ohne die anderen Optionen zu beachten, klickte sie auf das dritte Ergebnis. Ein neues Profil öffnete sich und zeigte den Namen Aidan Lavin unter einem Foto, das Kopf und Schultern eines Mannes von hinten zeigte. Der Mann hatte dichtes, dunkles Haar und trug eine Jeansjacke. Unter dem Foto stand: trauriger junge von hier. durchschnittshirn. checkt meine soundcloud. Der neueste Eintrag des Users war drei Stunden alt und zeigte das Foto einer Taube in einem Rinnstein, die den Kopf in eine weggeworfene Chipstüte steckt. Darunter stand: genau so. Das Posting hatte 127 Likes. Die Frau lehnte sich in ihrem Schlafzimmer gegen das Kopfende des ungemachten Betts und klickte auf den Beitrag. Darunter erschienen Antworten. Eine Antwort stammte von einer Userin mit dem Namen Actual Death Girl und lautete: sieht ganz nach dir aus. Der Aidan-Lavin-Account hatte geantwortet: nicht wahr? wahnsinnig gut aussehend. Actual Death Girl hatte die Antwort gelikt. Die Frau klickte sich an ihrem Laptop durch das Profil von Actual Death Girl. Nachdem sie sechsunddreißig Minuten damit verbracht hatte, sich mehrere der Social-Media-Profile anzusehen, die mit dem Aidan-Lavin-Account verbunden waren, klappte die Frau ihren Laptop zu und streckte sich im Bett aus.

Mittlerweile war es acht Uhr abends. Der Kopf der Frau ruhte auf dem Kissen, die Stirn hatte sie auf ihr Handgelenk gelegt. Sie trug ein dünnes Goldarmband, das schwach im Schein der Nachttischlampe schimmerte. Ihr Name war Eileen Lydon. Sie war neunundzwanzig Jahre alt. Pat, ihr Vater, bewirtschaftete einen Bauernhof im County Galway, und ihre Mutter war Geografielehrerin. Sie hatte eine Schwester, Lola, die drei Jahre älter war als sie. Als Kind war Lola robust, mutig, spitzbübisch gewesen, Eileen hingegen ängstlich und häufig krank. Während ihrer Schulferien spielten sie zusammen ausgetüftelte Rollenspiele, in denen sie menschliche Schwestern waren, die Zugang zu Reichen der Magie bekommen hatten. Lola improvisierte die wichtigsten Ereignisse der Handlung,

Eileen folgte ihr. Wann immer greifbar, wurden Cousins und Cousinen, Nachbarskinder oder Kinder befreundeter Familien eingespannt, um Nebenrollen zu übernehmen, unter ihnen ein Junge namens Simon Costigan, der fünf Jahre älter als Eileen war und auf der anderen Seite des Flusses im einstigen Herrenhaus wohnte. Er war ein extrem höfliches Kind, das immer saubere Kleidung trug und danke zu den Erwachsenen sagte. Er litt an Epilepsie und musste hin und wieder ins Krankenhaus, einmal sogar in einem Rettungswagen. Wann immer sich Lola oder Eileen schlecht benahmen, fragte Mary, ihre Mutter, warum sie nicht mehr wie Simon Costigan sein konnten, der nicht nur artig war, sondern sich darüber hinaus dadurch auszeichnete, dass er sich niemals beklagte. Je älter die Schwestern wurden, desto seltener bezogen sie Simon oder andere Kinder in ihre Spiele ein, stattdessen gingen sie nicht mehr so häufig raus, zeichneten fiktive Karten auf Schmierpapier, erfanden kryptische Alphabete und nahmen Kassetten auf. Ihre Eltern betrachteten das alles mit einem freundlichen Mangel an Neugier, versorgten sie gern mit Papier, Stiften und leeren Kassetten, waren aber nicht daran interessiert, sich etwas über die ausgedachten Bewohner ihrer ausgedachten Länder anzuhören.

Als sie zwölf war, wechselte Lola von der kleinen Grundschule im Ort in die Klosterschule für Mädchen in der nächstgrößeren Stadt. Eileen, die schon vorher eine stille Schülerin war, zog sich noch mehr zurück. Ihre Lehrerin sagte ihren Eltern, sie sei begabt, und so wurde sie zweimal pro Woche in einen besonderen Raum gebracht, wo sie zusätzlichen Unterricht in Lesen und Mathematik erhielt. Lola fand an der Klosterschule neue Freundinnen, die auch auf den Bauernhof zu Besuch kamen und manchmal sogar dort übernachteten. Einmal schlossen sie Eileen zum Spaß zwanzig Minuten lang im oberen Badezimmer ein. Danach beschloss ihr Vater, Pat, dass Lolas Freundinnen nicht mehr zu Besuch kommen dürften, und Lola sagte, es wäre Eileens Schuld. Als Eileen zwölf war, wurde sie ebenfalls auf Lolas Schule geschickt, die sich über mehrere Gebäude und Fertigbaueinheiten erstreckte und von insgesamt sechshundert Schülerinnen besucht wurde. Die meisten gleichaltrigen Mädchen wohnten in der Stadt und kannten sich bereits aus der Grundschule. Ihre Verbindungen und Loyalitäten bestanden fort und schlossen Eileen aus. Lola und ihre Freundinnen waren da schon alt genug, um zum Mittagessen in die Stadt zu gehen, während Eileen allein in der Cafeteria saß und die Alufolie von ihren mitgebrachten Sandwiches zupfte. Im zweiten Jahr schlich sich ein Mädchen aus ihrer Klasse von hinten an sie heran und kippte als Mutprobe eine Flasche Wasser über ihrem Kopf aus. Die stellvertretende Direktorin wies das Mädchen an, Eileen einen Entschuldigungsbrief zu schreiben. Zu Hause sagte Lola, das wäre nie passiert, wenn Eileen nicht ständig so tun würde, als wäre sie ein Freak, und Eileen sagte: Ich tue nicht so.

Als sie fünfzehn war, arbeitete Simon, der Nachbarssohn, im Sommer auf dem Bauernhof ihres Vaters. Er war zwanzig und studierte Philosophie in Oxford. Lola war gerade mit der Schule fertig und kaum zu Hause, aber wenn Simon zum Abendessen blieb, kam sie früher heim und wechselte sogar ihr Oberteil, wenn es dreckig war. In der Schule hatte Lola Eileen immer ignoriert, aber in Simons Gegenwart benahm sie sich wie eine liebevolle und gutmütige ältere Schwester, machte viel Aufhebens um Eileens Haare und Kleidung und behandelte sie, als wäre sie ein kleines Kind. Simon schloss sich dem nicht an. Er verhielt sich Eileen gegenüber freundlich und respektvoll, hörte zu, wenn sie sprach, selbst wenn Lola versuchte, ihr ins Wort zu fallen, und sagte ihr mit ruhigem Blick Sachen wie:

Ah, das ist wirklich interessant. Als es August wurde, stand sie morgens schon früh auf und hielt von ihrem Fenster aus nach seinem Fahrrad Ausschau, dann rannte sie runter, um ihm zu begegnen, wenn er durch die Hintertür ins Haus kam. Während er den Kessel aufsetzte oder sich die Hände wusch, fragte sie ihn nach Büchern, nach seinem Unistudium, nach seinem Leben in England aus. Einmal fragte sie ihn, ob er noch immer unter Krampfanfällen litt, und er lächelte und sagte Nein, das sei schon lange her, er sei erstaunt, dass sie sich noch daran erinnerte. Sie sprachen zehn oder zwanzig Minuten lang, dann ging er raus auf den Hof, und sie ging nach oben und legte sich ins Bett. Manchmal war sie dann glücklich, aufgewühlt, ihre Augen glänzten, manchmal weinte sie. Lola sagte Mary, ihrer Mutter, dass es aufhören müsse. Das ist eine Obsession, sagte sie. Das ist peinlich. Mittlerweile hatte Lola von ihren Freundinnen gehört, dass Simon sonntags in die Kirche ging, obwohl seine Eltern keine Kirchgänger waren, und sie kam nicht mehr zum Abendessen, wenn er da war. Mary saß nun selbst morgens in der Küche, frühstückte und las die Zeitung. Eileen kam trotzdem runter, und Simon begrüßte sie so freundlich wie immer, aber ihre Erwiderungen waren mürrisch, und sie zog sich schnell wieder in ihr Zimmer zurück. Als er am Abend vor seiner Abreise nach England zum Haus kam, um sich zu verabschieden, versteckte Eileen sich in ihrem Zimmer und weigerte sich runterzukommen. Er ging nach oben zu ihr, und sie trat gegen einen Stuhl und sagte, er sei der einzige Mensch, mit dem sie reden könne. In meinem ganzen Leben der einzige, sagte sie. Und die lassen mich noch nicht mal mit dir reden, und jetzt fährst du weg. Ich wünschte, ich wäre tot. Er stand dort, die Tür hinter sich halb offen. Leise sagte er: Eileen, sag das nicht. Alles wird gut, das verspreche ich dir. Du und ich, wir werden für den Rest unseres Lebens Freunde sein.

Mit achtzehn ging Eileen nach Dublin, um englische Literatur zu studieren. In ihrem ersten Jahr freundete sie sich mit einer jungen Frau namens Alice Kelleher an, und im folgenden Jahr zogen sie zusammen. Alice hatte eine sehr laute Stimme, trug schlecht sitzende Secondhandkleidung und schien alles zum Schreien komisch zu finden. Ihr Vater war ein Automechaniker mit einem Alkoholproblem, und sie hatte keine sehr geordnete Kindheit gehabt. Sie fand nicht viele Freundinnen an der Uni, und nachdem sie einen Dozenten als »Faschistenschwein« bezeichnet hatte, wurde ein Disziplinarverfahren gegen sie eingeleitet. Eileen las derweil geduldig alle ihr aufgetragenen Texte, hielt jede Deadline ein und bereitete sich gründlich auf Prüfungen vor. Sie erhielt fast jede akademische Auszeichnung, für die sie infrage kam, und gewann sogar einen nationalen Essaypreis. Sie baute sich einen Bekanntenkreis auf, ging in Clubs, wies die Annäherungsversuche diverser männlicher Freunde ab und kam hinterher nach Hause, um mit Alice im Wohnzimmer Toast zu essen. Alice sagte, dass Eileen ein Genie sei und eine unbezahlbare Perle und dass selbst die Menschen, die sie wirklich schätzten, sie immer noch nicht genug schätzten. Eileen sagte, dass Alice eine Bilderstürmerin und ein wahres Original sei und dass sie ihrer Zeit voraus sei. Lola ging an ein anderes College in einem anderen Teil der Stadt, Eileen und sie sahen einander nur, wenn sie sich zufällig auf der Straße begegneten. Als Eileen in ihrem zweiten Studienjahr war, zog Simon nach Dublin, um einen Abschluss in Jura zu machen. Eileen lud ihn eines Abends in die Wohnung ein, um ihm Alice vorzustellen, und er brachte eine Schachtel mit teuren Pralinen und eine Flasche Weißwein mit. Alice war den ganzen Abend über extrem unverschämt, nannte Simons religiösen Ansichten »böse« und sagte, seine Armbanduhr sei hässlich. Aus irgendeinem Grund schien

Simon dieses Verhalten amüsant und sogar einnehmend zu finden. Seit diesem Abend kam er oft vorbei, diskutierte an den Heizkörper gelehnt mit Alice über Gott und monierte gut gelaunt ihrer beider mangelhaftes Haushaltstalent. Er sagte, sie lebten »in elenden Verhältnissen«. Manchmal wusch er sogar das Geschirr ab, bevor er ging. Eines Abends, als Alice nicht da war, fragte ihn Eileen, ob er eine Freundin habe, und er lachte und sagte: Warum fragst du das? Ich bin ein weiser alter Mann, schon vergessen? Eileen lag auf dem Sofa und warf, ohne den Kopf zu heben, ein Kissen nach ihm, das er auffing. Nur alt, sagte sie. Nicht weise.

Als Eileen zwanzig war, hatte sie zum ersten Mal Sex, mit einem Mann, den sie im Internet kennengelernt hatte. Hinterher ging sie allein von seiner Wohnung nach Hause. Es war spät, fast zwei Uhr morgens, und die Straßen waren verlassen. Als sie nach Hause kam, saß Alice auf der Couch und tippte etwas auf ihrem Laptop. Eileen lehnte sich gegen den Pfosten der Wohnzimmertür und sagte: Also das war seltsam. Alice hörte auf zu tippen. Was, hast du mit ihm geschlafen?, fragte sie. Eileen rieb sich den Oberarm mit der Handinnenfläche. Er wollte, dass ich meine Klamotten anlasse, sagte sie. Also, die ganze Zeit über. Alice starrte sie an. Wo findest du solche Leute?, fragte sie. Mit gesenktem Blick hob Eileen die Schultern, und in diesem Moment stand Alice vom Sofa auf. Du sollst dich nicht schlecht fühlen, sagte sie. Es ist keine große Sache. Es ist nichts. In zwei Wochen hast du es vergessen. Eileen legte den Kopf an Alice' schmale Schulter. Alice strich ihr über den Rücken und sagte leise: Du bist nicht wie ich. Du wirst ein glückliches Leben haben. Simon verbrachte jenen Sommer in Paris und arbeitete für eine Klimanotstandsgruppe. Eileen besuchte ihn dort, es war ihr erster Flug allein. Er holte sie am Flughafen ab, und sie nahmen einen Zug in die Stadt. Abends tranken sie eine Flasche Wein in seiner Wohnung, und sie erzählte ihm, wie sie ihre Jungfräulichkeit verloren hatte. Er lachte und entschuldigte sich dann dafür, gelacht zu haben. Sie lagen zusammen auf dem Bett in seinem Zimmer. Nach einer Weile sagte Eileen: Ich wollte fragen, wie es bei dir war, aber nach allem, was ich weiß, ist es noch nicht passiert. Er lächelte. Doch, sagte er. Ein paar Sekunden lang lag sie still mit dem Gesicht zur Zimmerdecke gewandt und atmete. Obwohl du katholisch bist, sagte sie. Sie lagen nah beieinander, ihre Schultern berührten sich fast. Genau, erwiderte er. Wie sagt der heilige Augustinus? Gott, gib mir Keuschheit, aber noch nicht jetzt.

Nach ihrem Abschluss begann Eileen einen Masterstudiengang in irischer Literatur, Alice jobbte in einem Coffeeshop und fing an, einen Roman zu schreiben. Sie wohnten immer noch zusammen, und manchmal las Alice abends die guten Witze aus ihrem Manuskript vor, während Eileen kochte. Alice saß dann am Küchentisch, schob sich das Haar aus der Stirn und sagte so was wie: Hör zu. Weißt du noch, die Hauptfigur, dieser Typ, von dem ich dir erzählt hab? Er kriegt eine SMS von der Schwester. In Paris war Simon mit seiner Freundin, einer Französin namens Natalie, zusammengezogen. Nach ihrem Master fand Eileen einen Job in einer Buchhandlung, schob voll beladene Rollwagen durch die Verkaufsfläche, um sie zu entladen, und klebte Preisschildchen auf Romanbestseller. Ihre Eltern waren unterdessen mit dem Bauernhof in finanzielle Schwierigkeiten geraten. Als Eileen sie besuchte, war Pat, ihr Vater, verdrießlich und unruhig, geisterte zu seltsamen Uhrzeiten durch das Haus und schaltete Sachen ein und aus. Beim Abendessen sagte er kaum ein Wort, oft stand er vom Tisch auf, bevor die anderen mit dem Essen fertig waren. Als sie eines Abends allein im Wohnzimmer saßen, sagte Mary, ihre Mutter, dass sich etwas ändern müsse. Es kann so nicht weitergehen, sagte sie. Mit besorgtem Gesichtsausdruck fragte Eileen, ob sie die finanzielle Situation oder ihre Ehe meinte. Mary drehte die Handflächen nach oben, sie wirkte erschöpft und älter, als sie tatsächlich war. Alles, sagte sie. Ich weiß es nicht. Du kommst nach Hause und beklagst dich über deinen Job, über dein Leben. Was ist mit meinem Leben? Wer kümmert sich um mich? Eileen war zu dem Zeitpunkt dreiundzwanzig, ihre Mutter einundfünfzig. Eileen berührte eines ihrer Augenlider mit den Fingerspitzen und sagte: Beklagst du dich nicht gerade jetzt bei mir über dein Leben? Da fing Mary an zu weinen. Eileen betrachtete sie unbehaglich und sagte: Es macht mir etwas aus, dass du unglücklich bist. Ich weiß nur nicht, was du von mir erwartest. Ihre Mutter bedeckte schluchzend ihr Gesicht. Was hab ich falsch gemacht?, fragte sie. Wie habe ich nur solche egoistischen Kinder großgezogen? Eileen lehnte sich auf dem Sofa zurück, als würde sie ernsthaft über diese Frage nachdenken. Was erhoffst du dir denn?, fragte sie. Ich kann dir kein Geld geben. Ich kann nicht die Zeit zurückdrehen und dich dazu bringen, einen anderen Mann zu heiraten. Du willst, dass ich dir zuhöre, wenn du dich beklagst? Ich höre zu. Ich höre jetzt gerade zu. Aber ich weiß nicht, warum du glaubst, dass dein Unglück wichtiger ist als meins. Mary verließ den Raum.

Als sie vierundzwanzig waren, unterzeichnete Alice einen amerikanischen Buchvertrag über zweihundertfünfzigtausend Dollar. Sie sagte, in der Verlagsbranche hätten sie keine Ahnung von Geld, und wenn sie so dumm wären, es ihr zu geben, dann sei sie gierig genug, es zu nehmen. Eileen war mit einem Doktoranden namens Kevin zusammen, über den sie einen schlecht bezahlten, aber interessanten Job als Redaktionsassistentin bei einem Literaturmagazin bekommen hatte. Anfangs korrigierte sie nur Texte, aber nach ein paar Monaten durfte sie selbst neue Beiträge in Auftrag geben, und am Jahresende ermutigte sie der Redakteur, eigene Artikel beizusteuern. Eileen sagte, sie würde darüber nachdenken. Lola arbeitete für eine Unternehmensberatung und hatte einen Freund namens Matthew. Sie lud Eileen ein, mit ihm und ihr essen zu gehen. An einem Donnerstagabend warteten die drei nach Feierabend fünfundvierzig Minuten lang vor einem neuen Burger-Restaurant, das Lola unbedingt ausprobieren wollte, während es immer dunkler und kälter wurde. Als der Burger kam, schmeckte er normal. Lola fragte Eileen nach ihren Karriereplänen, und Eileen sagte, sie sei glücklich bei dem Magazin. Klar, im Moment, sagte Lola. Aber was kommt danach? Eileen sagte ihr, sie wisse es nicht. Lola setzte ein Lächeln auf und sagte: Eines Tages wirst du in der echten Welt leben müssen. An dem Abend ging Eileen nach Hause und fand Alice auf dem Sofa im Wohnzimmer vor, wo sie an ihrem Buch arbeitete. Alice, sagte sie laut, muss ich eines Tages in der echten Welt leben? Ohne aufzusehen, schnaubte Alice und sagte: Herr im Himmel, nein, absolut nicht. Wer sagt denn so was?

Im folgenden September erfuhr Eileen von ihrer Mutter, dass Simon und Natalie sich getrennt hatten. Sie waren vier Jahre lang zusammen gewesen. Eileen sagte zu Alice, sie hätte gedacht, die beiden würden heiraten. Ich dachte, sie würden heiraten, sagte sie immer wieder. Und Alice entgegnete: Ja, das hast du schon erwähnt. Eileen schickte Simon eine Mail und fragte, wie es ihm gehe, und er schrieb zurück: Du bist nicht zufällig demnächst mal in Paris? Ich würde dich wirklich gern sehen. An Halloween besuchte sie ihn für ein paar Tage. Er war dreißig und sie fünfundzwanzig. Sie verbrachten die Nachmittage in Museen und sprachen über Kunst und Politik. Wenn sie ihn nach Natalie fragte, gab er beiläufige, zurückhaltende Antworten und wechselte das Thema. Einmal saßen sie zusammen im Musée d'Orsay, und Eileen sagte zu ihm: Du weißt alles über mich, und ich weiß nichts über dich. Mit einem schmerzlichen Lächeln erwiderte er: Ach, jetzt klingst du wie Natalie. Dann lachte er und entschuldigte sich. Es war das einzige Mal, dass er ihren Namen erwähnte. Morgens machte er Kaffee, und nachts schlief Eileen in seinem Bett. Wenn sie miteinander schliefen, hielt er sie danach lange im Arm. Als sie nach Dublin zurückkehrte, machte sie noch am selben Tag mit ihrem Freund Schluss. Sie hörte nichts mehr von Simon, bis er an Weihnachten bei ihren Eltern vorbeikam, um ein Glas Brandy zu trinken und den Baum zu bewundern.

Alice' Buch wurde im folgenden Frühjahr veröffentlicht. Die Veröffentlichung wurde von viel Presse, zunächst meist positiv, begleitet, dann folgten ein paar negative Beiträge als Reaktion auf die anbiedernde Zustimmung der ersten Besprechungen. Im Sommer lernte Eileen auf einer Party ihrer Freundin Ciara einen Mann namens Aidan kennen. Er hatte dichtes dunkles Haar und trug eine Leinenhose und dreckige Tennisschuhe. Sie saßen bis spät in die Nacht hinein zusammen in der Küche und sprachen über ihre Kindheit. In meiner Familie reden wir einfach nicht, sagte Aidan. Alles bleibt unter der Oberfläche, nichts tritt hervor. Kann ich dir noch nachschenken? Eileen sah ihm dabei zu, wie er ihr Rotwein ins Glas goss. In meiner Familie reden wir auch nicht wirklich miteinander, sagte sie. Manchmal denke ich, dass wir es versuchen, aber nicht wissen, wie es geht. Als die Nacht zu Ende war, gingen Eileen und Aidan in dieselbe Richtung nach Hause, und er machte einen Umweg, um sie bis zu ihrer Wohnungstür zu begleiten. Pass auf dich auf, sagte er, als sie sich verabschiedeten. Ein paar Tage später trafen sie sich auf einen Drink, nur sie beide. Er war Musiker und Tontechniker. Er erzählte ihr von seiner Arbeit, seinen Mitbewohnern, seiner Beziehung zu seiner Mutter, verschiedenen Dingen, die er liebte und hasste. Während sie sich unterhielten, lachte Eileen viel und wirkte lebendig, berührte ihre Lippen, beugte sich auf ihrem Stuhl vor. Als sie an diesem Abend nach Hause kam, erhielt sie eine SMS von Aidan: du kannst so gut zuhören! wow! und ich rede zu viel, sorry. können wir uns wiedersehen?

Sie gingen in der Woche darauf wieder etwas trinken, und dann noch einmal. Überall in Aidans Wohnung lagen verhedderte schwarze Kabel auf dem Boden, und sein Bett bestand nur aus einer Matratze. Im Herbst fuhren sie für ein paar Tage nach Florenz und gingen gemeinsam durch die Kühle der Kathedrale. Eines Abends, als sie beim Essen eine witzige Bemerkung machte, lachte er so sehr, dass er sich die Tränen mit einer lilafarbenen Serviette wegwischen musste. Er sagte ihr, dass er sie liebe. Alles im Leben ist unglaublich schön, schrieb Eileen in einer Nachricht an Alice. Ich kann nicht glauben, dass man so glücklich sein kann. Zu der Zeit zog Simon wieder nach Dublin, um als politischer Berater für eine linke Parlamentsfraktion zu arbeiten. Eileen sah ihn manchmal im Bus oder wenn er mit der einen oder anderen gut aussehenden Frau im Arm über die Straße ging. Vor Weihnachten zogen Eileen und Aidan zusammen. Er schleppte ihre Bücherkisten aus seinem Kofferraum in die Wohnung und sagte stolz: Das Gewicht deines Gehirns. Alice kam zu ihrer Einweihungsfeier, ließ eine Flasche Wodka auf die Küchenfliesen fallen, erzählte eine sehr lange Anekdote aus ihrer gemeinsamen Collegezeit, die nur Eileen und sie selbst halbwegs lustig zu finden schienen, und ging dann wieder nach Hause. Die meisten anderen Gäste waren Freunde von Aidan. Hinterher sagte Eileen betrunken zu Aidan: Warum habe ich keine Freunde? Ich habe zwei, aber sie sind seltsam. Und die anderen sind eher Bekannte. Er strich ihr mit der Hand übers Haar und sagte: Du hast mich.

Während der nächsten drei Jahre lebten Eileen und Aidan in einer kleinen Wohnung im südlichen Stadtzentrum, luden sich illegal ausländische Filme runter, stritten darüber, wer wie viel Miete zahlen sollte, wechselten sich beim Kochen und Abwaschen ab. Lola und Matthew verlobten sich. Alice gewann einen lukrativen Literaturpreis, zog nach New York und schickte Eileen Mails zu seltsamen Tages- und Nachtzeiten. Dann hörte sie ganz auf zu mailen, löschte ihre Social-Media-Profile, ignorierte Eileens Nachrichten. Im Dezember rief Simon eines Abends bei Eileen an und erzählte ihr, dass Alice wieder in Dublin sei und sich in die Psychiatrie eingewiesen habe. Eileen saß auf dem Sofa und hielt sich das Telefon ans Ohr, während Aidan an der Spüle stand und einen Teller abspülte. Dann war das Gespräch beendet, und sie saß mit dem Telefon da, sagte nichts, und Aidan sagte nichts, sie waren beide still. Gut, sagte er schließlich. Dann lass ich dich mal. Ein paar Wochen später trennten sie sich. Er sagte, es wäre gerade so viel los, sie bräuchten beide Zeit für sich. Er zog zu seinen Eltern, und sie teilte sich eine Wohnung mit einem verheirateten Pärchen im nördlichen Stadtzentrum. Lola und Matthew planten im Sommer zu heiraten. Simon beantwortete weiterhin seine Korrespondenz unverzüglich, ging ab und zu mit Eileen mittagessen und behielt sein Privatleben für sich. Es war April, ein paar von Eileens Freunden waren vor Kurzem aus Dublin weggezogen oder gerade dabei, das zu tun. Sie ging auf Abschiedspartys, trug dabei ihr dunkelgrünes Kleid mit den Knöpfen oder ihr gelbes Kleid mit dem passenden Gürtel. In Wohnzimmern mit niedrigen Decken und Lampenschirmen aus Papier unterhielten sich Leute mit ihr über den Immobilienmarkt. Meine Schwester heiratet im Juni, sagte sie ihnen. Wie toll, antwortete man ihr. Du freust dich bestimmt für sie. Na ja, schon komisch, sagte Eileen dann. Tu ich nicht.

4

Alice, ich glaube, ich hatte eine ähnliche Empfindung wie du in dem Minimarkt. Für mich fühlt es sich so an, als würde ich nach unten schauen und zum ersten Mal wahrnehmen, dass ich auf einer winzigen Kante in schwindelnder Höhe stehe, und das Einzige, was mich noch hält, sind das Elend und die Erniedrigung von fast allen anderen auf der Erde. Und ich denke dann immer: Ich will nicht mal hier oben sein. Ich brauche diese ganzen billigen Klamotten und importierten Lebensmittel und Plastikbehälter gar nicht, ich glaube nicht mal, dass sie mein Leben verbessern. Sie erzeugen nur Abfall und machen mich unglücklich. (Nicht dass ich meine Unzufriedenheit mit dem Elend tatsächlich unterdrückter Menschen vergleichen würde. Ich will damit nur sagen, dass der Lebensstil, den sie uns ermöglichen, meiner Meinung nach noch nicht einmal befriedigend ist.) Die Leute glauben, dass Sozialismus durch Gewalt aufrechterhalten wird – durch Zwangsenteignungen –, aber ich wünschte, sie würden einfach zugeben, dass der Kapitalismus durch genau dieselbe Gewalt aufrechterhalten wird, nur eben in die entgegengesetzte Richtung: die gewaltsame Wahrung bestehender Eigentumsverhältnisse. Ich weiß, dass du das weißt. Ich hasse es, immer wieder die gleichen Debatten mit den falschen Grundbegriffen führen zu müssen.

Ich habe vor Kurzem auch über Zeit und politischen Konservativismus nachgedacht, wenn auch auf andere Art. Man kann durchaus sagen, denke ich, dass wir eine historische Krisenzeit durchleben, und diese Vorstellung scheint vom Großteil der Menschheit akzeptiert zu sein. Ich meine, die äußeren Symptome der Krise, z. B. große unvorhersehbare Verschiebungen bei Wahlen, sind weitgehend als abnormale Phänomene erkennbar. In gewissem Maße denke ich, dass sogar einige der eher »verdrängten« strukturellen Symptome, wie das massenhafte Ertrinken von Geflüchteten und die sich wiederholenden Wetterkatastrophen, die der Klimawandel auslöst, nach und nach als Manifestationen einer politischen Krise verstanden werden. Und meines Wissens zeigen Studien, dass die Leute in den vergangenen zwei Jahren sehr viel mehr Zeit damit verbracht haben, Nachrichten zu lesen und sich über das aktuelle Geschehen zu informieren. Für mich ist es zum Beispiel normal geworden, dass ich Textnachrichten verschicke wie: tillerson als außenminister gefeuert lmaoooo. Auch wenn es alles andere als normal sein sollte, solche Nachrichten zu schreiben. Jedenfalls ist dadurch jeder Tag zu einer neuen und einzigartigen Informationseinheit geworden, die die Informationswelt des Vortags tilgt und ersetzt. Und ich frage mich (irrelevanterweise, wirst du vielleicht sagen), was all das für Kultur und Kunst bedeutet. Ich meine, wir sind daran gewöhnt, uns auf kulturelle Arbeiten einzulassen, die »in der Gegenwart« angesiedelt sind. Aber diese Wahrnehmung einer fortlaufenden Gegenwart ist kein Bestandteil unseres Lebens mehr. Die Gegenwart ist unstet geworden. Jeder Tag, sogar jede Stunde jedes Tages ersetzt die Zeit davor und macht sie bedeutungslos, die Ereignisse unseres Lebens ergeben allein in Bezug auf eine sich permanent aktualisierende Nachrichten-Timeline Sinn. Wenn wir also Menschen in Filmen sehen, die an Esstischen sitzen oder in Autos herumfahren und Mordpläne aushecken oder traurig sind wegen einer

Liebesbeziehung, wollen wir natürlich wissen, wann genau sie das tun, um den Zeitpunkt in Bezug zu den kataklystischen historischen Ereignissen setzen zu können, die gegenwärtig unser Realitätsempfinden gliedern. Es gibt kein neutrales Setting mehr. Es gibt nur noch die Timeline. Ich weiß wirklich nicht, ob dadurch neue Kunstformen entstehen werden oder ob es einfach nur das Ende der gesamten Künste bedeutet, zumindest so, wie wir sie kennen.

Dein Absatz über Zeit hat mich an etwas erinnert, was ich vor Kurzem online gelesen habe. Laut Wikipedia war die östliche Mittelmeerregion in der späten Bronzezeit, die ungefähr tausendfünfhundert Jahre vor der christlichen Ära begann, durch ein System aus zentralisierten Palastregierungen geprägt, die Geld und Güter durch komplexe und spezialisierte Stadtökonomien umverteilten. Handelsrouten waren damals hochentwickelt und Schriftsprachen entstanden. Teure Luxusgüter wurden hergestellt und über riesige Entfernungen hinweg gehandelt – in den 1980ern wurde vor der Küste der Türkei ein Schiffswrack aus der Zeit entdeckt, das mit ägyptischen Juwelen, griechischer Keramik, Schwarzholz aus dem Sudan, irischem Kupfer, Granatäpfeln und Elfenbein beladen war, ein und dasselbe Schiff. Dann, während eines fünfundsiebzigjährigen Zeitraums zwischen 1225 und 1150 vor Christus, brach die Zivilisation zusammen. Die großen Städte des östlichen Mittelmeerraums wurden zerstört oder verlassen. Die Fähigkeit zum Lesen und Schreiben verkümmerte nahezu vollständig, ganze Schriftsysteme gingen verloren. Übrigens weiß niemand sicher, warum das geschah. Wikipedia verweist auf die Theorie eines »allgemeinen Systemkollapses«, der zufolge »Zentralisierung, Spezialisierung, Komplexität und kopflastige politische Strukturen« die Zivilisation der Späten Bronzezeit besonders anfällig für einen Zusammenbruch machten.

Eine andere Theorie ist schlicht mit »Klimawandel« überschrieben. Ich denke, das rückt unsere heutige Zivilisation in ein unheilvolles Licht, was meinst du? Über die Möglichkeit eines allgemeinen Systemkollapses hatte ich mir vorher noch nicht wirklich Gedanken gemacht. Natürlich weiß ich theoretisch, dass alles, was wir uns selbst über menschliche Zivilisation erzählen, gelogen ist. Aber stell dir vor, wie es sein muss, das im wirklichen Leben herauszufinden.

Etwas ganz anderes, und zwar so anders, dass es in einem scharfen Neunzig-Grad-Winkel zu meinem letzten Absatz steht: Denkst du jemals an deine biologische Uhr? Ich meine nicht, dass du es tun solltest, ich frage mich nur, ob. Wir sind natürlich noch ziemlich jung. Aber Tatsache ist, dass die überwiegende Mehrheit der Frauen in der Geschichte der Menschheit in unserem Alter bereits einige Kinder hatte. Oder? Ich vermute mal, es lässt sich nicht so leicht herausfinden. Ich bin mir nicht mal sicher, ob du Kinder willst, wenn ich jetzt so darüber nachdenke. Willst du? Vielleicht weißt du es auch nicht, so oder so. Als Teenager war ich mir sicher, ich würde lieber sterben, als Kinder zu kriegen, in meinen Zwanzigern hatte ich die vage Vorstellung, dass es mir irgendwann einfach passieren würde, und jetzt, da ich bald dreißig werde, denke ich: was jetzt? Überflüssig zu erwähnen, dass gerade niemand Schlange steht, der mir dabei helfen will, diese biologische Funktion zu erfüllen. Außerdem habe ich den seltsamen und vollkommen unerklärlichen Verdacht, ich könnte unfruchtbar sein. Es gibt keinen medizinischen Grund, warum ich das denke. Ich erwähnte es letztens, als ich mich bei Simon über meine diversen unbegründeten gesundheitlichen Ängste beklagte, und er meinte, ich solle mir keine Gedanken machen, seiner Meinung nach strahle ich nämlich »Fruchtbarkeit aus«. Ich musste einen Tag darüber lachen, und tatsächlich lache ich gerade immer noch, während ich dir schreibe. Jedenfalls, ich bin neugierig, was du denkst. Angesichts des bevorstehenden Zivilisationsbruchs findest du vielleicht, dass Kinder ohnehin nicht infrage kommen.

Wahrscheinlich denke ich deshalb gerade so viel über das alles nach, weil ich zufällig Aidan auf der Straße gesehen habe. Ich bin auf der Stelle gestorben, Herzinfarkt. Und seitdem ist jede darauffolgende Stunde schlimmer als die davor. Oder ist der Schmerz, den ich jetzt verspüre, einfach so stark, dass er meine Fähigkeit übersteigt, den Schmerz, den ich zu der Zeit verspürte, zu rekonstruieren? Vermutlich fühlt sich erinnertes Leid niemals so furchtbar wie aktuelles Leid an, selbst wenn es in Wirklichkeit viel schlimmer war – wir können uns nicht daran erinnern, wie schlimm es war, weil Erinnern immer schwächer ist als Erleben. Vielleicht denken deshalb Menschen mittleren Alters immer, dass ihre Gedanken und Empfindungen wichtiger sind als die junger Menschen, weil sie sich nur entfernt an die Gefühle ihrer Jugend erinnern, während sie zulassen, dass ihr Blick auf das Leben von ihren gegenwärtigen Erfahrungen bestimmt wird. Trotzdem, mein Gefühl sagt mir, dass ich mich tatsächlich jetzt, zwei Tage nachdem ich ihn gesehen habe, schlechter fühle als in dem Moment selbst. Ich weiß, dass das, was zwischen uns geschehen ist, kein Symbol war, sondern nur ein Ereignis – etwas, was passiert ist oder was er getan hat, keine unvermeidbare Manifestation meines grundsätzlichen Scheiterns im Leben. Aber als ich ihn sah, war es, als würde ich alles noch einmal durchmachen. Und Alice, ich fühle mich wirklich wie eine Versagerin, in gewisser Weise ist mein Leben tatsächlich nichts wert, außer ganz wenige Menschen kümmert es niemanden, was darin geschieht. Ich frage mich manchmal, was das alles überhaupt soll, wenn sich das, was ich für bedeutsam halte, als bedeutungslos herausstellt, und wenn diejenigen, die mich lieben sollten, es nicht tun. Ich habe Tränen in den Augen, während ich diese blöde Mail tippe, dabei hatte ich jetzt sechs Monate Zeit, um darüber hinwegzukommen. Ich frage mich langsam, ob ich es vielleicht nie schaffe. Vielleicht hinterlassen bestimmte Arten des Schmerzes während bestimmter prägender Lebensphasen einen dauerhaften Eindruck in der Selbstwahrnehmung eines Menschen. So wie ich meine Jungfräulichkeit erst mit zwanzig verlor, und zwar so quälend und peinlich und schlimm, dass ich mich seitdem immer wie eine Person gefühlt habe, der so etwas zustoßen würde, obwohl ich mich vorher nicht so fühlte. Und jetzt fühle ich mich wie die Art von Mensch, die von ihrem Lebenspartner nach ein paar Jahren nicht mehr geliebt wird, und ich weiß nicht, wie ich es anstellen soll, nicht mehr diese Art von Mensch zu sein.

Arbeitest du eigentlich an etwas Neuem dort in der Einöde? Oder hast du einfach nur Dates mit störrischen Jungs aus der Gegend? Ich vermisse dich! Ganz viel Liebe. E.

5

In der Kühlabteilung eines Minimarkts durchsuchte Felix mit leicht unkonzentriertem Gesichtsausdruck eine Auswahl an Fertiggerichten. Es war fünfzehn Uhr an einem Donnerstag, weiße Leuchten surrten über seinem Kopf. Die Türen am Eingang des Ladens öffneten sich, aber er drehte sich nicht um. Er stellte ein Fertiggericht zurück ins Regal und holte sein Handy raus. Er hatte keine neuen Nachrichten. Ausdruckslos steckte er das Gerät zurück in die Tasche, nahm scheinbar wahllos eine Plastikbox aus dem Regal, ging zur Kasse und bezahlte. Beim Rausgehen hielt er bei der Auslage mit dem frischen Obst inne. Dort stand Alice und betrachtete die Äpfel, nahm einen nach dem anderen in die Hand und untersuchte ihn auf Mängel. Als er sie erkannte, veränderte er seine Haltung, sie wurde aufrechter. Es war nicht gleich klar, ob er sie ansprechen oder einfach gehen würde – er wusste es offenbar selbst nicht. Er hielt das Fertiggericht in einer Hand und tippte damit geistesabwesend gegen sein Bein. Sie drehte sich um, vielleicht weil sie ihn gehört hatte oder sich seiner Anwesenheit am Rand ihres Blickfelds bewusst geworden war, erkannte ihn und schob sich sofort das Haar hinter die Ohren.

Ach hallo, sagte sie.

Hey. Wie geht's dir so?

Gut, danke.

Schon Freunde gefunden?, fragte er.

Keinen einzigen.

Er lächelte, tippte wieder mit dem Fertiggericht gegen sein Bein und schaute zum Ausgang. Oje, sagte er. Was machen wir bloß mit dir? Allein wirst du da oben noch verrückt.

Ach, längst passiert, sagte sie. Wobei, vielleicht auch schon, bevor ich hergekommen bin.

Verrückt, meinst du? Auf mich hast du ziemlich normal gewirkt.

Kein Wort, das ich in Bezug auf mich oft höre, aber danke.

Sie standen da und sahen sich an, bis sie den Blick senkte und sich abermals ins Haar fasste. Er schaute wieder über seine Schulter zum Ausgang, dann zurück zu ihr. Es war schwer zu sagen, ob er ihr Unbehagen genoss oder ob sie ihm einfach leidtat. Sie jedenfalls schien sich verpflichtet zu fühlen, so lange dort stehen zu bleiben, wie er reden wollte.

Dann hast du die gute alte Dating-App aufgegeben?, fragte er.

Mit einem Lächeln sah sie ihn direkt an und antwortete: Ja, der letzte Versuch war nicht gerade motivierend, wenn ich das so sagen darf.

Hab ich dir die Männer komplett vermiest?

Ach, nicht nur die Männer. Menschen jeden Geschlechts.

Er lachte und sagte: Ich hätte nicht gedacht, dass ich so schlimm war.

Warst du auch nicht. Aber ich.

Ach, du warst in Ordnung.

Er runzelte die Stirn in Richtung des frischen Gemüses, bevor er weitersprach. Sie wirkte jetzt entspannter und betrachtete ihn mit neutralem Blick.

Wenn du Lust hast, Leute kennenzulernen, komm doch heute Abend vorbei, sagte er. Ein paar von der Arbeit kommen.

Machst du eine Party?

Er verzog das Gesicht. Keine Ahnung, sagte er. Ich meine,

es kommen ein paar Leute – also. Eine Party oder wie man es nennen will, ja. Aber nichts Großes.

Sie nickte, bewegte die Lippen, ohne die Zähne zu zeigen. Klingt gut, sagte sie. Du müsstest mir nur noch mal sagen, wo du wohnst.

Ich zeig's dir auf Google Maps, wenn du das hast, sagte er.

Sie nahm ihr Handy aus der Tasche und öffnete die App. Als sie ihm das Gerät gab, sagte sie: Hast du heute frei?

Er tippte seine Adresse in die Suchleiste, ohne aufzusehen. Ja, sagte er. Ziemlich wahlloser Schichtplan diese Woche. Er reichte ihr das Handy zurück, um ihr die Adresse zu zeigen: 16 Ocean Rise. Auf dem Display war ein Geflecht aus weißen Straßen vor grauem Hintergrund zu sehen, daneben ein blauer Bereich, der das Meer darstellte. Manchmal brauchen sie einen so gut wie gar nicht, fügte er hinzu. Und dann, in manchen Wochen, muss man jeden Tag hin. Das macht mich wahnsinnig. Er sah wieder zur Kasse, jetzt offenbar in einer anderen Stimmung. Dann sehen wir uns heute Abend?, fragte er.

Wenn du dir sicher bist, dass du mich dahaben möchtest, antwortete sie.

Deine Entscheidung. Ich würde durchdrehen, wenn ich die ganze Zeit allein da draußen wäre. Aber vielleicht gefällt's dir ja.

Nein, nicht wirklich. Ich komme gern, danke für die Einladung.

Klar, kein Ding, sagte er. Es kommen ja eh ein paar Leute. Bis später dann, pass auf dich auf.

Ohne noch mal ihren Blick zu suchen, wandte er sich um und verließ den Laden. Sie sah wieder zu der Kiste mit den Äpfeln, und als fände sie es jetzt unangebracht, sie weiterhin genauestens zu untersuchen, als wäre die ganze Suche nach

Druckstellen auf der Oberfläche des Obstes zu etwas Lächerlichem oder gar Schändlichem geworden, nahm sie sich einen Apfel und ging weiter zur Kühlabteilung.

/

16 Ocean Rise war eine Doppelhaushälfte mit einer vorstehenden Fassade aus rotem Backstein; die andere, rechte Hälfte des Hauses war weiß gestrichen. Eine niedrige Mauer trennte den betonierten Vorgarten von dem der Nachbarn. Die Vorhänge der straßenseitigen Fenster waren zugezogen, aber es brannte Licht. Alice stand vor der Tür und trug dieselbe Kleidung wie früher am Tag. Sie hatte sich das Gesicht gepudert, wodurch ihre Haut trocken wirkte, und in der linken Hand hielt sie eine Flasche Rotwein. Sie klingelte und wartete. Nach ein paar Sekunden öffnete eine Frau in ihrem Alter die Tür. Im Flur hinter ihr war es hell und laut.

Hi, sagte Alice. Wohnt Felix hier?

Ja, klar, komm rein.

Die Frau ließ sie rein und schloss die Tür. In der Hand hielt sie ein angeschlagenes Glas, in dem offenbar so etwas wie Cola war. Ich bin Danielle, sagte sie. Die Jungs sind gleich da hinten. In der Küche am Ende des Flurs saßen sechs Männer und zwei Frauen unterschiedlich positioniert um einen Tisch herum. Felix saß auf der Küchentheke neben dem Toaster und trank aus einer Dose. Er stand nicht auf, als er Alice hereinkommen sah, er nickte nur in ihre Richtung. Sie folgte Danielle in den Raum, zum Kühlschrank, in seine Nähe.

Hey, sagte er.

Hi, sagte Alice.

Zwei der Leute am Tisch wandten sich zu ihr um, während die anderen ihr Gespräch fortsetzten. Danielle fragte Alice, ob sie ein Glas für ihren Wein wolle, und Alice sagte: Gern.

Während sie im Schrank herumkramte, fragte Danielle: Und woher kennt ihr zwei euch?

Von Tinder, sagte Felix.

Danielle richtete sich auf, hielt ein sauberes Weinglas in der Hand. Und das hier ist ein Date für dich?, fragte sie. Wie romantisch.

Wir haben es schon mit einem Date versucht, sagte er. Sie meinte, es hat ihr für den Rest ihres Lebens die Männer verleidet.

Alice versuchte, Felix' Blick zu begegnen, vielleicht um ihm zuzulächeln, um zu zeigen, dass sie seine Bemerkung amüsant fand, aber er sah sie nicht an.

Das kann ich ihr nicht verdenken, sagte Danielle.

Alice stellte die Flasche auf die Theke und sah sich die CD-Sammlung an der Küchenwand an. Viele Alben, sagte sie.

Ja, alles meine, sagte Felix.

Sie ließ den Finger über die Rückseiten der CD-Hüllen gleiten, zog eine ein Stück aus ihrem Schlitz, sodass sie wie eine Zunge heraushing. Danielle unterhielt sich mittlerweile mit einer Frau, die am Küchentisch saß, ein anderer Mann war aufgestanden, um den Kühlschrank zu öffnen. Er deutete in ihre Richtung und fragte Felix: Wer ist das?

Das ist Alice, sagte Felix. Sie schreibt Romane.

Wer schreibt Romane?, fragte Danielle.

Diese Dame hier, sagte Felix. Sie lebt vom Bücherschreiben. Jedenfalls behauptet sie das.

Wie heißt du?, fragte der Mann. Ich google dich gleich mal.

Alice ließ es mit erzwungener Gleichgültigkeit geschehen. Alice Kelleher, sagte sie.

Felix betrachtete sie. Der Mann setzte sich auf einen leeren Stuhl und tippte es in sein Handy. Alice nahm einen Schluck von ihrem Wein und ließ den Blick durch den Raum schweifen, als würde es sie nicht interessieren. Über sein Handy gebeugt sagte der Mann: Hier, sie ist berühmt. Alice reagierte nicht, erwiderte nicht Felix' Blick. Danielle beugte sich über das Handy. Sieh mal an, sagte sie. Ein Wikipedia-Eintrag und alles. Felix glitt von der Theke und nahm seinem Freund das Telefon aus der Hand. Er lachte, aber seine Heiterkeit schien nicht ganz aufrichtig zu sein.

Literarische Werke, las er laut vor. Verfilmungen. Privates.

Dieser Abschnitt müsste kurz sein, sagte Alice.

Warum hast du mir nicht gesagt, dass du berühmt bist?, fragte er.

In einem gelangweilten, fast verächtlichen Tonfall antwortete sie: Ich hab dir gesagt, dass ich Schriftstellerin bin.

Er grinste sie an. Ich geb dir einen Tipp für dein nächstes Date, sagte er. Lass ins Gespräch einfließen, dass du berühmt bist.

Danke für diesen unerbetenen Rat. Ich werde ihn ganz sicher nicht befolgen.

Was, nervt es dich jetzt, weil wir dich im Internet gefunden haben?

Natürlich nicht, sagte sie. Ich hab dir gesagt, wie ich heiße. Das hätte ich ja nicht machen müssen.

Ein paar Sekunden lang starrte er sie an, dann schüttelte er den Kopf und sagte: Du bist komisch.

Sie lachte und sagte: Wie aufschlussreich. Schreib das doch in meinen Wikipedia-Eintrag.

Danielle lachte jetzt auch. Felix wurde ein wenig rot. Er drehte sich von Alice weg und sagte: Jeder kann einen haben. Wahrscheinlich hast du ihn selbst geschrieben.

Nein, nur die Bücher, entgegnete Alice. Es klang, als würde sie langsam Spaß an der Situation finden.

Du hältst dich wohl für was Besonderes, sagte er.

Warum bist du eigentlich so empfindlich?, fragte Danielle.

Bin ich nicht, antwortete Felix. Er gab seinem Freund das Handy zurück und lehnte sich mit verschränkten Armen an den Kühlschrank. Alice stand neben ihm an der Theke. Danielle sah zu Alice und hob die Augenbrauen, aber dann wandte sie sich wieder ihrem Gespräch zu. Eine der anderen Frauen machte Musik an, und ein Mann auf der anderen Seite des Raums lachte über irgendetwas. Alice sagte zu Felix: Wenn ich lieber gehen soll, kein Problem.

Wer hat gesagt, dass du gehen sollst?, fragte er.

Ein neues Grüppchen kam in die Küche, und es wurde lauter. Niemand kam, um sich mit Alice oder Felix zu unterhalten, und so standen sie schweigend neben dem Kühlschrank. An ihren Gesichtern ließ sich nicht ablesen, ob diese Erfahrung besonders schmerzlich war, aber nach ein paar Sekunden streckte Felix die Arme aus und sagte: Ich rauche nicht gern im Haus. Kommst du mit raus auf 'ne Kippe? Dann lernst du unseren Hund kennen. Alice nickte stumm und folgte ihm mit ihrem Glas Wein in der Hand durch die Terrassentür in den Garten hinter dem Haus.

Felix zog die Tür hinter ihnen zu und ging durch das Gras zu einem kleinen Schuppen mit einem provisorischen Dach aus Abdeckplane. Sofort sprang hinten im Garten ein Springer Spaniel auf, um ihn zu begrüßen. Er nieste vor Aufregung, legte seine Vorderpfoten an Felix' Beine und jaulte auf. Das ist Sabrina, sagte er. Sie gehört uns nicht wirklich, die Leute, die hier zuletzt gewohnt haben, haben sie einfach dagelassen. Meistens bin ich es, der sie füttert, deshalb ist sie ein großer Fan von mir. Alice sagte, das sei offensichtlich. Normalerweise ist sie nicht draußen, sagte er. Nur, wenn wir Besuch haben. Wenn alle gegangen sind, kann sie wieder rein. Alice fragte, ob sie in seinem Bett schlief, und Felix lachte. Sie versucht es, sagte er. Aber sie weiß, dass sie es nicht darf. Er kraulte ihr die Ohren und sagte liebevoll: Trottel. Zu Alice gewandt, fügte er hinzu: Sie ist total dämlich, übrigens. Richtig dumm. Rauchst du? Alice zitterte, und sie hatte Gänsehaut auf dem Handgelenk, das aus ihrem Ärmel hervorschaute, aber sie nahm eine Zigarette und zog daran, während sich Felix selbst eine anzündete. Er nahm einen Zug, stieß den Rauch in die saubere Nachtluft und sah zum Haus. Drinnen war es hell, und seine Freunde redeten und gestikulierten. Um das warmgelbe Rechteck der Terrassentüren herum war die Dunkelheit des Hauses, das Gras, die klare, schwarze Leere des Himmels.

Dani ist prima, sagte er.

Ja, sagte Alice. Das Gefühl hatte ich auch.

Ja. Wir waren mal zusammen.

Ach, echt? Lange, oder?

Er hob die Schultern und sagte: Ungefähr ein Jahr. Keine Ahnung – eigentlich über ein Jahr. Jedenfalls ist das schon ewig her, jetzt sind wir gute Freunde.

Hast du sie noch gern?

Er sah wieder zum Haus, als würde es ihm helfen, die Frage für sich zu beantworten, wenn er einen Blick auf Danielle werfen konnte. Sie ist eh mit einem anderen zusammen, sagte er.

Ein Freund von dir?

Ein Bekannter, ja. Er ist heute Abend nicht hier, vielleicht lernst du ihn mal kennen.

Er wandte sich vom Haus ab und schnippte etwas Asche von seiner Zigarette, ein paar Funken segelten langsam durch die Dunkelheit. Die Hündin rannte weg, vorbei an der Hütte und dann ein paar Mal im Kreis.

Ehrlich gesagt, wenn sie mich hören könnte, würde sie dir sagen, dass ich es verkackt habe, fügte Felix hinzu.

Was hast du gemacht?

Ach, angeblich war ich kalt und unnahbar, jedenfalls hat sie das so gesehen. Du kannst sie ja fragen, wenn du willst.

Alice lächelte und sagte: Möchtest du, dass ich sie frage?

O Gott nein, nicht meinetwegen. Ich musste mir das damals oft genug anhören. Ich weine ihr nicht mehr nach, keine Sorge.

Hast du ihr damals nachgeweint?

Na ja, nicht wörtlich, sagte er. Meinst du das? Ich habe nicht wirklich geweint, aber ich war ziemlich sauer, das ja.

Weinst du denn überhaupt mal?

Er lachte kurz auf und sagte: Nein. Du?

Ja, immerfort.

Echt?, fragte er. Wegen was weinst du?

Wegen allem Möglichen. Ich bin vermutlich ziemlich unglücklich.

Er sah sie an. Im Ernst?, fragte er. Warum?

Nichts Besonderes. Ich fühle mich einfach so. Ich finde mein Leben schwierig.

Nach kurzem Zögern sah er wieder auf seine Zigarette und sagte: Ich glaube, ich kenne nicht die ganze Geschichte, warum du hergezogen bist.

Es ist keine sehr gute Geschichte, sagte sie. Ich hatte einen Nervenzusammenbruch. Ich war wochenlang im Krankenhaus, und als ich rauskam, zog ich hierher. Aber dahinter steckt nichts Geheimnisvolles – ich meine, es gab keinen Grund, warum ich einen Zusammenbruch hatte, es war einfach so. Und es ist kein Geheimnis, alle wissen Bescheid.

Felix schien diese neue Information zu verarbeiten. Steht das in deinem Wikipedia-Eintrag?, fragte er.

Nein, ich meinte, alle, die mit mir zu tun haben, wissen das. Nicht alle auf der Welt.

Und weswegen hattest du den Zusammenbruch?

Wegen nichts.

Okay, aber wie meinst du das, du hattest einen Zusammenbruch, was ist denn passiert?

Sie atmete den Rauch seitlich aus. Ich hatte das Gefühl, die Kontrolle zu verlieren, sagte sie. Ich war die ganze Zeit extrem wütend und aufgelöst. Ich hatte mich nicht im Griff, ich konnte nicht normal leben. Ich kann es nicht genauer erklären.

Schon in Ordnung.

Sie verstummten. Alice trank den letzten Schluck von ihrem Wein, trat die Zigarette aus und verschränkte die Arme vor der Brust. Felix wirkte abgelenkt und rauchte langsam weiter, als hätte er vergessen, dass sie da war. Dann räusperte er sich und sagte: Mir ging es ein bisschen so, nachdem meine Mutter gestorben ist. Letztes Jahr. Ich habe nur gedacht, was für einen scheiß Sinn hat das Leben? Es kommt ja nichts am Ende. Nicht, dass ich wirklich tot sein wollte oder so, aber es war mir die meiste Zeit auch scheißegal, dass ich am Leben war. Ich weiß nicht, ob man das einen Zusammenbruch nennen würde. Es gab nur ein paar Monate, in denen ich ganz ernsthaft nichts mehr wollte – morgens aufstehen und zur Arbeit gehen und das alles. Ich habe den Job verloren, den ich damals hatte, deshalb bin ich jetzt im Lager. Tja. Also irgendwie kapiere ich, was du über deinen Zusammenbruch erzählst. Natürlich waren die Umstände bei mir anders, aber ich verstehe, was du meinst, ja.

Alice sagte noch einmal, dass es ihr leidtue, und er nahm ihr Beileid an.

Ich fahre nächste Woche nach Rom, sagte sie. Weil die italienische Übersetzung von meinem Buch erscheint. Vielleicht hast du Lust mitzukommen.

Er zeigte sich von der Einladung nicht überrascht. Er drückte die Zigarette an der Wand des Schuppens aus. Die Hündin bellte auf der anderen Seite des Gartens auf.

Ich habe kein Geld, sagte Felix.

Na ja, ich kann das bezahlen. Ich bin reich und berühmt, schon vergessen?

Er verzog den Mund zu einem leichten Lächeln. Du bist seltsam, sagte er. Das nehme ich nicht zurück. Wie lange bist du dort?

Ich fahre am Mittwoch und komme Montagmorgen zurück. Aber wenn du magst, können wir länger bleiben.

Jetzt lachte er. Verdammte Scheiße, sagte er.

Warst du schon mal in Rom?

Nein.

Dann solltest du mitkommen, finde ich. Ich glaube, es würde dir gefallen, sagte sie.

Woher weißt du, was mir gefällt?

Sie sahen sich an. Es war zu dunkel, als dass sie irgendetwas vom Gesicht des anderen hätten ablesen können, und doch hielten sie den Blick und wandten ihn nicht ab, als wäre es wichtiger, einander anzusehen, als tatsächlich etwas zu sehen.

Ich weiß es nicht, sagte sie. Ich denke es mir nur.

Schließlich wandte er sich von ihr ab. Gut, sagte er. Ich komme mit.

6

Ich frage mich jeden Tag, warum mein Leben so geworden ist. Ich begreife nicht, warum ich das ertragen muss – dass man Artikel über mich schreibt und dass ich Fotos von mir im Internet sehe, dass ich Kommentare über mich lese. Wenn ich es so hinschreibe, denke ich: Das ist alles? Na und? Aber Tatsache ist, obwohl es nichts ist, macht es mich unglücklich, und ich will nicht so leben. Als ich das erste Buch abgegeben habe, wollte ich einfach nur genug Geld verdienen, um das nächste fertigschreiben zu können. Ich habe nie behauptet, ich wäre ein psychologisch stabiler Mensch, der ausufernde öffentliche Recherchen über seine Person und seine Erziehung erträgt. Leute, die berühmt werden wollen – ich meine Leute, die vom Ruhm kosten und dann immer mehr davon wollen –, sind ernsthaft psychisch krank, das glaube ich wirklich. Die Tatsache, dass wir diesen Leuten überall in unserer Kultur ausgesetzt sind, als wären sie nicht nur normal, sondern auch noch attraktiv und beneidenswert, deutet auf das Ausmaß der verunstaltenden Volkskrankheit hin, an der wir leiden. Mit diesen Leuten stimmt etwas nicht, und wenn wir sie uns zum Vorbild nehmen, färbt das auf uns ab.

Worin besteht eigentlich die Beziehung der berühmten Autorin zu ihren berühmten Büchern? Hätte ich schlechte Manieren und wäre ich ein unangenehmer Mensch und spräche ich mit einem nervigen Akzent, was meiner Meinung nach vermutlich der Fall ist, hätte das irgendetwas mit meinen Romanen zu tun? Natürlich nicht. Das Werk wäre ganz genau dasselbe. Und was gewinnen die Bücher, wenn sie mit meinem Gesicht verbunden sind, meinen Eigenheiten in all ihrer demoralisierenden Genauigkeit? Nichts. Also warum, warum wird es so gemacht? Wessen Interessen dient es? Es macht mich unglücklich, es hält mich von der einzigen Sache in meinem Leben ab, die mir etwas bedeutet, es trägt nichts zum öffentlichen Interesse bei, sondern befriedigt nur die niedersten und lüsternsten Neigungen und dient dazu, den literarischen Diskurs um die alles beherrschende Figur des »Autors« zu errichten, dessen Lebensweise und Eigenheiten ohne jeden Grund in grelle Details zerlegt werden. Überall begegne ich dieser Person, die ich selbst bin, und ich hasse sie mit jeder Faser. Ich hasse es, wie sie sich ausdrückt, ich hasse es, wie sie aussieht, und ich hasse ihre Meinungen. Doch wenn andere etwas über sie lesen, glauben sie, dass ich sie bin. Wenn ich mir das vor Augen führe, habe ich das Gefühl, ich wäre bereits tot.

Natürlich darf ich mich nicht beschweren, weil mir ständig alle sagen, ich solle es »genießen«. Was wissen sie schon? Sie kennen das nicht, ich habe das ganz allein durchgemacht. Okay, es ist auf eine Art eine nichtige Erfahrung, und in ein paar Monaten oder Jahren wird alles vorbei sein und sich Gott sei Dank niemand mehr an mich erinnern. Und trotzdem war ich dazu gezwungen, ich musste es selbst durchstehen, ohne dass mir jemand gezeigt hätte, wie es geht, und jetzt verabscheue ich mich in nahezu unerträglichem Maße. Egal, was ich kann, egal, welches unbedeutende Talent ich haben könnte, man erwartet von mir, dass ich es verkaufe – ich meine das wortwörtlich, dass ich es für Geld verkaufe, bis ich viel Geld und kein Talent mehr habe. Und dann war's das, dann bin ich fertig, und die nächste funkelnde Fünfundzwanzigjährige, die kurz vor einem psychischen Zusammenbruch steht, ist an der Reihe. Sollte ich einer aufrichtigen Person auf dem ganzen Weg begegnet sein, dann hat sie sich so gut in dem Gewimmel von blutrünstigen Egomanen versteckt, dass ich sie nicht erkennen konnte. Ich glaube, die einzigen aufrichtigen Menschen, die ich kenne, sind du und Simon, und mittlerweile könnt ihr mich nur noch mitleidig ansehen – nicht liebevoll oder freundschaftlich, nur mitleidig, als wäre ich etwas Halbtotes am Straßenrand, das man am besten von seinen Qualen erlöst.

Nach deiner Mail über den Zusammenbruch der Späten Bronzezeit war ich ganz fasziniert von der Vorstellung, dass Schriftsysteme »verloren« gehen können. Ehrlich gesagt wusste ich nicht mal so genau, was das überhaupt bedeutet, also musste ich es nachschlagen, und am Ende las ich viel über etwas, das Linearschrift B genannt wird. Weißt du schon alles darüber? Es ist so: Um 1900 herum fand ein Team britischer Ausgräber in Kreta ein geheimes Lager antiker Tontäfelchen in einer Terrakotta-Badewanne. Auf den Täfelchen, die auf ungefähr 1400 vor Christus datiert wurden, war Silbenschrift in einer unbekannten Sprache eingeritzt. Während des frühen 20. Jahrhunderts versuchten Altphilologen und Linguisten ohne Erfolg, die Schriftzeichen, die man als Linearschrift B kennt, zu entziffern. Obwohl sie wie Schrift angeordnet waren, blieb unklar, welche Sprache sie repräsentierten. Die meisten Akademiker gingen davon aus, dass es sich um eine verlorene Sprache der minoischen Kultur auf Kreta handelte und dass sie ohne Nachhall in der modernen Welt blieb. 1936 hielt der fünfundachtzigjährige Archäologe Arthur Evans in London eine Vorlesung über die Täfelchen, an der ein vierzehnjähriger Schuljunge namens Michael Ventris teilnahm. Vor dem Ausbruch des Zweiten Weltkriegs wurden weitere Täfelchen gefunden und fotografiert – diesmal auf dem griechischen Festland.

Noch immer blieben alle Versuche, die Schrift zu übersetzen oder ihre Sprache zu identifizieren, erfolglos. Michael Ventris war mittlerweile erwachsen und hatte sich zum Architekten ausbilden lassen, und während des Kriegs hatte man ihn zur Royal Air Force einberufen. Er hatte keine formelle Qualifikation in Linguistik oder Altphilologie, aber die Erinnerung an die Vorlesung von Arthur Evans über die Linearschrift B hatte ihn nie losgelassen. Nach dem Krieg kehrte Ventris nach England zurück und fing an, die Fotos der neu entdeckten Täfelchen vom griechischen Festland mit den Inschriften der alten kretischen Täfelchen zu vergleichen. Ihm fiel auf, dass bestimmte Symbole auf den kretischen Täfelchen auf keinem der aus Pylos stammenden Täfelchen wiederholt wurden. Er nahm an, dass diese Symbole für Ortsnamen auf der Insel stehen könnten. Davon ausgehend machte er weiter, bis er die Schrift tatsächlich entziffern konnte – und er offenbarte, dass die Linearschrift B in Wirklichkeit eine frühe Schriftform des Altgriechischen war. Ventris' Forschungsarbeit zeigte nicht nur, dass Griechisch die Sprache der mykenischen Kultur war, sie lieferte auch Belege für verschriftlichtes Griechisch, die Hunderte Jahre älter waren als die frühesten Beispiele, die man bis dahin kannte. Nach der Entdeckung schrieb Ventris zusammen mit dem Altphilologen und Linguisten John Chadwick ein Buch über das Übersetzen der Schrift, es trug den Titel »Documents in Mycenaean Greek«. Nur wenige Wochen vor der Veröffentlichung im Jahr 1956 fuhr Ventris mit seinem Wagen in einen geparkten Lkw und starb. Er wurde vierunddreißig Jahre alt.

Ich habe die Geschichte hier in eine angemessen dramatische Form gestaucht. Es waren viele andere Altphilologen beteiligt, darunter eine amerikanische Professorin namens Alice Kober, die maßgeblich zur Interpretation von Linearschrift B beitrug und mit dreiundvierzig an Krebs starb. Die Wikipedia-Einträge zu Ventris, Linearschrift B, Arthur Evans, Alice Kober, John Chadwick und dem mykenischen Griechenland sind etwas chaotisch, gelegentlich widersprechen sie einander sogar. War Evans vierundachtzig oder fünfundachtzig Jahre alt, als Ventris seine Vorlesung besuchte? Hörte Ventris an diesem Tag wirklich zum ersten Mal von der Linearschrift B, oder kannte er sie bereits? Sein Tod wird auf die denkbar kürzeste und geheimnisvollste Art beschrieben – auf Wikipedia steht, er wäre nach einem »nächtlichen Zusammenstoß mit einem parkenden Lkw« »auf der Stelle« gestorben und dass der Leichenbeschauer auf Unfalltod entschieden hätte. Ich habe darüber nachgedacht, wie die Antike zu uns zurückkehrt, durch eigentümliche Zeitrisse hervortritt, durch das gigantische Tempo und die Verschwendung und die Gottlosigkeit des zwanzigsten Jahrhunderts, durch die Hände und Augen von Alice Kober, einer Kettenraucherin, die mit dreiundvierzig starb, und von Michael Ventris, der durch einen Autounfall mit vierunddreißig ums Leben kam.

Wie dem auch sei: Jedenfalls wurde während der Bronzezeit eine komplexe Silbenschrift für die griechische Sprache entwickelt, die dann während des Systemzusammenbruchs, von dem du geschrieben hast, mitsamt allem Wissen über sie verloren ging. Spätere Schriftsysteme, die für die griechische Sprache erdacht wurden, sind nicht mit der Linearschrift B verwandt. Diejenigen, die sie entwickelten und benutzten, hatten keine Ahnung davon, dass die Linearschrift B jemals existierte. Das Unerträgliche daran ist doch, dass diese Inschriften den Menschen, die sie anfertigten und lasen, etwas bedeutet hatten, während sie dann jahrtausendelang nichts, nichts, nichts bedeuteten – die Verbindung war gerissen, die Geschichte brach ab. Und dann schraubte das 20. Jahrhundert an der Uhr und ließ die Geschichte weiterlaufen. Aber könnten wir das nicht auch, auf andere Weise?

Es tut mir leid, dass es dir so schlecht geht nach deiner Begegnung mit Aidan. Deine Gefühle sind auf jeden Fall vollkommen normal. Aber wäre es sehr schlimm, wenn ich als deine beste Freundin, die dich sehr liebt und dir das Beste für alles in deinem Leben wünscht, darauf verwiese, dass ihr nicht wirklich glücklich miteinander wart? Ich weiß, er war derjenige, der entschieden hat, die Sache zu beenden, und ich weiß auch, wie schmerzhaft und frustrierend das sein muss. Ich versuche nicht, dich davon abzubringen, dass du dich schlecht fühlst. Ich will nur sagen, dass ich glaube, du weißt tief in deinem Herzen, dass es keine sehr gute Beziehung war. Du hast ein paar Mal mit mir darüber gesprochen, dass du Schluss machen willst, aber nicht weißt, wie du es anstellen sollst. Ich schreibe das nur, weil ich nicht möchte, dass du rückwirkend glaubst, Aidan sei dein Seelenverwandter oder du könntest niemals ohne ihn glücklich sein. Du hattest in deinen Zwanzigern eine lange Beziehung, die nicht funktionierte. Was nicht bedeutet, dass dich Gott zu einem Leben voller Kummer und Elend verdammt hat. Ich hatte auch eine lange Beziehung in meinen Zwanzigern, die nicht funktionierte, du erinnerst dich? Und Simon und Natalie waren fast fünf Jahre lang zusammen, bevor sie sich trennten. Glaubst du auch, dass er ein Versager ist oder ich? Hm. Wenn ich jetzt so darüber nachdenke, dann sind wir es vielleicht alle drei. Aber falls dem so sein sollte, dann ziehe ich das Scheitern dem Erfolg vor.

Nein, ich denke wirklich nicht über meine biologische Uhr nach. Ich habe das Gefühl, dass mich meine Fruchtbarkeit wahrscheinlich ohnehin noch ein gutes Jahrzehnt lang verfolgen wird – meine Mutter war zweiundvierzig, als sie Keith bekam. Aber ich will nicht unbedingt Kinder haben. Ich wusste auch nicht, dass du welche willst. Sogar in dieser Welt? Wenn ja, sollte es kein Problem darstellen, jemanden zu finden, der dich schwängert. Simon hat ganz recht, du strahlst Fruchtbarkeit aus. Männer lieben das. Und zum Schluss: Willst du mich immer noch besuchen? Ich muss dich vorwarnen, nächste Woche bin ich in Rom, aber sehr wahrscheinlich die Woche darauf wieder zurück. Ich habe mich mit jemandem angefreundet, dessen Name (ernsthaft) Felix ist. Und wenn du mir das glaubst, dann wirst du mir auch glauben müssen, dass er mit mir nach Rom kommt. Nein, ich kann es dir nicht erklären, also frag einfach nicht. Mir kam schlicht der Gedanke, dass es vielleicht lustig wäre, ihn einzuladen. Und ihm scheint der Gedanke gekommen zu sein, dass es vielleicht lustig wäre, Ja zu sagen. Was ich mit Sicherheit sagen kann, ist, dass er mich für total exzentrisch hält, aber er weiß auch, dass die Sache nicht total verkehrt sein kann, weil ich seinen Flug zahle. Ich will, dass du ihn kennenlernst! Noch ein Grund, mich zu besuchen, sobald ich zurück bin. Machst du das, bitte? In Liebe, wie immer.

7

Am selben Donnerstagabend besuchte Eileen eine Lyriklesung, ausgerichtet von dem Magazin, für das sie arbeitete. Sie fand in der nördlichen Innenstadt in einem Kunstzentrum statt. Vor Beginn der Veranstaltung saß Eileen hinter einem kleinen Tisch und verkaufte Exemplare der neuesten Ausgabe des Magazins, während vor ihr Leute herumliefen, Weingläser in den Händen hielten und Augenkontakt vermieden. Gelegentlich wurde sie gefragt, wo die Toiletten seien, und mit der immergleichen Stimme und den immergleichen Gesten wies sie den Weg. Kurz vor der Lesung beugte sich ein älterer Mann über den Tisch, um ihr zu sagen, sie habe die »Augen einer Dichterin«. Eileen lächelte bescheiden, und vielleicht tat sie so, als hätte sie ihn nicht gehört, jedenfalls sagte sie ihm, sie glaube, es werde drinnen gleich losgehen. Als die Lesung begann, schloss sie die Geldkassette ab, nahm sich ein Glas Wein vom Tisch und betrat den Veranstaltungsraum. Zwanzig oder fünfundzwanzig Leute saßen darin, die ersten beiden Reihen waren komplett leer. Der Herausgeber des Magazins stand am Rednerpult und stellte die erste Person vor, die lesen würde. Eine Frau ungefähr in Eileens Alter, die in dem Kunstzentrum arbeitete und Paula hieß, rückte vom Gang weg, damit Eileen sich neben sie setzen konnte. Viele Exemplare verkauft?, flüsterte sie. Zwei, sagte Eileen. Ich dachte, wir könnten noch ein drittes loswerden, als ein kleiner alter Mann ankam, aber dann wollte er mir doch nur ein Kompliment für meine Augen machen. Paula kicherte. Hat sich doch gelohnt, unter der Woche einen Abend hier zu verbringen, sagte sie. Wenigstens weiß ich jetzt, dass ich schöne Augen habe, sagte Eileen.

Es traten fünf Dichterinnen und Dichter auf, deren Texte sich lose um das Thema »Krise« drehten. Zwei lasen aus Texten über Lebenskrisen infolge von Verlust und Krankheit, eine andere Person thematisierte politischen Extremismus. Ein junger Mann mit Brille rezitierte derart abstrakte und prosodische Lyrik, dass der Bezug zum Thema Krise nicht klar wurde, während die letzte Leserin, eine Frau in einem langen schwarzen Kleid, zehn Minuten lang über die Schwierigkeiten sprach, einen Verlag zu finden, und dann nur noch Zeit für ein Gedicht hatte, ein gereimtes Sonett. Eileen tippte eine Notiz in ihr Handy: der schöne baum in meinem traum er steht im schaum. Sie zeigte Paula die Notiz, die vage lächelte, bevor sie ihre Aufmerksamkeit wieder der Bühne zuwandte. Eileen löschte die Notiz. Nach der Lesung holte sie sich noch ein Glas Wein und setzte sich wieder hinter ihren Tisch. Der ältere Mann kam erneut zu ihr und sagte: Sie sollten dort oben stehen. Eileen nickte freundlich. Ich bin davon überzeugt, sagte er. Es steckt in Ihnen. Mhm, sagte Eileen. Er ging, ohne das Magazin zu kaufen.

Hinterher gingen Eileen und ein paar Leute vom Organisationsteam und vom Kunstzentrum in einer nahe gelegenen Bar etwas trinken. Eileen und Paula saßen wieder nebeneinander, Paula trank einen Gin Tonic, der in einem riesigen Goldfischglas mit großen Grapefruitstücken serviert wurde. Eileen trank Whiskey auf Eis. Sie sprachen über die »schlimmsten Trennungen«. Paula beschrieb die sich in die Länge ziehende Endphase einer zweijährigen Beziehung, während der ihre Ex-Freundin und sie sich ständig betranken und Textnachrichten schickten, was unweigerlich »mit einem Riesenstreit oder

Sex« endete. Eileen nahm einen Schluck von ihrem Drink. Das klingt schlimm, sagte sie. Aber wenigstens hattet ihr noch Sex. Verstehst du? Die Beziehung war nicht komplett tot. Wenn Aidan mir betrunken texten würde, okay, vielleicht würde es mit einem Streit enden. Aber wenigstens hätte ich dann das Gefühl, dass er noch weiß, wer ich bin. Paula sagte, sie sei davon überzeugt, dass er das wisse, schließlich hätten sie doch jahrelang zusammengewohnt. Mit grimassenhaftem Lächeln erwiderte Eileen: Das ist es ja, was mich so fertigmacht. Ich habe die Hälfte meiner Zwanziger mit dieser Person verbracht, und am Ende hatte er einfach nur die Schnauze voll von mir. Ich meine, so war es nun mal. Ich habe ihn gelangweilt. Und irgendwie muss das doch was über mich aussagen, oder? Wie denn nicht? Mit gerunzelter Stirn antwortete Paula: Das sagt nichts über dich aus. Eileen lachte angespannt auf und drückte Paulas Arm. Tut mir leid, sagte sie. Ich hol dir noch was zu trinken.

Gegen elf lag Eileen allein in ihrem Bett, seitlich zusammengerollt, ihr Make-up unter den Augen etwas verschmiert. Sie blinzelte auf das Display ihres Handys und tippte auf das Icon einer Social-Media-App. Die App öffnete sich, ein Lade-Symbol erschien. Eileen fuhr mit dem Daumen über das Display, wartete darauf, dass sich die Seite aufbaute, und schloss die App dann unvermittelt, als gäbe sie einem Impuls nach. Sie öffnete ihre Kontakte, wählte »Simon« aus und berührte den Anruf-Button. Nach dem dritten Klingeln ging er ran und sagte: Hallo?

Hallo, ich bin's, sagte sie. Bist du allein?

Am anderen Ende saß Simon in einem Hotelzimmer auf dem Bett. Zu seiner Rechten war ein Fenster hinter schweren, cremefarbenen Vorhängen, gegenüber dem Bett hing ein großer Fernsehbildschirm an der Wand. Sein Rücken lehnte am

Kopfteil, seine Beine waren ausgestreckt und an den Knöcheln überkreuzt, sein Laptop ruhte geöffnet auf seinem Schoß. Ja, ich bin allein, sagte er. Du weißt, dass ich in London bin? Ist alles in Ordnung?

Oh, das hab ich vergessen. Ist es gerade schlecht? Ich kann wieder auflegen.

Nein, es geht schon. Warst du bei dieser Lyrikveranstaltung?

Eileen erzählte ihm von der Lesung. Sie erwähnte den »Baum im Schaum«-Witz, und er lachte anerkennend. Und es gab ein Trump-Gedicht, sagte sie. Simon sagte, die Vorstellung lasse ihn ernsthaft die Umarmung des Todes herbeisehnen. Sie erkundigte sich nach der Konferenz, an der er teilnahm, und er beschrieb ausführlich eine »Gesprächs-Session« mit dem Titel »Jenseits der EU: Großbritanniens internationale Zukunft«. Es waren einfach vier identische mittelalte Typen mit Brille, sagte Simon. Ich meine, sie sahen aus wie ihre eigenen Photoshop- Abbilder. Es war surreal. Eileen fragte ihn, was er gerade mache, und er sagte, er beende noch etwas für die Arbeit. Sie rollte sich auf den Rücken und sah hinauf zu dem blassen Nadelstichmuster, das der Schimmel an der Decke erzeugte.

Es ist nicht gesund, so spät noch zu arbeiten, sagte sie. Wo bist du, in deinem Hotelzimmer?

Ja, antwortete er. Ich sitze auf dem Bett.

Sie zog die Knie an, sodass ihre Füße flach auf der Matratze standen und die Beine aus der Decke ein Zelt formten. Weißt du, was du brauchst, Simon?, fragte sie. Du brauchst eine kleine Ehefrau. Habe ich recht? Eine kleine Ehefrau, die um Mitternacht zu dir kommt und dir die Hand auf die Schulter legt und sagt, jetzt ist es gut, du arbeitest zu lange. Lass uns schlafen gehen.

Simon wechselte das Handy zum anderen Ohr und sagte: Du entwirfst ein verlockendes Bild.

Kann deine Freundin dich nicht auf Dienstreisen begleiten?

Sie ist nicht meine Freundin, sagte er. Sie ist nur eine Frau, mit der ich mich treffe.

Die Abgrenzung verstehe ich nicht. Was ist der Unterschied zwischen deiner Freundin und einer Frau, mit der du dich triffst?

Wir sind nicht in einer exklusiven Beziehung.

Eileen rieb sich mit der freien Hand die Augen, verschmierte das dunkle Make-up auf die Hand und die Stelle über ihren Wangenknochen. Das heißt, du hast auch noch mit anderen Sex?, fragte sie.

Ich nicht, nein. Aber ich glaube, sie schon.

Eileen ließ die Hand sinken. Im Ernst?, fragte sie. Herrje, wie attraktiv ist denn der andere Typ?

Er klang amüsiert, als er antwortete: Ich habe keine Ahnung. Warum fragst du?

Ich meine nur, wenn er weniger attraktiv ist als du, wozu das Ganze? Und wenn er genauso attraktiv ist wie du – na ja, dann würde ich diese Frau gern kennenlernen und ihr die Hand schütteln.

Was, wenn er attraktiver ist als ich?

Oh bitte. Unmöglich.

Er lehnte sich gemütlich gegen das Kopfteil. Weil ich so gut aussehend bin, meinst du?, sagte er.

Ja.

Ich weiß, aber sag's.

Sie lachte und sagte: Weil du so gut aussehend bist.

Vielen Dank, Eileen. Wie lieb von dir. Du siehst aber auch nicht schlecht aus.

Sie kuschelte ihren Kopf auf das Kissen. Ich habe heute eine Mail von Alice bekommen, sagte sie.

Wie schön. Wie geht's ihr?

Sie schreibt, es sei gar nicht so dramatisch, dass Aidan mit mir Schluss gemacht hat, weil wir sowieso nicht richtig glücklich waren.

Simon zögerte, als wartete er darauf, dass sie weitersprach, und fragte dann: Hat sie das wirklich so geschrieben?

Hat sie, ja.

Und was denkst du?

Eileen stieß einen Seufzer aus und antwortete: Nicht so wichtig.

Das ist nicht besonders sensibel.

Mit geschlossenen Augen sagte sie: Immer verteidigst du sie.

Ich habe gerade gesagt, dass sie unsensibel war.

Aber du glaubst, dass da was dran ist.

Er runzelte die Stirn, spielte mit einem Hotelkugelschreiber herum, der auf dem Nachttisch lag. Nein, sagte er. Ich finde, er war nicht gut genug für dich, aber das ist etwas anderes. Hat sie wirklich geschrieben, es sei nicht so dramatisch?

Sinngemäß, ja. Und du weißt, dass sie nächste Woche nach Rom fährt, um ihr Buch zu promoten?

Er legte den Kugelschreiber wieder hin. Echt?, fragte er. Ich dachte, sie macht gerade eine Pause von dem ganzen Zeug.

Macht sie auch, und jetzt ist ihr langweilig.

Verstehe. Das ist lustig. Ich will sie schon die ganze Zeit besuchen, aber sie sagt immer, es passt gerade nicht. Machst du dir Sorgen um sie?

Eileen lachte harsch auf. Nein, ich mache mir keine Sorgen, sagte sie. Ich bin genervt. Du kannst dir ja Sorgen machen.

Es ginge auch beides, merkte er an.

Auf wessen Seite stehst du eigentlich?

Lächelnd antwortete er mit tiefer, beruhigender Stimme: Ich bin immer auf deiner Seite, Prinzessin.

Sie lächelte auch, etwas schief und widerwillig, und schob

sich das Haar aus der Stirn. Liegst du schon im Bett?, fragte sie.

Nein, ich sitze drauf. Es sei denn, du willst, dass ich mich ins Bett lege, während wir telefonieren?

Ja, das würde mir gefallen.

Na gut, das lässt sich einrichten.

Er stand auf und stellte den Laptop auf einen kleinen Schreibtisch vor einem Spiegel. Den größten Teil des Raums hinter ihm nahm das Bett ein, dessen weiße Laken fest unter die Matratze geschlagen waren. Ohne das Telefon aus der Hand zu legen, schloss er den Laptop an das Ladegerät an.

Weißt du, wenn deine Ehefrau jetzt bei dir wäre, sagte Eileen, würde sie dir die Krawatte abbinden. Trägst du eine Krawatte?

Nein.

Was hast du an?

Er warf einen kurzen Blick in den Spiegel, sah wieder weg und wandte sich zum Bett um. Den Rest vom Anzug, sagte er. Ohne die Schuhe natürlich. Die ziehe ich beim Reinkommen aus, wie jeder zivilisierte Mensch.

Dann ist also das Jackett als Nächstes dran?, fragte sie.

Er zog das Jackett aus, wofür er mehrfach die Hand wechseln musste, mit der er das Telefon hielt, und sagte: Das wäre die übliche Reihenfolge.

Deine Ehefrau würde dir raushelfen und es für dich aufhängen, sagte Eileen.

Wie nett von ihr.

Und sie würde dir das Hemd aufknöpfen. Nicht so geschäftsmäßig, sondern auf liebevolle und zärtliche Weise. Wird das auch aufgehängt?

Simon, der sein Hemd mit einer Hand aufknöpfte, sagte Nein, das komme in den Koffer und werde zu Hause gewaschen.

Was jetzt drankommt, weiß ich nicht, sagte Eileen. Trägst du einen Gürtel?

Ja, sagte er.

Mit geschlossenen Augen fuhr Eileen fort: Dann zieht sie ihn dir aus und legt ihn an seinen Platz. Wohin kommt dein Gürtel eigentlich, wenn du ihn ausgezogen hast?

An einen Kleiderbügel.

Du bist so ordentlich, sagte Eileen. Eines der Dinge, die deine Frau an dir so liebt.

Warum? Ist sie selbst auch ordentlich? Oder liebt sie es, weil sich Gegensätze anziehen?

Hm. Sie ist nicht wirklich schlampig oder so, aber auch lange nicht so ordentlich wie du. Aber sie strebt danach. Bist du jetzt ausgezogen?

Noch nicht ganz, sagte er. Ich habe die ganze Zeit das Telefon festgehalten. Kann ich dich kurz zur Seite legen?

Mit einem schüchternen, verlegenen Lächeln antwortete Eileen: Natürlich, du bist ja nicht meine Geisel.

Nein, aber ich will nicht, dass dir langweilig wird und du auflegst.

Keine Sorge, das wird nicht passieren.

Er legte das Telefon aufs Bett und zog sich weiter aus. Eileen lag mit geschlossenen Augen da, das Telefon lose in der rechten Hand an ihrem Gesicht. Nur noch mit dunkelgrauen Boxershorts bekleidet, nahm Simon das Telefon wieder auf und legte sich aufs Bett, der Kopf auf dem Kissen. Wieder da, sagte er.

Wann bist du normalerweise mit der Arbeit fertig?, fragte Eileen. Nur so aus Neugier.

Gegen acht. In letzter Zeit wohl eher so halb neun, weil viel zu tun ist.

Deine Frau hätte einen Job, bei dem sie sehr viel früher fertig ist als du.

Ach ja?, sagte Simon. Ich bin neidisch.

Und wenn du nach Hause kommst, hätte sie das Abendessen schon fertig.

Er lächelte. Hältst du mich für so altmodisch?, fragte er.

Eileen öffnete die Augen, als wäre ihre Fantasie gestört worden. Ich denke, du bist ein menschliches Wesen, sagte sie. Wer wünscht sich nicht, dass das Abendessen bereits auf einen wartet, weil man bis halb neun bei der Arbeit festhängt? Wenn es dir lieber ist, in ein leeres Haus zu kommen und dir das Abendessen selbst zu machen, dann muss ich mich entschuldigen.

Nein, es gefällt mir nicht, in ein leeres Haus zu kommen, sagte er. Und was die Fantasien angeht, ich habe wirklich nichts dagegen einzuwenden, von vorne bis hinten bedient zu werden. Es ist nur nichts, was ich von einer Lebenspartnerin erwarten würde.

Oh, ich habe deine feministischen Prinzipien beleidigt. Ich hör schon auf.

Bitte nicht. Ich will wissen, was die Frau und ich nach dem Abendessen machen.

Eileen schloss wieder die Augen. Nun, sie ist natürlich eine gute Ehefrau, also lässt sie dich, wenn es sein muss, noch ein wenig arbeiten. Aber nicht zu lange. Dann will sie ins Bett. Wo du gerade schon bist, nehme ich an.

In der Tat.

Sie lächelte wohlig und fuhr fort: Hattest du einen guten Tag bei der Arbeit oder einen schlechten?

Es war okay.

Und jetzt bist du müde.

Nicht zu müde, um noch mit dir zu reden, sagte er. Aber ja, müde.

Die Ehefrau ist vertraut mit diesen Feinheiten, sie würde

nicht nachfragen müssen. Wenn du einen langen Tag hattest und müde bist, würdest du vermutlich gegen elf ins Bett gehen, und sie würde dir einen blasen. Was sie wirklich gut kann. Aber nicht auf vulgäre Weise, es verläuft alles sehr intim und ehelich und so weiter.

Simon hielt das Telefon in der rechten Hand und berührte sich mit der linken durch den dünnen Baumwollstoff seiner Boxershorts. Nicht, dass ich das nicht zu schätzen wüsste, aber warum bekomme ich nur einen geblasen?, fragte er.

Eileen lachte. Du hast gesagt, du bist müde, sagte sie.

Ach, nicht zu müde, um mit meiner Ehefrau zu schlafen.

Ich wollte deine Männlichkeit nicht infrage stellen, ich dachte nur, es würde dir gefallen. Aber egal, ich darf ja ruhig mal falschliegen, das ist in Ordnung. Deine Ehefrau würde niemals falschliegen.

Es wäre schon in Ordnung, ich würde sie trotzdem lieben.

Ich dachte wirklich, du magst Oralsex.

Jetzt grinste Simon und erwiderte: Das tu ich, auf jeden Fall. Aber wenn ich nur eine Nacht mit einer ausgedachten Ehefrau hätte, würde ich den Radius gern etwas erweitern. Du musst nicht ins Detail gehen, wenn du nicht möchtest.

Im Gegenteil, ich lebe für das Detail, sagte Eileen. Wo waren wir? Du ziehst die Ehefrau mühelos aus, wie nur du es kannst.

Er schob jetzt die Hand in seine Unterhose. Du bist zu freundlich, sagte er.

Du kannst davon ausgehen, dass sie sehr schön ist, aber ich werde mir nicht anmaßen, ihr Äußeres zu beschreiben. Ich weiß, dass Männer ihre eigenen kleinen Geschmäcker und Vorlieben haben.

Danke für den Freibrief. Ich kann sie mir lebhaft vorstellen.

Kannst du das?, fragte Eileen. Jetzt bin ich neugierig, wie sie aussieht. Ist sie blond? Sag nichts. Ich wette, sie ist blond und, sagen wir, knapp ein Meter sechzig.

Jetzt lachte er. Nein, sagte er.

Okay. Trotzdem, sag es mir nicht. Jedenfalls, sie ist richtig feucht, weil sie den ganzen Tag darauf gewartet hat, dass du sie berührst.

Er schloss die Augen. Ins Telefon sagte er: Und kann ich sie berühren?

Ja.

Und was dann?

Mit der freien Hand hielt Eileen sanft ihre Brust, fuhr mit der Daumenspitze kreisförmig um ihre Brustwarze herum. Na ja, du siehst in ihren Augen, dass sie erregt ist, sagte sie. Aber gleichzeitig auch nervös. Sie liebt dich sehr, aber manchmal hat sie Angst, dich nicht wirklich zu kennen. Weil du so distanziert sein kannst. Oder nein, nicht distanziert, sondern verschlossen. Ich entwerfe nur etwas mehr Hintergrund, damit du die sexuellen Dynamiken besser verstehst. Sie ist nervös, weil sie zu dir aufsieht und dich glücklich machen will, und manchmal befürchtet sie, dass du nicht glücklich bist, und sie weiß nicht, was sie tun soll. Jedenfalls, wenn du zu ihr aufs Bett kommst, bebt sie unter dir wie ein kleines Blatt im Wind. Und du sagst nichts, du fängst einfach an, sie zu ficken. Oder wie hast du es vorhin genannt? Du schläfst mit ihr. Okay?

Mmh, sagte er. Und gefällt es ihr?

Oh ja. Ich denke, sie war ziemlich unerfahren, bevor du sie geheiratet hast, deshalb klammert sie sich immer richtig an dich, wenn ihr zusammen im Bett seid, weil es so überwältigend ist. Wahrscheinlich will sie die ganze Zeit kommen. Und du sagst ihr, dass sie ein braves Mädchen ist, dass du stolz auf sie bist und sie liebst, und sie glaubt dir. Denk daran, wie sehr du sie liebst, das macht etwas aus. Ich weiß viel über dich, aber diese Seite an dir kenne ich nicht. Wie du eine Frau behandelst, die du liebst. Jetzt schweife ich ab, tut mir leid. Der Grund, warum ich davon angefangen habe, dass deine Ehefrau dir einen bläst – ich glaube, unterbewusst habe ich damit angefangen, weil es etwas ist, woran ich gern denke. Weißt du noch, dass wir das in Paris gemacht haben? Egal. Ich weiß nur noch, dass es dir gefallen hat und dass ich mich dadurch sehr selbstbewusst gefühlt habe. Aber ich komme vom Thema ab. Ich war dabei, den Sex zu beschreiben, den du mit deiner Ehefrau hast. Ich wette, sie ist wahnsinnig hübsch und jünger als ich. Vielleicht ein kleines bisschen dumm, aber auf eine sexy Art. Und wenn ich so richtig maßlos bin, dann male ich es mir so aus, dass du mit ihr im Bett bist, dabei aber plötzlich an mich denkst. Nicht jedes Mal, aber dieses eine Mal. Nicht unbedingt mit Vorsatz, einfach nur, weil dir so eine kleine Ahnung oder Erinnerung durch den Kopf schießt, das ist alles. Nicht an mich, wie ich jetzt bin, sondern als ich zwanzig oder so war. Damals warst du wirklich nett zu mir, weißt du. Du hast jetzt also Sex mit deiner perfekten Ehefrau, und sie ist die schönste Frau auf der Welt, und du liebst sie mehr als alles andere, aber für eine Sekunde oder zwei, wenn du in ihr drin bist und sie bebt und zittert und deinen Namen sagt, denkst du an mich und das, was wir zusammen getan haben, als wir jünger waren, wie in Paris, als ich dich in meinem Mund habe kommen lassen, und du erinnerst dich daran, wie gut es sich damals angefühlt hat, es mit mir so zu machen, du hast mir gesagt, es sei etwas Besonderes gewesen. Und vielleicht war es das auch. Wenn du nach all den Jahren immer noch daran denkst, während du mit deiner Ehefrau im Bett bist, dann war es vielleicht etwas Besonderes. Es gibt solche Sachen.

Jetzt kam er, und er atmete schwer. Er schloss die Augen.

Eileen hatte aufgehört zu sprechen, sie lag regungslos da, ihr Gesicht war gerötet. Er sagte so etwas wie: Hmmm. Einen Moment lang waren sie beide still. Dann fragte sie mit leiser Stimme: Können wir noch eine Minute am Telefon bleiben? Simon öffnete wieder die Augen, nahm eine Box mit Taschentüchern vom Nachttisch und wischte sich Hände und Körper ab.

So lange du willst, sagte er. Das war sehr schön, danke.

Eileen lachte, fast schon albern, als wäre sie erleichtert. Ihre Wangen und Stirn leuchteten. Wow, sehr gern, sagte sie. Ich habe ganz vergessen, dass du einer von den »Dankeschön«-Typen bist. Das tut sehr gut. Du bist zu neunzig Prozent ein Playboy, aber ab und zu brichst du es, indem du dich wie eine komplette Jungfrau benimmst. Ich muss sagen, das weiß ich zu schätzen. Wird es jetzt peinlich, wenn wir uns im echten Leben sehen?

Er ließ das Taschentuch auf den Nachttisch fallen und nahm sich ein frisches aus der Box. Simon sagte: Warum, wir tun einfach beide so, als wäre nichts. Oder? Ich glaube, du hast mir mal gesagt, dass ich sowieso nur einen Gesichtsausdruck habe.

Hab ich das wirklich gesagt? Wie kalt von mir. Wie auch immer, du hast mindestens zwei. Lachend und besorgt.

Er strich lächelnd mit der Hand über seine Brust. Du warst nicht kalt, als du das gesagt hast. Du hast nur Spaß gemacht.

Deine Ehefrau würde nie so mit dir reden.

Warum, himmelt sie mich an?

Ja, sagte Eileen. Du bist wie ein Vater für sie.

Er gab ein heiteres Stöhnen von sich. Wie schön, sagte er. Eileen grinste. Ich hätte wetten können, dass du das schön findest, sagte sie. Ich wusste es. Er ließ die Hand auf seinem Bauch ruhen und sagte: Du weißt alles. Eileen verzog den Mund. Nicht über dich, nein, sagte sie. Seine Augen waren geschlossen, er sah müde aus. Ich denke, der realistischste Teil dieser Fantasie war, als ich an dich in Paris gedacht habe, sagte er. Daraufhin schien sie tief einzuatmen. Nach einem Moment sagte sie leise: Das sagst du nur, um mir eine Freude zu machen. Er lächelte vor sich hin. Na ja, das wäre doch nur fair, oder?, sagte er. Aber nein, ich meine es ernst. Können wir uns bald sehen? Ja, sagte Eileen. Ich werde mich normal verhalten, fügte er hinzu. Keine Sorge. Nachdem sie das Gespräch beendet hatten, steckte sie das Ladekabel in ihr Handy und schaltete die Nachttischlampe aus. Der künstliche orangefarbene Schein der urbanen Lichtverschmutzung drang durch die dünnen Vorhänge an ihrem Schlafzimmerfenster. Die Augen immer noch geöffnet, berührte sie sich anderthalb Minuten lang, kam geräuschlos und drehte sich dann auf die Seite, um zu schlafen.

8

Liebe Alice. Du fährst nach Rom, schreibst du – meinst du zum Arbeiten? Ich will mich wirklich nicht einmischen, aber ich dachte, du wolltest erst einmal eine Pause machen? Ich wünsche dir natürlich alles Gute für die Reise, ich frage mich nur, ob es eine gute Idee ist, so schnell schon wieder mit öffentlichen Veranstaltungen anzufangen. Wenn es dir hilft, mir theatralische Nachrichten über die Verlagswelt zu schicken und darüber, dass alle, die du kennst, blutrünstig sind und dich umbringen oder zu Tode vögeln wollen, dann mach das, unbedingt. Zweifellos hast du üble Menschen durch deine Arbeit kennengelernt, wobei ich vermute, dass auch eine Menge langweilige, moralisch durchschnittliche Leute dabei waren. Ich will dir übrigens nicht absprechen, dass dich das alles schmerzt – das weiß ich, und deshalb bin ich überrascht, dass du dich dem wieder aussetzen willst. Fliegst du von Dublin aus? Wir könnten versuchen, uns zu treffen, bevor dein Flug geht.

Ich hätte nicht gedacht, dass ich schlechte Laune habe, als ich mich eben hinsetzte, um dir zu schreiben, aber vielleicht habe ich doch welche. Ich will dir nicht einreden, dass dein fürchterliches Leben in Wirklichkeit ein Privileg ist, obwohl es nach jeder vernünftigen Definition genau das ist. Okay, ich verdiene ungefähr zwanzigtausend im Jahr und gebe zwei Drittel davon für die Miete aus, um in einer winzigen Wohnung zusammen mit Leuten zu wohnen, die mich nicht mögen, und du verdienst vielleicht zweihunderttausend Euro im Jahr (?) und wohnst allein in einem riesigen Landhaus, und trotzdem glaube ich nicht, dass ich mehr Freude an deinem Leben hätte als du. Mit einer Person, die das genießen kann, stimmt irgendwas nicht, wie du sagst. Aber mit uns allen stimmt doch irgendwas nicht, oder? Ich habe heute zu lange ins Internet geschaut und wurde depressiv davon. Das Schlimmste ist, dass ich wirklich glaube, die Leute dort meinen es im Grunde gut, und ihre Absichten sind richtig, aber unser politisches Vokabular hat sich seit dem 20. Jahrhundert so tiefgreifend und rapide verschlechtert, dass die meisten Versuche, unsere historische Situation zu verstehen, in Geschwafel enden. Alle klammern sich aus nachvollziehbaren Gründen an ganz bestimmte Identitätskategorien, sind aber kaum bereit, klar zu sagen, worin diese Kategorien bestehen, wie es zu ihnen kam und welchen Zweck sie erfüllen. Das einzig offenkundige Schema ist doch, dass es zu jeder Opfergruppe (Menschen, die in arme Familien geboren wurden, Frauen, People of Color) auch eine Tätergruppe (Menschen, die in reiche Familien geboren wurden, Männer, weiße Menschen) gibt. Aber wenn man diesen Rahmen akzeptiert, dann sind die Beziehungen zwischen Opfern und Tätern weniger historisch als vielmehr theologisch, da die Opfer überirdisch gut und die Täter höchstpersönlich böse sind. Aus diesem Grund ist die individuelle Zugehörigkeit zu seiner bestimmten Identitätsgruppe eine Frage von allergrößter moralischer Bedeutung, und ein großer Teil unseres Diskurses widmet sich dem Einsortieren von Individuen in ihre passenden Gruppen, was zugleich heißt, ihnen die passende moralische Aufgabe zuzuteilen.

Falls ernsthaftes politisches Handeln überhaupt noch möglich ist, und ich denke, zu diesem Zeitpunkt bleibt diese

Frage offen, wird es möglicherweise Leute wie uns nicht einbeziehen – wahrscheinlich sogar ziemlich sicher nicht. Und ganz ehrlich, wenn wir für das menschliche Allgemeinwohl in den Tod gehen müssen, werde ich es akzeptieren wie ein Lamm, weil ich dieses Leben nicht verdient habe und noch nicht einmal genieße. Aber ich würde gern irgendwie mithelfen bei dem Projekt, was es auch sein mag, und sei es auf ganz bescheidene Weise, weil ich auch aus eigenem Interesse handeln würde – wir sind ja auch brutal zu uns selbst, wenn auch selbstverständlich in einem anderen Sinne. Niemand will so leben. Oder zumindest will ich so nicht leben. Ich will anders leben, oder, wenn es sein muss, sterben, damit andere Menschen eines Tages anders leben können. Aber wenn ich mich im Internet umschaue, finde ich nicht viele Ideen, für die es sich zu sterben lohnte. Tatsächlich scheint die einzige Idee zu sein, dass wir dabei zusehen, wie sich das gewaltige menschliche Elend vor unseren Augen entfaltet, und einfach darauf warten, dass die elendsten, unterdrücktesten Menschen sich umdrehen und uns sagen, wie es sich aufhalten lässt. Es scheint die seltsam unbegründete Überzeugung zu existieren, dass die Umstände der Ausbeutung von selbst eine Lösung für das Problem der Ausbeutung liefern werden – und dass es herablassend und arrogant sei, das abzustreiten, so ähnlich wie Mansplaining. Aber was, wenn die Umstände nicht die Lösung liefern? Was, wenn wir vergeblich warten und all die Menschen weiter leiden, ohne die Mittel dafür zu erhalten, ihr eigenes Leid zu beenden? Und wir, die wir über die Mittel verfügen, weigern uns, etwas zu tun, denn wer etwas unternimmt, wird kritisiert. Ich habe natürlich gut reden, denn was habe ich schon jemals unternommen? Zu meiner Verteidigung kann ich sagen, dass ich sehr müde bin und keine einzige gute Idee habe. Mein eigentliches Problem ist, dass ich mich über alle ärgere, die keine Antworten parat haben, obwohl ich selbst keine habe. Und wer bin ich, Demut und Offenheit von anderen zu erwarten? Was habe ich der Welt gegeben, um so viel zurückzuverlangen? Ich könnte mich in einen Haufen Staub verwandeln, der Welt wäre es egal, und so sollte es sein.

Wie auch immer, ich habe eine neue Theorie. Möchtest du sie hören? Wenn nicht, ignoriere diesen Absatz. Meine Theorie lautet, dass die Menschheit 1976 ihren Instinkt für Schönheit verloren hat – in dem Jahr wurde Plastik das am weitesten verbreitete Material. Man kann dieser Veränderung sogar zusehen, wenn man sich Straßenfotografie aus der Zeit vor und nach 1976 ansieht. Ich weiß, es gibt gute Gründe, um ästhetischer Nostalgie mit Skepsis zu begegnen, aber es bleibt die Tatsache, dass die Leute bis zu den Siebzigern haltbare Kleidung aus Wolle und Baumwolle trugen, Getränke in Glasflaschen lagerten, Essbares in Papier wickelten und stabile Möbel aus Holz in ihre Häuser stellten. Jetzt ist der Großteil der Objekte in unserem visuellen Umfeld aus Plastik, der hässlichsten Substanz auf Erden, einem Material, das aufgetragene Farbe nicht etwa absorbiert, sondern auf unnachahmlich hässliche Weise absondert. Eine Maßnahme, die eine Regierung mit meiner Zustimmung erlassen könnte (und davon gibt es nicht viele), wäre ein Produktionsverbot für jede Art von Plastik, die nicht zwingend notwendig für den Fortbestand der Menschheit ist. Was meinst du?

Ich weiß nicht, warum du dich so zierst, was diesen Felix angeht. Wer ist er? Schläfst du mit ihm? Du musst es mir nicht erzählen, wenn du nicht willst. Simon erzählt mir auch nichts mehr. Offenbar ist er seit gut zwei Monaten mit einer Dreiundzwanzigjährigen zusammen, und ich habe sie noch nie gesehen. Wenn ich mir vorstelle, dass Simon – der bereits in seinen Zwanzigern ein erwachsener Mann war, als ich fünfzehn war – regelmäßig Sex mit einer Frau hat, die sechs Jahre jünger ist als ich, möchte ich direkt in mein Grab kriechen, aber das versteht sich von selbst. Und es ist nie irgendeine hässliche kleine Streberin mit mausgrauem Haar und interessanten Ansichten über Pierre Bourdieu, es ist immer ein Instagram-Model mit ungefähr siebzehntausend Followern, das Hautpflegeprodukte zugeschickt bekommt. Alice, ich hasse es, so zu tun, als wäre die Eitelkeit attraktiver junger Frauen irgendetwas anderes als langweilig und peinlich. Allen voran meine eigene. Ich will nicht dramatisch erscheinen, aber wenn Simon dieses Mädchen schwängert, stürze ich mich aus dem Fenster. Wenn ich mir vorstelle, zu irgendeiner Frau für den Rest meines Lebens nett sein zu müssen, weil sie die Mutter seines Kindes ist. Habe ich dir je erzählt, dass wir im Februar ein Date hatten? Nicht dass er wirklich etwas von mir wollte, ich glaube, er hat versucht, mein Selbstbewusstsein zu stärken. Wobei, wir hatten gestern Abend ein sehr lustiges Telefonat ... Wie dem auch sei: Wie alt ist Felix? Ist er ein geheimnisvoller alter Mann, der dir Gedichte über den Kosmos schreibt? Oder ein neunzehnjähriger Kreismeister im Schwimmen mit blitzend weißen Zähnen?

Ich könnte es einrichten, dich in der Woche nach der Hochzeit zu besuchen, wenn es dir passt – ich käme dann am ersten Montag im Juni. Was meinst du? Wenn ich Autofahren könnte, wäre es natürlich einfacher, aber es sieht so aus, als sollte eine Kombination aus Zug- und Taxifahrten ebenfalls funktionieren. Du kannst dir nicht vorstellen, wie sehr es mich langweilt, ohne dich durch Dublin zu geistern. Ich sehne mich buchstäblich danach, wieder in deiner Gesellschaft zu sein. E.

9

Am Mittwoch wurden Alice und Felix am Flughafen Fiumicino von einem Mann abgeholt, der eine Klarsichthülle mit einem Blatt Papier darin hochhielt, auf dem die Wörter MS KELLHER standen. Draußen war es bereits dunkel, aber die Luft war warm, trocken, von künstlichem Licht gesättigt. Im Wagen, einem schwarzen Mercedes, saß Felix vorn, Alice auf dem Rücksitz. Auf der Autobahn fuhren sie zwischen Lastwagen, die sich laut hupend und in halsbrecherischem Tempo gegenseitig überholten. Als sie beim Haus ankamen, trug Felix das Gepäck die Treppen zum dritten Stock hinauf: Alice' Rollkoffer und seine schwarze Sporttasche. Das Wohnzimmer war groß und gelb, mit einem Sofa und einem Fernseher. Ein offener Bogengang führte zu einer modernen, sauber wirkenden Küche. Eine Tür im hinteren Teil des Wohnzimmers führte in ein Schlafzimmer, eine andere Tür zur Rechten in ein zweites. Nachdem sie sich beide Zimmer angesehen hatten, fragte er, welches ihr lieber wäre.

Du suchst aus, sagte sie.

Ich finde, die Frau sollte wählen.

Tja, da bin ich anderer Ansicht.

Er runzelte die Stirn und sagte: Okay, wer zahlt, sollte wählen.

Da bin ich sogar noch mehr anderer Ansicht.

Er hob seine Tasche auf die Schulter und legte die Hand auf die Klinke der nächstgelegenen Tür. Ich merke schon, wir werden in diesem Urlaub häufig anderer Ansicht sein, sagte er. Ich nehme das hier, okay?

Vielen Dank, sagte sie. Möchtest du noch was essen, bevor wir schlafen gehen? Ich kann uns online ein Restaurant raussuchen, wenn du möchtest.

Es sagte, das klinge gut. In seinem Zimmer schloss er die Tür hinter sich, fand einen Lichtschalter und stellte die Tasche auf einer Kommode ab. Das Fenster hinter dem Bett ging auf die Straße hinaus. Er zog den Reißverschluss der Tasche auf und schob suchend Dinge hin und her: ein paar Klamotten, einen Nassrasierer mit Ersatzklingen, ein Tablettenblister, eine halb volle Kondomschachtel. Er fand sein Ladegerät, nahm es heraus und wickelte das Kabel ab. In ihrem Zimmer packte Alice ebenfalls den Koffer aus, nahm ein paar Toilettenartikel aus dem durchsichtigen Plastikbeutel vom Flughafen, hängte ein braunes Kleid in den Schrank. Dann setzte sie sich aufs Bett, öffnete einen Kartendienst auf ihrem Handy und schob mit geübter Leichtigkeit ihre Finger über das Display.

Vierzig Minuten später aßen sie in einem Restaurant in der Nähe des Hauses. Auf dem Tisch standen eine brennende Kerze, ein Brotkorb, eine gedrungene Flasche mit Olivenöl und eine schlankere, gerillte Flasche mit dunklem Essig. Felix aß Steakstreifen, sehr *bleu*, garniert mit Parmesan und Rucolablättern. Das Innere des Steaks schimmerte hellrot wie eine Wunde. Alice aß einen Teller Pasta mit Käse und Pfeffer. Neben ihrem Ellbogen stand eine halb volle Karaffe mit Rotwein. Das Restaurant war nicht voll, aber ab und zu schwollen Unterhaltungen oder Gelächter an anderen Tischen an und wurden vernehmbar. Alice erzählte Felix von ihrer besten Freundin, einer Frau namens Eileen.

Sie ist sehr hübsch, sagte Alice. Möchtest du ein Bild von ihr sehen?

Ja, lass sehen.

Alice nahm ihr Telefon aus der Tasche und scrollte durch eine Social-Media-App. Wir haben uns am College kennengelernt, sagte sie. Eileen war damals wie ein Promi, alle waren in sie verliebt. Sie gewann ständig Preise und war dauernd in der Unizeitung und solche Sachen. Das ist sie.

Alice zeigte ihm das Display ihres Handys, auf dem das Foto einer schlanken weißen Frau mit dunklem Haar zu sehen war, die an einem Balkongeländer in einer offenbar europäischen Stadt lehnte und in die Kamera sah, neben ihr stand ein großer, blonder Mann. Felix nahm Alice das Telefon aus der Hand und drehte leicht das Display, als müsste er ein Urteil sprechen.

Ja, sagte er. Sie sieht gut aus.

Ich war so was wie ihr Sidekick, sagte Alice. Niemand hat wirklich verstanden, warum sie mit mir befreundet sein wollte, weil sie sehr beliebt war und keiner mich leiden konnte. Aber ich glaube, auf eine verdrehte Art hat sie es genossen, eine beste Freundin zu haben, die niemand mochte.

Warum hat dich niemand gemocht?

Alice machte eine vage Geste mit den Händen. Ach, keine Ahnung, sagte sie. Ich habe immer über irgendwas gejammert. Allen vorgeworfen, sie hätten die falschen Ansichten.

Stimmt, so was geht den Leuten echt auf die Nerven, sagte er. Er legte den Finger auf das Gesicht des Mannes auf dem Foto und fragte: Und wer ist das da neben ihr?

Das ist unser Freund Simon, sagte Alice.

Sieht auch nicht schlecht aus, was?

Sie lächelte. Nein, er ist sehr gut aussehend, sagte sie. Das Foto wird ihm nicht annähernd gerecht. Er gehört zu den Menschen, die so attraktiv sind, dass es ihre Selbstwahrnehmung verzerrt.

Er gab ihr das Telefon zurück und sagte: Muss schön sein,

mit diesen ganzen gut aussehenden Menschen befreundet zu sein.

Es ist schön, dass ich sie ansehen kann, meinst du, sagte Alice. Aber man fühlt sich ein wenig wie ein Hund, so im Vergleich.

Felix lächelte. Ach, du bist kein Hund, sagte er. Du hast deine Vorzüge.

Ja, mein charmantes Wesen.

Nach kurzem Zögern fragte er: Würdest du dich als charmant bezeichnen?

Sie lachte aufrichtig. Nein, sagte sie. Ich weiß nicht, wie du es erträgst, dass ich die ganze Zeit so dummes Zeug rede.

Na ja, ich musste das bisher ja nur kurz ertragen, sagte er. Und wer weiß, vielleicht hörst du ja damit auf, wenn wir uns besser kennen. Oder ich höre auf, es zu ertragen.

Oder ich könnte dir ans Herz wachsen.

Felix wandte seine Aufmerksamkeit wieder dem Essen zu. Vielleicht, ja, sagte er. Alles könnte passieren. Also dieser Typ, Simon, den findest du gut, richtig?

Oh nein, sagte sie. Kein bisschen.

Mit offenkundigem Interesse hob er den Blick zu ihr und fragte: Die Schönen interessieren dich also nicht?

Ich mag ihn sehr, als Mensch, sagte sie offen. Und ich respektiere ihn. Er arbeitet als Berater dieser winzig kleinen linken Parlamentsfraktion, obwohl er tonnenweise Geld mit was anderem verdienen könnte. Außerdem ist er religiös.

Felix legte den Kopf schief, als würde er erwarten, dass sie den Witz auflöste. Im Sinne von, er glaubt an Jesus?, fragte er.

Ja.

Verdammte Scheiße, ernsthaft? Ist er nicht ganz richtig im Kopf oder wie?

Nein, er ist ziemlich normal, sagte Alice. Er würde nie versuchen, dich zu bekehren oder so was. Er macht keine große Sache daraus. Du würdest ihn mögen, glaube ich.

Felix saß kopfschüttelnd da. Er legte die Gabel hin, ließ den Blick durch das Restaurant schweifen, nahm dann die Gabel wieder in die Hand, aß aber nicht sofort weiter. Und hat er auch was gegen Homosexuelle und so weiter?, fragte er.

Nein, nein. Ich finde, du solltest ihn danach fragen, wenn du ihn kennenlernst. Aber ich glaube, seine Vorstellung von Jesus geht eher in Richtung Freund-der-Armen, Verfechter-der-Außenseiter, so was.

Hör zu, es tut mir leid, aber er klingt wie ein Irrer. Glaubt heutzutage noch jemand daran? Dass vor tausend Jahren irgendein Typ aus dem Grab gestiegen ist, und das ist der Sinn von allem?

Glauben wir denn nicht alle an irres Zeug?, fragte sie.

Ich nicht. Ich glaube an das, was ich vor mir sehe. Ich glaube nicht, dass irgendein großer Jesus im Himmel auf uns runterschaut und entscheidet, ob wir gut oder böse sind.

Sie musterte ihn ein paar Sekunden lang und sagte nichts. Schließlich entgegnete sie: Nein, du vielleicht nicht. Aber nicht viele Menschen wären glücklich, wenn sie das Leben so betrachten würden wie du – dass es um nichts geht, dass es keinen höheren Sinn gibt. Den meisten ist es lieber, wenn es den gibt. In diesem Sinne sind alle verblendet. Simons Verblendung ist einfach nur strukturierter.

Felix sägte mit dem Messer einen Steakstreifen in zwei Teile. Wenn er glücklich sein will, kann er sich nicht was Schöneres ausdenken, woran er glaubt?, fragte er. Anstatt zu denken, dass alles eine Sünde ist und er in die Hölle kommen könnte.

Ich denke nicht, dass er Angst vor der Hölle hat, er will einfach nur das Richtige auf Erden tun. Er glaubt, dass es einen Unterschied zwischen richtig und falsch gibt. Ich vermute, man kann nicht an so etwas glauben, wenn man denkt, dass letzten Endes nichts von Bedeutung ist.

Doch, natürlich glaube ich daran, dass es richtig und falsch gibt.

Sie hob eine Augenbraue. Siehst du, dann bist du auch verblendet, sagte sie. Wenn wir alle am Ende einfach nur sterben, wer kann dann entscheiden, was richtig ist und was nicht?

Er sagte ihr, er würde darüber nachdenken. Sie aßen weiter, aber kurz darauf hielt er wieder inne und schüttelte erneut den Kopf.

Ich will nicht auf der Sache mit den Homosexuellen herumreiten, sagte er. Aber hat er irgendwelche homosexuellen Freunde, dieser Typ? Simon.

Na, er ist mit mir befreundet. Und ich bin nicht gänzlich heterosexuell.

Jetzt erwiderte Felix amüsiert, sogar schelmisch: Ach, okay. Ich übrigens auch nicht.

Sie sah rasch zu ihm auf, und er begegnete ihrem Blick.

Du siehst überrascht aus, sagte er.

Tu ich das?

Er wandte sich wieder seinem Essen zu und fuhr fort: Mir war das einfach nie so wichtig. Ob jemand ein Typ oder eine Frau ist. Ich weiß, für die meisten Leute ist es die eine richtig große Sache. Aber für mich macht das keinen Unterschied. Ich laufe jetzt nicht rum und erzähle es ständig allen Leuten, weil manche Frauen damit echt ein Problem haben. Wenn sie rausfinden, dass man auch mal was mit Typen hatte, glauben sie, man wäre nicht ganz richtig, jedenfalls manche. Aber es macht mir nichts aus, dir davon zu erzählen, weil es bei dir auch so ist.

Sie trank einen Schluck Wein. Dann sagte sie: Bei mir ist es eher so, dass ich mich sehr heftig verliebe. Und ich weiß vorher nie, wer es sein wird, ob Mann oder Frau, und auch sonst weiß ich nichts über diese Person.

Felix nickte langsam. Das ist interessant, sagte er. Und passiert es oft oder nicht so oft?

Nicht so oft, sagte sie. Und es geht nie wirklich gut.

Ach, das ist schade. Aber ich wette, irgendwann wird es gut für dich ausgehen.

Danke, das ist nett.

Er aß weiter, während sie ihn über den Tisch hinweg betrachtete.

Es müssen sich doch ständig Leute in dich verlieben, ganz sicher, sagte sie.

Er sah sie offen und ernst an. Warum sollten sie das?, fragte er.

Sie hob die Schultern. Als wir uns kennenlernten, hatte ich den Eindruck, dass du ständig Dates hast, sagte sie. Du wirktest so gleichgültig und cool.

Nur weil ich Dates habe, heißt das ja nicht, dass sich ständig Leute in mich verlieben. Ich meine, wir hatten ein Date, und du bist nicht in mich verliebt, oder?

Sie antwortete gelassen: Wenn es so wäre, würde ich es dir nicht sagen.

Er lachte. Schön für dich, sagte er. Und versteh das nicht falsch, du darfst dich sehr gern in mich verlieben, wenn du magst. Ich müsste dich dann zwar als Verrückte abstempeln, aber irgendwie hab ich das ja sowieso schon.

Sie tupfte die übrige Soße mit einem Stück Brot von ihrem Teller. Du bist weise, sagte sie.

/

Am Donnerstagmorgen um zehn Uhr wurde Alice von einem Assistenten ihres Verlags vor der Wohnung abgeholt und zu einem Treffen mit Journalisten gebracht. Felix verbrachte den Vormittag damit, durch die Stadt zu schlendern und sich Sachen anzusehen, Musik über Kopfhörer zu hören, Fotos zu machen und sie in einer WhatsApp-Gruppe zu posten. Auf einem Foto war eine enge, schattige gepflasterte Straße zu sehen und an deren Ende eine prächtige weiße Kirche im Sonnenlicht mit strahlend grünen Türen und Fensterläden. Ein anderes zeigte ein rotes Moped, das vor einer Ladenfront mit einem altmodischen Schriftzug über der Tür parkte. Zuletzt postete er ein Foto vom Petersdom, in cremigem Blau wie ein glasierter Kuchen, aus der Distanz von der Via della Conciliazione aus gesehen, im Hintergrund der gleißende Himmel. Im Gruppenchat antwortete jemand mit dem Usernamen Mick: Wo zum Teufel bist du Alter??? Jemand mit dem Usernamen Dave schrieb: moment bist du in ITALIEN? wtf haha. du bist diese woche nicht bei der arbeit. Felix tippte eine Antwort.

Felix: Roma baby
Felix: Lmao
Felix: Bin hier mit ner frau von tinder, erzähl ich euch dann später

Mick: wieso bist du mit jemandem von tinder in rom?
Mick: da gibts ne menge zu erklären hahaha

Dave: was wie?! hat dich ne reiche alte schachtel im internet aufgelesen?

Mick: ooooooh
Mick: ich sags nicht gern aber ich hab davon gehört
Mick: du wirst ohne deine nieren aufwachen

Nach diesem Austausch ging Felix aus dem Gruppenchat und öffnete einen anderen, der mit »Nummer 16« benannt war.

Felix: hey hat heute schon jemand sabrina gefüttert
Felix: und nicht nur das trockenfutter sie will auch nassfutter
Felix: postet ein foto wenn ihr fertig seid ich will sie sehen

Niemand antwortete oder las die Nachrichten sofort. Zur gleichen Zeit nahm Alice in einem anderen Teil der Stadt einen Beitrag für ein italienisches Fernsehprogramm auf, bei dem ihre Stimme von einer Übersetzerin übersprochen werden würde. Aus feministischer Perspektive geht es um die genderspezifische Aufteilung von Arbeit, sagte sie gerade. Felix sperrte sein Telefon und ging weiter, betrat eine Brücke und blieb in ihrer Mitte stehen, um den Fluss entlang zur Engelsburg zu sehen. Auf seinen Kopfhörern lief »I'm Waiting for the Man«. Das Licht war sehr klar, golden, es warf dunkle, diagonale Schatten, und das Wasser des Tiber unter ihm war hellgrün und milchig. An die breite weiße Steinbalustrade gelehnt, nahm er sein Telefon heraus und öffnete die Kamera-App. Das Handy war schon ein paar Jahre alt, und aus irgendeinem Grund sprang die Musik erst weiter und verstummte dann, sobald die App geöffnet wurde. Genervt nahm er die Kopfhörer ab und machte ein Foto von der Burg. Dann hielt er ein paar Sekunden lang das Telefon auf Armeslänge von sich gestreckt, die Kopfhörer baumelten lose seitlich an der Brücke herunter, und es ließ sich aus dieser Geste nicht klar erkennen, ob er versuchte, das bestehende Bild besser zu sehen, einen neuen Winkel zu bekommen, um ein anderes Foto zu machen, oder einfach nur darüber nachdachte, das Gerät geräuschlos aus der Hand in den Fluss gleiten zu lassen. Er stand mit ausgestrecktem Arm und düsterer Miene da, aber vielleicht zog er auch nur die Augenbrauen zusammen, weil die Sonne blendete. Ohne ein weiteres Foto zu machen, wickelte er die Kopfhörer zusammen, steckte das Handy ein und ging weiter.

Alice hatte an diesem Abend eine Lesung auf einem Literaturfestival. Sie sagte Felix, er müsse nicht kommen, aber er sagte, er habe keine anderen Pläne. Da kann ich mir auch anhören, worum es in deinen Büchern geht, sagte er. Schließlich werde ich sie nicht lesen. Alice sagte, vielleicht würde er ja seine Meinung ändern, wenn es richtig gut werde, und er versicherte ihr, dass er das nicht tun werde. Die Veranstaltung fand außerhalb des Zentrums in einem großen Gebäude statt, in dem sich außerdem noch ein Konzertsaal und Ausstellungsräume für zeitgenössische Kunst befanden. Die Gänge des Gebäudes waren belebt, es fanden parallel verschiedene Lesungen und Vorträge statt. Jemand vom Verlag stellte Alice vor der Veranstaltung dem Mann vor, der sie auf der Bühne interviewen würde. Felix schlenderte mit aufgesetzten Kopfhörern umher, checkte seine Nachrichten, seine Social-Media-Timelines. Ein britischer Politiker war in den Nachrichten, weil er etwas Verächtliches über den Blutsonntag gesagt hatte. Felix kehrte zum Anfang seiner Timeline zurück, aktualisierte sie, wartete, bis neue Postings erschienen, machte dann genau dasselbe wieder und wieder. Er schien die neuen Postings nicht einmal zu lesen, bevor er die Timeline erneut aktualisierte. Währenddessen saß Alice in einem fensterlosen Raum, vor sich eine Obstschüssel, und sagte: Danke, danke, das ist sehr nett von Ihnen, es freut mich, dass es Ihnen gefallen hat.

Etwa hundert Leute kamen zu Alice' Veranstaltung. Sie las fünf Minuten lang, dann unterhielt sie sich mit einem Moderator und beantwortete schließlich Fragen aus dem Publikum.

Neben ihr saß eine Dolmetscherin, die die Fragen für Alice übersetzte und dann ihre Antworten für das Publikum. Die Dolmetscherin war schnell und effizient, ihr Stift flog über einen Papierblock, während Alice sprach, dann lieferte sie die Übersetzung laut und ohne Zögern, strich alles durch, was sie geschrieben hatte, und fing erneut an zu schreiben, sobald Alice fortfuhr. Felix saß im Publikum und hörte zu. Als Alice etwas Lustiges sagte, lachte er zusammen mit den anderen im Publikum, die Englisch verstanden. Der Rest des Publikums lachte später, als die Dolmetscherin sprach, oder sie lachten nicht, vielleicht weil sich der Witz nicht übersetzen ließ oder weil sie ihn nicht lustig fanden. Alice beantwortete Fragen über Feminismus, Sexualität, das Werk von James Joyce, die Rolle der katholischen Kirche im kulturellen Leben Irlands. Fand Felix ihre Antworten interessant, oder langweilte er sich? Dachte er an sie oder an etwas anderes, an jemand anderen? Und während sie auf der Bühne über ihre Bücher sprach, dachte Alice an ihn? Existierte er für sie in diesem Moment, und falls ja, auf welche Weise?

Nach der Veranstaltung saß sie an einem Tisch und signierte eine Stunde lang Bücher. Jemand sagte ihm, er könne sich zu ihr setzen, aber er sagte, er wolle lieber nicht. Er ging raus, drehte eine Runde um das Gebäude, rauchte eine Zigarette. Als Alice ihn hinterher fand, war sie in Begleitung von Brigida, einer Frau aus ihrem Verlag, die sie beide zum Abendessen einlud. Brigida sagte immer wieder, das Dinner sei »sehr einfach«. Alice' Augen waren glasig, sie sprach viel schneller als üblich. Felix war im Gegensatz dazu viel ruhiger als zuvor, fast schon mürrisch. Sie stiegen alle zu Ricardo, der ebenfalls beim Verlag arbeitete, in den Wagen und fuhren gemeinsam zu einem Restaurant im Zentrum. Ricardo und Brigida saßen vorn und unterhielten sich auf Italienisch. Hinten sagte Alice zu Felix: Bist du jetzt zu Tode gelangweilt? Nach einem Moment antwortete er: Warum sollte ich? Alice' Gesicht strahlte vor Energie. Ich wäre gelangweilt an deiner Stelle, sagte sie. Ich gehe nie zu Lesungen, außer ich muss. Felix betrachtete seine Fingernägel und seufzte leise. Du hast die Fragen sehr gut beantwortet, sagte er. Hast du sie vorab schon bekommen, oder hast du spontan reagiert? Sie sagte, sie kannte die Fragen nicht, aber die Eloquenz sei nur oberflächlich. Ich habe nichts wirklich Substanzielles gesagt. Aber ich freue mich, dass ich dich beeindruckt habe. Er sah sie an und sagte in einem leicht verschwörerischen Ton: Hast du was genommen? Mit überraschter, unschuldiger Miene antwortete Alice: Nein. Wie meinst du das?

Du wirkst nur so hyperaktiv, sagte er.

Oh. Tut mir leid. Ich glaube, wenn ich einen öffentlichen Auftritt habe, werde ich manchmal so. Das liegt am Adrenalin oder so. Ich versuche, ruhiger zu sein.

Nein, vergiss es. Ich wollte nur fragen, ob ich auch was davon haben kann.

Sie lachte. Er ließ den Kopf zurück gegen das Sitzpolster sacken und lächelte.

Ich habe gehört, alle würden koksen, sagte sie. In der Branche. Aber mir hat noch nie jemand was angeboten.

Er wandte ihr interessiert den Kopf zu. Ach ja?, sagte er. In Italien oder überall?

Überall, was ich so gehört hab.

Das ist interessant. Ich hätte nichts dagegen, wenn es sich ergibt.

Soll ich mal fragen?

Er gähnte, warf einen Blick auf Brigida und Ricardo auf den vorderen Sitzen, rieb sich mit den Fingern Schlaf aus dem Auge. Du würdest wahrscheinlich eher tot umfallen, sagte er.

Aber ich tu's, wenn du willst, erwiderte sie.

Er schloss die Augen. Weil du in mich verliebt bist, sagte er.

Hm, sagte Alice.

Er blieb regungslos sitzen, an die Kopfstütze gelehnt, als würde er schlafen. Alice öffnete ihre Mail-App und schrieb eine neue Nachricht an Eileen: Wenn ich jemals wieder erwähnen sollte, dass ich einen Wildfremden mit nach Rom nehmen will, sag mir doch bitte ganz direkt, dass es eine schreckliche Idee ist. Sie schickte die Mail raus und steckte ihr Telefon in die Handtasche. Brigida, sagte sie, als wir uns das letzte Mal gesehen haben, wolltest du gerade umziehen. Brigida drehte sich auf dem Beifahrersitz um. Ja, sagte sie. Ich wohne jetzt viel näher am Büro. Sie beschrieb ihre neue Wohnung im Vergleich zu ihrer alten, während Alice nickte und Dinge sagte wie: Und die andere hatte zwei Zimmer? Aber es gab keinen Aufzug, oder? Felix wandte den Kopf, um aus dem Fenster zu sehen. Die Straßen Roms offenbarten sich eine nach der anderen und verschwanden dann wieder, zurückgezogen in die Dunkelheit.

10

Bezüglich meiner Mail über den Wildfremden: Felix ist in unserem Alter, 29. Falls du wissen willst, ob ich mit ihm geschlafen habe, die Antwort ist Nein, aber ich glaube nicht, dass sie sehr aufschlussreich für dich ist. Wir hatten ein erfolgloses Date, von dem ich dir damals erzählt habe, aber seitdem nichts. Ich vermute, was du wirklich wissen willst, ist nicht, ob bestimmte sexuelle Handlungen zwischen uns stattgefunden haben, sondern ob meine Beziehung zu ihm insgesamt einen sexuellen Aspekt hat. Ich würde sagen, Ja. Andererseits denke ich das über jede Beziehung. Ich wünschte, es gäbe da draußen eine gute Theorie über Sexualität, die ich lesen könnte. Alle bestehenden Theorien scheinen sich mehrheitlich um Gender zu drehen – aber was ist mit dem Sex selbst? Ich meine, was ist das überhaupt? Für mich ist es normal, Leute zu treffen und sexuell an sie zu denken, ohne wirklich Sex mit ihnen zu haben – oder, noch wichtiger, ohne mir auch nur vorzustellen, Sex mit ihnen zu haben, ohne auch nur daran zu denken, es mir vorzustellen. Das legt nahe, dass Sexualität noch etwas »anderes« umfasst, was sich nicht in Geschlechtsverkehr erschöpft. Und vielleicht betrifft sogar ein Großteil unserer sexuellen Erfahrungen dieses »andere«. Also was ist das? Was an meinen Empfindungen für Felix – der mich übrigens noch nicht einmal körperlich berührt hat – macht unsere Beziehung für mich sexuell?

Je mehr ich über Sexualität nachdenke, desto verwirrender

und vielfältiger erscheint sie mir, und desto belangloser die Art, wie wir darüber reden. Unsere Vorstellung davon, sich unsere Sexualität »anzueignen«, beschränkt sich im Grunde darauf, dass wir herausfinden, ob wir Männer oder Frauen mögen. Dabei war es für mich vielleicht ein Prozent dessen oder sogar noch weniger, als mir klar wurde, dass ich sowohl Männer als auch Frauen mag. Ich weiß, dass ich bisexuell bin, aber ich fühle mich da keiner Identität verbunden - ich meine, ich glaube nicht, dass ich irgendetwas Bestimmtes mit anderen bisexuellen Menschen gemeinsam habe. Dagegen sind fast alle anderen Fragen, die ich in Bezug auf meine sexuelle Identität habe, viel komplizierter, und es gibt keine offensichtlichen Antworten und vielleicht noch nicht einmal eine Sprache, in der sich die Antworten ausdrücken ließen, würde ich sie je finden. Wie könnten wir jemals bestimmen, welchen Sex wir mögen und warum? Oder was Sex für uns bedeutet und wie viel wir davon wollen und in welchen Kontexten? Was könnten wir durch diese Aspekte unserer sexuellen Persönlichkeit über uns selbst erfahren? Und wo ist die Terminologie für das alles? Es ist, als würden wir die ganze Zeit mit diesen absurd starken Impulsen und Begierden herumlaufen, für die wir bereitwillig unser Leben ruinieren und unsere Ehe und den Job torpedieren, aber niemand versucht wirklich zu erklären, was diese Begierden sind oder woher sie kommen. Wie wir über Sexualität reden und nachdenken, ist so limitiert, es hat so wenig mit der erschöpfenden und kräftezehrenden Wucht der Sexualität zu tun, die wir im wahren Leben erfahren. Allerdings frage ich mich jetzt, da ich das alles für dich aufgeschrieben habe, ob es für dich total verrückt klingt, vielleicht empfindest du sexuelles Verlangen nicht annähernd so stark wie ich - vielleicht tut das ja niemand, ich weiß es nicht. Es spricht ja keiner so richtig darüber.

Manchmal stelle ich mir menschliche Beziehungen als etwas Weiches vor, wie Sand oder Wasser, dem man eine Form gibt, indem man es in ein bestimmtes Gefäß füllt. Die Beziehung einer Mutter zu ihrer Tochter wird in das Gefäß mit der Aufschrift »Mutter und Kind« gegossen, nimmt die Konturen dieses Gefäßes an und bleibt darin eingeschlossen, komme was wolle. Vielleicht wären unglückliche Freundinnen als Schwestern vollkommen zufrieden gewesen, oder ein Ehepaar als Eltern und Kind, wer weiß. Aber wie wäre es, eine Beziehung ohne irgendeine vorgegebene Form zu gestalten? Einfach nur das Wasser auszugießen und fließen zu lassen. Ich vermute, es würde keine Form annehmen und in alle Richtungen laufen. Ein wenig ist es so mit mir und Felix, denke ich. Es gibt keinen offenkundigen Pfad, dem eine Beziehung zwischen uns folgen könnte. Ich glaube nicht, dass er mich als eine Freundin bezeichnen würde, er hat nämlich Freunde, und er steht zu ihnen ganz anders, als er zu mir steht. Er ist viel weiter entfernt von mir als von ihnen, glaube ich, und gleichzeitig sind wir einander in gewissem Sinne näher, weil es keine Grenzen oder Konventionen gibt, die unsere Beziehung einschränken. Nicht er oder ich sind der Grund dafür, dass es anders ist, auch keine besondere Qualität, die einer von uns hat, oder die spezielle Kombination unserer jeweils eigenen Persönlichkeiten, sondern der Modus, der unserer Beziehung zugrunde liegt – oder vielmehr das Fehlen eines solchen. Vielleicht verschwinden wir irgendwann aus dem Leben des anderen oder werden doch noch Freunde oder irgendwas anderes. Aber was auch geschieht, es wird zumindest das Resultat dieses Experiments sein, das sich manchmal so anfühlt, als würde es schrecklich schiefgehen, und manchmal, als wäre es die einzige Art von Beziehung, die es wirklich wert ist.

Abgesehen von meiner Freundschaft zu dir, wie ich eiligst

hinzufügen muss. Aber ich denke, du liegst falsch, was den Instinkt für Schönheit betrifft. Die Menschen haben ihn verloren, als die Berliner Mauer fiel. Ich werde mich nicht wieder mit dir über die Sowjetunion streiten, aber als sie auseinanderfiel, starb auch die Geschichte. Das 20. Jahrhundert kommt mir wie eine lange Frage vor, an deren Ende wir die falsche Antwort gegeben haben. Ist es nicht ein Unglück, geboren worden zu sein, als die Welt endete? Danach gab es keine Chance mehr für den Planeten, und keine Chance für uns. Oder es war nur das Ende einer Zivilisation, nämlich unserer, und irgendwann wird es eine neue geben. In dem Fall stehen wir im letzten erleuchteten Raum vor dem Anbruch der Dunkelheit und legen Zeugnis von etwas ab.

Hier ist meine alternative Hypothese: Der Instinkt für die Schönheit lebt weiter, zumindest in Rom. Natürlich ist es möglich, die Vatikanischen Museen zu besuchen und die Laokoon-Gruppe zu sehen oder zu der kleinen Kirche zu gehen und eine Münze in den Schlitz zu werfen, um die Caravaggios zu sehen – und in der Galleria Borghese steht sogar Berninis Proserpina, von der Felix, ein geborener Genussmensch, ein erklärter Fan ist. Aber es gibt dort auch dunkle, duftende Orangenbäume, kleine weiße Kaffeetassen, blaue Nachmittage, goldene Abende …

Habe ich dir erzählt, dass ich keine zeitgenössischen Romane mehr lesen kann? Ich glaube, es liegt daran, dass ich zu viele der Leute kenne, die sie schreiben. Ich sehe sie die ganze Zeit auf Festivals, wie sie Rotwein trinken und darüber reden, wer wen in New York publiziert. Wie sie sich über die langweiligsten Dinge auf der Welt beschweren – schlechte Pressearbeit oder schlechte Besprechungen oder dass andere mehr Geld kriegen. Wen interessiert das? Und dann sind sie wieder weg und schreiben ihre sensiblen kleinen Romane über das »normale Leben«. In Wahrheit wissen sie nichts über das normale Leben. Die meisten von ihnen haben seit Jahrzehnten nicht mal mehr einen flüchtigen Blick auf die echte Welt geworfen. Das sind Leute, die seit 1983 an leinengedeckten Tischen sitzen und sich über schlechte Kritiken beschweren. Es ist mir egal, was sie über normale Menschen denken. Wenn du mich fragst, nehmen sie eine falsche Perspektive ein, wenn sie sich darüber äußern. Warum schreiben sie nicht darüber, wie sie wirklich leben und was sie wirklich umtreibt? Warum tun sie so, als würden Tod und Trauer und Faschismus sie umtreiben – wenn sie in Wirklichkeit nur von dem Gedanken besessen sind, ob ihr neuestes Buch in der *New York Times* besprochen wird? Oh, und viele von ihnen haben übrigens einen normalen Hintergrund wie ich. Nicht alle sind sie Kinder der Bourgeoisie, aber sie sind aus dem normalen Leben herausgetreten, das ist der Punkt – vielleicht nicht, als ihr erstes Buch rauskam, vielleicht war es beim dritten oder vierten, aber auf jeden Fall vor langer Zeit. Und wenn sie jetzt zurückblicken und versuchen, sich daran zu erinnern, wie das normale Leben eigentlich war, dann ist es so weit weg, dass sie die Augen zusammenkneifen müssen. Wenn Schriftsteller ehrlich über ihr eigenes Leben schreiben würden, dann würde niemand Romane lesen – und das zu Recht! Vielleicht würden wir uns dann endlich der Tatsache stellen, wie falsch, wie zutiefst philosophisch falsch das derzeitige System der literarischen Produktion wirklich ist – wie es Schriftsteller vom normalen Leben entfernt, die Tür hinter ihnen schließt und ihnen immer wieder vorspiegelt, wie besonders sie sind und wie wichtig ihre Ansichten. Und dann kehren sie von ihrem Wochenende in Berlin zurück, nach vier Zeitungsinterviews, drei Fotoshootings, zwei ausverkauften Veranstaltungen, drei schönen langen Abendessen, bei denen sich alle über schlechte Kritiken beschwert haben, klappen das gute alte MacBook auf und schreiben einen wunderschön beobachteten kleinen Roman über das »normale Leben«. Ich sage das nicht leichten Herzens: Das alles erweckt in mir den Wunsch, mich zu übergeben.

Das Problem des euro-amerikanischen Gegenwartsromans besteht darin, dass die Grundlage seiner strukturellen Integrität die Verdrängung der gelebten Realität der meisten Menschen auf der Erde ist. Sich der Armut und Not zu stellen, in der Millionen Menschen gezwungenermaßen leben, und die Tatsache dieser Armut, dieser Not neben das Leben der »Hauptfiguren« eines Romans zu stellen, gälte als geschmacklos oder schlichtweg künstlerisch misslungen. Kurz gefasst, wen würde es interessieren, was die Romanfigur erlebt, wenn sich dieses Erleben im Kontext einer zunehmend schnelleren, zunehmend brutaleren Ausbeutung des größten Teils der menschlichen Spezies ereignet? Trennen sich die Protagonisten, oder bleiben sie zusammen? Es würde keine Rolle spielen in dieser Welt. Deshalb funktioniert der Roman, indem er die Wahrheit der Welt verdrängt – sie verschnürt und unter die glänzende Oberfläche des Textes schiebt. Und wie im echten Leben können wir uns wieder dafür interessieren, ob sich Leute trennen oder zusammenbleiben – falls, und nur falls, wir erfolgreich all das vergessen haben, was wichtiger ist: also tatsächlich alles.

Meine eigene Arbeit, und das versteht sich von selbst, ist der schlimmste Missetäter in dieser Hinsicht. Deshalb glaube ich nicht, dass ich jemals einen neuen Roman schreiben werde.

Du hattest schlechte Laune bei deiner letzten Nachricht und hast einige sehr morbide Dinge über das Sterben für die Revolution geschrieben. Wenn du diese Nachricht bekommst, denkst du hoffentlich mehr über ein Leben für die Revolution nach und darüber, wie so ein Leben aussehen würde. Du glaubst, dass es nur wenige Menschen kümmert, was mit dir ist, und ich weiß nicht, ob das stimmt, aber ich weiß, dass es ein paar von uns wirklich sehr, sehr kümmert – mich, Simon, deine Mutter. Ich bin mir auch sicher, dass es besser ist, innig geliebt zu werden (und das wirst du), als von allen möglichen Leuten gemocht zu werden (obwohl das wahrscheinlich auch der Fall ist, aber das werde ich jetzt nicht weiter ausführen). Es tut mir leid, dass ich mich so ausgiebig über die Buchbranche beschwere, was sich wirklich kein vernünftiger Mensch anhören möchte – und es tut mir leid, dass ich dir gesagt habe, ich würde mich längere Zeit aus der Öffentlichkeit zurückziehen, nur um dann nach Rom zu fliegen und mein Buch zu promoten, weil ich so feige bin und es hasse, Leute zu enttäuschen. (Ich würde mich dafür entschuldigen, dass wir uns nicht mehr vor meinem Abflug gesehen haben, aber das war wirklich nicht mein Fehler – der Verlag hat mir einen Wagen zum Flughafen gebucht.) Du hast recht, ich verdiene zu viel Geld und lebe verantwortungslos. Ich weiß, ich langweile dich, aber nur so sehr, wie ich mich selbst auch langweile – und ich liebe dich auch und bin dir sehr dankbar, für alles.

Auf jeden Fall, ja, bitte komm mich nach der Hochzeit besuchen. Soll ich Simon auch einladen? Zusammen können wir ihm sicher klarmachen, warum es falsch ist, mit unglaublich schönen Frauen, die jünger sind als wir, auszugehen. Ich bin mir noch nicht vollkommen im Klaren darüber, warum genau es falsch sein könnte, aber bis dahin fällt mir definitiv noch was ein.

In Liebe, Alice.

11

Am Abend des Tages, an dem sie diese Mail erhalten hatte, ging Eileen durch Temple Bar in Richtung Dame Street. Es war ein schöner, heiterer Samstagabend Anfang Mai, und goldenes Sonnenlicht fiel schräg auf die Gebäudefronten. Sie trug eine Lederjacke über einem bedruckten Baumwollkleid, und wenn sie den Blicken vorbeigehender Männer begegnete, junge Männer in Fleecejacken und Stiefeln, Männer mittleren Alters in Maßhemden, lächelte sie vage und wandte den Blick ab. Um halb neun kam sie zu einer Bushaltestelle gegenüber der alten Central Bank. Sie nahm ein Minzkaugummi aus der Handtasche, packte es aus und steckte es sich in den Mund. Verkehr zog vorbei, und die Schatten auf der Straße streckten sich langsam in Richtung Osten, während sie mit dem Fingernagel die Kaugummifolie glattstrich. Ihr Handy klingelte, sie nahm es aus der Tasche und schaute aufs Display. Ihre Mutter rief an. Sie ging ran, und nachdem sie einander begrüßt hatten, sagte Eileen: Hör mal, ich bin eigentlich gerade unterwegs und warte auf den Bus, kann ich dich später anrufen?

Dein Vater ist sauer wegen dieser Sache mit Deirdre Prendergast, sagte Mary.

Eileen blinzelte in Richtung eines sich nähernden Busses, um die Nummer zu erkennen, und kaute auf ihrem Kaugummi. Okay, sagte sie.

Kannst du nicht mal mit Lola reden?

Der Bus fuhr vorbei, ohne anzuhalten. Eileen berührte mit

den Fingern ihre Stirn. Das heißt, Dad regt sich über Lola auf, sagte sie, und er spricht mit dir, und du sprichst mit mir, und ich bin diejenige, die mit Lola reden muss. Wie klingt das für dich?

Wenn es dir zu viele Umstände macht, vergiss es.

Der nächste Bus fuhr links heran, und Eileen sagte ins Telefon: Ich muss aufhören, ich ruf dich morgen an.

Als sich die Bustüren öffneten, stieg sie ein, scannte ihre Karte ein und ging nach oben, wo sie sich weit nach vorn setzte. Sie tippte den Namen einer Bar in die Karten-App ihres Handys, während sich der Bus durch die Innenstadt und in Richtung Süden bewegte. Auf Eileens Display machte ein pulsierender blauer Punkt dieselbe Reise auf ihr späteres Ziel zu, das noch siebzehn Minuten entfernt war. Sie schloss die App und schrieb eine Nachricht an Lola.

Eileen: hey, hast du Deirdre P jetzt doch nicht zur
Hochzeit eingeladen?

Innerhalb einer halben Minute hatte sie eine Antwort.

Lola: Lol. Hoffe, Mammy und Daddy zahlen gutes
Geld, damit du die Drecksarbeit für sie machst.

Beim Lesen dieser Nachricht zog Eileen die Augenbrauen zusammen und atmete scharf durch die Nase aus. Sie drückte auf »Antworten« und fing an zu tippen.

Eileen: du lädst jetzt ernsthaft familienmitglieder von
deiner hochzeit aus? dir ist schon klar, wie gehässig
und kindisch das ist?

Sie schloss die App und öffnete wieder die Karte. Dem Hinweis des Punkts auf dem Display folgend, drückte sie die Stopp-Taste und machte sich auf den Weg nach unten. Nachdem sie dem Fahrer gedankt hatte, stieg sie aus dem Bus und lief, immer wieder auf ihr Handy blickend, die Straße entgegen der Fahrtrichtung des Busses zurück, vorbei an einem Friseur, einer Boutique für Damenbekleidung, über einen Zebrastreifen, bis ein Fähnchen auf dem Display erschien und darunter eine Zeile mit blauem Text: Sie haben Ihr Ziel erreicht. Sie wickelte das Kaugummi in die Folie und warf es in den nächsten Mülleimer.

Über eine enge Veranda ging es zum Eingang, der in eine Bar führte. Hinter dem Schankraum befand sich ein Separee mit Sofas und niedrigen Tischen, das komplett mit roten Lampen beleuchtet war. Es wirkte anheimelnd, wie ein großes Wohnzimmer aus einer früheren Epoche, nur eben in grellrotes Licht getaucht. Eileen wurde sofort von mehreren Freunden und Bekannten begrüßt, die ihre Gläser hinstellten und von den Sofas aufstanden, um sie zu umarmen. Beim Anblick eines Mannes namens Darach sagte sie fröhlich: Herzlichen Glückwunsch dir! Danach bestellte sie etwas zu trinken und setzte sich auf eines der leicht klebrigen Ledersofas neben ihre Freundin Paula. Aus den Lautsprechern an den Wänden klang Musik, die Toilettentür auf der anderen Seite des Raums ging regelmäßig auf und entließ einen weißen Lichtschwall, bevor sie wieder zufiel. Eileen checkte ihr Handy und fand eine neue Nachricht von Lola.

Lola: Hmmm, will ich mir wirklich von einer, die mit 30 immer noch in ihrem Scheißjob festhängt, kein Geld verdient und in einem Drecksloch wohnt, sagen lassen, wie unreif ich bin …

Eileen starrte einen Moment auf das Display und steckte dann ihr Telefon wieder ein. Neben ihr erzählte eine Frau namens Roisin von einem kaputten Fenster in ihrer Erdgeschosswohnung, dessen Reparatur ihr Vermieter seit über einem Monat verweigerte. Danach fingen alle an, Horrorgeschichten über den Mietmarkt zum Besten zu geben. Eine Stunde, zwei Stunden vergingen auf diese Weise. Paula bestellte eine Runde Drinks. Warmes Essen auf silbernen Tabletts wurde von hinter der Bar gebracht: Cocktailwürstchen, Kartoffelspalten, Hähnchenflügel, die in Soße schimmerten. Um zehn vor elf stand Eileen auf, ging auf die Toilette und nahm ihr Telefon wieder aus der Tasche. Sie hatte keine neuen Benachrichtigungen. Sie öffnete eine Messaging-App und tippte auf Simons Namen. Ein Thread vom vorherigen Abend erschien.

Eileen: gut heimgekommen?

Simon: Ja, ich wollte dir gerade schreiben.
Simon: Ich hab dir vielleicht was mitgebracht.

Eileen: echt???

Simon: Es wird dich freuen zu hören, dass im Duty Free auf der Fähre Toblerone im Sonderangebot war.
Simon: Hast du morgen Abend schon was vor?

Eileen: ehrlich gesagt, ausnahmsweise ja …
Eileen: darach feiert geburtstag, tut mir leid

Simon: Ah ok
Simon: Können wir uns dann unter der Woche sehen?

Eileen: ja bitte

Das war die letzte Nachricht in dem Thread. Sie ging auf die Toilette, wusch sich die Hände, zog vor dem Spiegel den Lippenstift nach und presste anschließend die Lippen auf ein Stück Toilettenpapier. Jemand klopfte von draußen an die Tür, und sie rief: Eine Sekunde. Sie starrte matt in den Spiegel. Mit den Händen zog sie ihre Wangen nach unten, sodass die Schädelknochen in dem fluoreszierenden weißen Deckenlicht hart und seltsam hervorstanden. Die Person klopfte wieder an die Tür. Eileen hängte sich ihre Handtasche über die Schulter, schloss die Tür auf und ging zurück zu Paula. Beim Hinsetzen nahm sie ihren halb leeren Drink vom Tisch. Das Eis war geschmolzen. Worum geht's gerade?, fragte sie. Um Kommunismus, sagte Paula. Da sind jetzt alle mit dabei, sagte Eileen. Das ist faszinierend. Wenn ich früher über Marxismus geredet habe, wurde ich ausgelacht. Jetzt sagen alle, es wäre ihr Ding. Diesen ganzen neuen Leuten, die Kommunismus cool machen möchten, rufe ich zu: Willkommen an Bord, Genossinnen und Genossen. Schwamm drüber. Die Arbeiterklasse hat eine strahlende Zukunft. Roisin hob ihr Glas, und Darach tat es ihr nach. Eileen lächelte und wirkte ein wenig betrunken. Ist das Essen schon weg?, fragte sie. Ein Mann namens Gary, der ihr gegenübersaß, sagte: Allerdings ist hier niemand wirklich Arbeiterklasse. Eileen rieb sich die Nase. Ja, sagte sie. Also, Marx würde dir da widersprechen, aber ich weiß, was du meinst.

Die Leute behaupten gern, sie wären Arbeiterklasse, sagte Gary. Aber niemand hier kommt wirklich aus der Arbeiterklasse.

Klar, aber alle hier arbeiten für ihren Lebensunterhalt und zahlen Miete an einen Eigentümer, sagte Eileen.

Mit hochgezogenen Augenbrauen sagte Gary: Miete zu zahlen macht dich nicht zur Arbeiterklasse.

Klar, Erwerbsarbeit macht dich nicht zur Arbeiterklasse. Die Hälfte vom Gehalt für Miete auszugeben, keine Immobilie zu besitzen, von den Vorgesetzten ausgebeutet zu werden, nichts davon macht dich zur Arbeiterklasse. Also was dann, ein bestimmter Akzent?

Mit einem genervten Lachen antwortete er: Glaubst du, du kannst mit dem BMW von deinem Papa rumfahren und dich dann hinstellen und sagen, du wärst Arbeiterklasse, weil du mit deinem Boss nicht klarkommst? Das ist keine Mode, das weißt du schon, oder? Das ist eine Identität.

Eileen nahm einen Schluck von ihrem Drink. Alles ist gerade eine Identität, sagte sie. Und übrigens kennst du mich gar nicht. Ich habe keine Ahnung, warum du sagst, dass hier niemand Arbeiterklasse ist, du weißt nichts über mich.

Ich weiß, dass du für ein Literaturmagazin arbeitest, sagte er.

Himmel. Ich habe einen Job, anders gesagt. Wahres bourgeoises Verhalten.

Darach sagte, er glaube, sie würden denselben Begriff benutzen, Arbeiterklasse, aber eigentlich zwei verschiedene Bevölkerungsgruppen meinen: einmal die große Gruppe der Menschen, deren Einkommen aus ihrer Arbeit und nicht aus ihrem Kapital stammt, zum anderen eine verarmte, vorwiegend urbane Sektion dieser Gruppe mit bestimmten kulturellen Traditionen und Referenzen. Paula sagte, jemand aus der Mittelschicht könne trotzdem Sozialistin sein, und Eileen sagte, es gebe keine Mittelschicht. Daraufhin redeten alle durcheinander. Eileen sah noch einmal auf ihr Handy. Sie hatte keine neuen Nachrichten, und das Display zeigte 23:21 Uhr. Sie trank ihr Glas aus und zog die Jacke an. Mit einem Luftkuss winkte sie den anderen am Tisch zum Abschied zu. Ich geh heim, sagte sie. Happy Birthday, Darach! Bis ganz bald. In dem Lärm und dem Stimmengewirr der Unterhaltung bemerkten nur ein paar Leute, dass sie ging, sie winkten und riefen ihrer sich entfernenden Figur etwas nach.

Zehn Minuten später war Eileen in einen Bus gestiegen, der in Richtung Innenstadt fuhr. Sie saß allein am Fenster auf dem oberen Deck, zog ihr Handy aus der Tasche und entsperrte es. In einer Social-Media-App gab sie den Namen »Aidan Lavin« ein und tippe auf das dritte Suchresultat. Sobald das Profil geladen war, scrollte Eileen mechanisch, fast schon unaufmerksam zu den neuesten Updates, so als mache sie es aus Gewohnheit, nicht aus spontanem Interesse. Mit ein paar Klicks navigierte sie von Aidan Lavins Seite zum Profil der Userin Actual Death Girl und wartete darauf, dass es lud. Der Bus hielt gerade am St Mary's College, die Türen öffneten sich, Passagiere gingen nach unten. Als der Bus weiterfuhr, tönte wieder die Stopp-Klingel. Jemand setzte sich zu Eileen, und sie hob kurz den Blick und lächelte höflich, bevor sie ihre Aufmerksamkeit wieder dem Display zuwandte. Zwei Tage zuvor hatte die Userin Actual Death Girl ein neues Foto mit der Bildunterschrift »dieser traurige Fall« gepostet. Das Foto zeigte die Userin, wie sie die Arme um einen Mann mit dunklem Haar geschlungen hatte. Der Mann war als Aidan Lavin getaggt. Während sie auf das Foto sah, öffnete Eileen ihren Mund etwas und schloss ihn wieder. Sie tippte auf das Foto, um es zu vergrößern. Der Mann trug eine rote Cordjacke. Die Frauenarme, die um seinen Hals lagen, waren attraktiv, prall, wohlgeformt. Das Foto hatte vierunddreißig Likes. Der Bus fuhr auf die nächste Haltestelle zu, und Eileen lenkte ihren Blick durch das Fenster. Sie hielten am Grove Park, kurz vor dem Kanal. Ein Erkennen huschte über ihr Gesicht, sie runzelte die Stirn, dann stand sie ruckartig auf und quetschte sich an dem Fahrgast neben ihr vorbei. Als sich unten die Türen öffneten, rannte sie fast schon atemlos die Treppen hinunter, dankte dem Fahrer im Rückspiegel und stieg aus.

Es war fast Mitternacht. Aus einzelnen Fenstern der Wohnungen über einem dunklen Eckladen schien gelbes Licht. Eileen machte den Reißverschluss ihrer Jacke zu, zog die Handtasche auf der Schulter zurecht und lief sichtlich entschlossen in eine bestimmte Richtung. Während sie ging, nahm sie ihr Handy heraus und betrachtete noch einmal das Foto. Dann räusperte sie sich. Die Straße war ruhig. Sie steckte das Handy ein und strich die Hände an ihrer Jacke nach unten, als würde sie sie abwischen. Sie überquerte die Straße und ging jetzt etwas schneller, mit langen, befreiten Schritten, bis sie zu einem hohen Backsteinhaus mit sechs hinter dem Tor aufgereihten Mülltonnen kam. Sie blickte auf, gab einen merkwürdigen Lacher von sich und rieb sich die Stirn. Sie ging über das Kiesbett und drückte eine Klingel neben der Haustür. Fünf Sekunden, zehn Sekunden lang geschah nichts. Fünfzehn Sekunden. Sie schüttelte den Kopf, ihre Lippen bewegten sich stumm, wie um eine Unterhaltung zu proben, die es nur in ihrer Vorstellung gab. Zwanzig Sekunden vergingen. Sie wandte sich zum Gehen. Dann kam Simons Stimme aus dem Plastiklautsprecher: Hallo? Sie drehte sich um, starrte auf den Lautsprecher und sagte nichts. Hallo, wiederholte seine Stimme. Sie drückte auf den Knopf.

Hey, sagte sie. Ich bin's. Tut mir leid.

Eileen, bist du das?

Ja, entschuldige. Ich wie »Eileen«.

Bist du okay?, fragte er. Komm rauf, ich lass dich rein.

Das Surren des Türöffners erklang, und sie ging hinein. Die Beleuchtung im Flur war sehr grell, jemand hatte ein Fahrrad gegen die Briefkästen gelehnt. Während Eileen die Treppen hinaufstieg, betastete sie ihren Hinterkopf, wo sich das

Haar aus der Klammer gelöst hatte, und mit ihren langen, geschickten Fingern befestigte sie es wieder. Dann schaute sie auf ihrem Handy nach der Uhrzeit, es war 23:58 Uhr, und öffnete den Reißverschluss ihrer Jacke. Simons Tür war bereits offen. Er stand barfuß da und blinzelte unwirsch ins Licht des Treppenhauses. Seine Augen waren verschlafen und ein wenig geschwollen. Sie blieb auf der obersten Stufe stehen, die Hand auf dem Geländer. O Gott, es tut mir leid, sagte sie. Hast du geschlafen?

Ist alles in Ordnung?, fragte er.

Sie ließ den Kopf hängen, als wäre sie erschöpft oder beschämt, und hatte die Augen geschlossen. Ein paar Sekunden vergingen, bevor sie sie wieder öffnete und antwortete: Alles ist gut. Ich war nur auf dem Heimweg von Darachs Ding und wollte dich sehen. Ich hab nicht nachgedacht – ich weiß nicht, warum ich angenommen hatte, du wärst noch wach. Ich weiß, dass es spät ist.

Nicht so spät. Magst du reinkommen?

Den Blick immer noch starr auf den Teppichboden gerichtet, sagte sie mit angespannter Stimme: Nein, nein, ich lass dich in Ruhe. Ich komme mir so dumm vor. Tut mir leid.

Er kniff ein Auge zu und musterte sie, wie sie da auf dem Treppenabsatz stand. Sag das nicht, erwiderte er. Komm rein, wir trinken was.

Sie folgte ihm in die Wohnung. Nur eine der Lampen in der Küche war an und warf einen abnehmenden Lichtschein in die kleine Wohnung. Ein Wäscheständer war hinten an der Wand aufgebaut, darauf trockneten verschiedene Sachen: T-Shirts, Socken, Unterwäsche. Er schloss die Tür hinter ihr, während sie Jacke und Schuhe auszog. Sie stand vor ihm, den Blick auf die Dielen gerichtet.

Simon, sagte sie, kann ich dich um einen Gefallen bitten?

Du kannst auch Nein sagen, das würde mir nichts ausmachen.

Klar.

Kann ich bei dir im Bett schlafen?

Er sah sie einen Moment länger an, bevor er antwortete. Ja, sagte er. Kein Problem. Sicher, dass alles in Ordnung ist?

Ohne den Blick zu heben, nickte sie. Er füllte ein Glas mit Leitungswasser für sie, und zusammen gingen sie in sein Schlafzimmer. Es war ein ordentlicher Raum mit dunklen Dielen. Mittendrin stand ein Doppelbett, die Decke war zurückgeschlagen, die Nachttischlampe brannte. Gegenüber der Tür war ein Fenster mit heruntergezogener Jalousie. Simon machte die Lampe aus, und Eileen knöpfte ihr Kleid auf, ließ es von den Schultern gleiten und hängte es über die Lehne seines Schreibtischstuhls. Sie legten sich ins Bett. Eileen trank etwas von dem Wasser aus ihrem Glas, und dann legte sie sich auf ihrer Seite hin. Ein paar Minuten lang waren sie still und regungslos. Sie sah zu ihm, aber er war von ihr abgewandt, nur sein Hinterkopf und seine Schulter waren zu erahnen. Kannst du mich halten?, fragte sie. Einen Moment lang zögerte er, als wollte er etwas sagen, aber dann drehte er sich zu ihr und legte den Arm um sie. Er murmelte: Ja, natürlich. Sie schmiegte sich fest an ihn, das Gesicht an seinem Hals, ihre Körper eng aneinandergepresst. Er gab einen tiefen Laut von sich, wie: Mmh. Dann schluckte er. Tut mir leid, sagte er. Ihr Mund war an seinem Hals. Schon in Ordnung, sagte sie. Das ist schön. Er atmete tief ein. Stimmt, sagte er. Du bist nicht betrunken, oder? Ihre Augen waren geschlossen. Nein, sagte sie. Sie schob ihre Hand in seine Unterhose. Er schloss die Augen und stöhnte ganz leise. Eine Weile berührte sie ihn so, langsam, und sah zu ihm auf, sah seine geschlossenen, feuchten Augenlider, seinen leicht geöffneten Mund. Können wir?, fragte sie. Er sagte Ja.

Sie zogen ihre Unterwäsche aus. Ich hol ein Kondom, sagte er. Sie sagte ihm, sie nehme die Pille, und er schien zu zögern. Oh, sagte er. Dann einfach so? Sie nickte. Sie lagen auf der Seite, die Gesichter einander zugewandt. Er hielt sie an der Hüfte und schob sich in sie hinein. Sie atmete scharf ein, und er rieb ihren Hüftknochen mit der Hand. Ein paar Sekunden lang waren sie still. Er drückte sich etwas enger an sie, und mit geschlossenen Augen wimmerte sie. Hm, sagte er. Kann ich dich auf den Rücken legen, wäre das okay? Ich denke, ich könnte dann etwas tiefer in dich rein, wenn du das möchtest. Ihre Augen waren geschlossen. Ja, sagte sie. Er ging daraufhin aus ihr raus, und sie legte sich auf den Rücken. Als er wieder in sie eindrang, stieß sie einen Laut aus und schlang ihre Beine um ihn. Er stützte sich mit den Armen ab und schloss die Augen. Nach einer Weile sagte sie: Ich liebe dich. Er stieß den Atem aus. Mit leiser Stimme erwiderte er: Oh, ich hab nicht - ich liebe dich auch, sehr. Sie strich mit der Hand über seinen Nacken, atmete tief und fest durch den Mund. Eileen, sagte er, es tut mir leid, aber ich denke, ich bin wohl schon sehr kurz davor. Es ist, ich hab nicht - ich weiß nicht, es tut mir leid. Ihr Gesicht war heiß, sie war außer Atem, schüttelte den Kopf. Schon okay, sagte sie. Mach dir keine Gedanken, entschuldige dich nicht. Als er fertig war, hielten sie sich noch eine Weile in den Armen, atmeten, sie strich mit den Fingern durch sein Haar. Langsam bewegte er seine Hand warm und schwer über ihren Bauch nach unten, zwischen ihre Beine. Ist das in Ordnung?, fragte er. Sie schloss die Augen und murmelte: Ja. Er schob den Mittelfinger in sie hinein und berührte ihre Klitoris mit dem Daumen, und sie flüsterte: Ja, ja. Danach lösten sie sich voneinander, sie rollte sich auf den Rücken, strampelte die Decke von ihren Beinen, schöpfte Atem. Er lag auf der Seite, die Augen halb geschlossen, betrachtete sie. Okay?, fragte er. Sie stieß ein bebendes Lachen aus. Ja, sagte sie. Danke. Er lächelte matt, sein Blick glitt über ihren langen, schlanken Körper, der auf der Matratze ausgestreckt war. Jederzeit, sagte er.

Am Morgen wurden sie um acht von seinem Handyalarm geweckt. Simon stützte sich auf den Ellbogen auf, um ihn auszuschalten, Eileen lag auf dem Rücken und rieb sich die Augen. An den Rändern der Jalousie formte sich ein Rechteck aus weißem Tageslicht. Hast du heute Morgen was vor?, fragte sie. Er legte sein Handy zurück auf den Nachttisch. Ich wollte zur Neun-Uhr-Messe, sagte er. Aber ich kann auch später gehen, das ist egal. Sie lag mit geschlossenen Augen da, wirkte glücklich, ihr Haar unordentlich auf dem Kissen verteilt. Kann ich mitkommen?, fragte sie. Er sah sie einen Moment lang an, dann antwortete er schlicht: Natürlich. Sie standen zusammen auf, und er kochte Kaffee, während sie duschte. Als sie aus dem Bad kam, hatte sie ein großes, weißes Handtuch um sich gewickelt, und sie küssten sich, an die Küchentheke gelehnt. Was, wenn ich während der Messe schlimme Gedanken habe?, fragte sie. Er rieb ihren Nacken, wo ihr Haar feucht war. Zum Beispiel an letzte Nacht?, fragte er. Wir haben nichts Schlimmes getan. Sie küsste die Schulternaht seines T-Shirts. Er machte Frühstück, während sie sich anzog. Ein paar Minuten vor neun verließen sie das Haus und gingen gemeinsam in die Kirche. Innen war es kühl und weitgehend leer, es roch nach Feuchtigkeit und Weihrauch. Der Priester las aus dem Lukasevangelium und hielt eine Predigt über Mitleid. Während des Abendmahls sang der Chor »Ich, der Meer und Himmel schuf«. Eileen ließ Simon aus der Kirchenbank und sah zu, wie er sich mit den anderen Gemeindemitgliedern, die meisten schon älter, einreihte. Von der Empore hinter ihnen sang der Chor: »Sende Licht in ihre Nacht«. Eileen rutschte auf ihrem Platz herum, um Simon im Blick zu behalten, als er vor den Altar trat und das Abendmahl empfing. Im Weggehen bekreuzigte er sich. Sie saß mit den Händen im Schoß da. Er sah hinauf zur mächtigen kuppelförmigen Decke über ihnen, und seine Lippen bewegten sich still. Mit forschender Miene betrachtete sie ihn. Er kam zurück und setzte sich wieder neben sie, legte seine Hand auf ihre, und seine Hand war schwer und sehr ruhig. Dann kniete er sich neben ihr auf das Kniekissen, das an der Kirchenbank angebracht war. Er beugte den Kopf über seine Hände und sah dabei nicht ernst oder feierlich aus, nur ruhig, und seine Lippen bewegten sich nicht mehr. Die Finger in ihrem Schoß verschränkt, sah sie ihm zu. Der Chor sang: »Deinen Ruf vernahm ich in der Nacht«. Simon bekreuzigte sich noch einmal und setzte sich wieder aufrecht neben sie. Sie schob ihre Hand zu ihm, und ruhig nahm er sie in seine und hielt sie, strich mit dem Daumen langsam über die kleinen Furchen ihrer Knöchel. Sie blieben so sitzen, bis die Messe vorüber war. Draußen auf der Straße lächelten sie wieder, und ihr Lächeln war geheimnisvoll. Es war ein kühler, strahlender Sonntagmorgen, die weißen Fassaden der Gebäude reflektierten das Sonnenlicht, der Verkehr zog vorbei, Leute gingen mit ihren Hunden spazieren, begrüßten sich über die Straße hinweg. Simon küsste Eileen auf die Wange, und sie verabschiedeten sich voneinander.

12

Alice, glaubst du, das Problem des zeitgenössischen Romans ist schlicht das Problem des gegenwärtigen Lebens? Ich stimme dir zu, es erscheint vulgär, dekadent, sogar epistemologisch brutal, Energie in die Trivialität von Sex und Freundschaften zu investieren, wenn die menschliche Zivilisation vor dem Zusammenbruch steht. Aber gleichzeitig mache ich genau das jeden Tag. Wenn du willst, können wir darauf warten, eine höhere Daseinsform zu erreichen, um dann unsere mentalen und materiellen Ressourcen auf existenzielle Fragen auszurichten und nicht mehr an unsere Familien, Freunde, Liebhaber usw. zu denken. Aber wir werden sehr lange warten, vermute ich, und tatsächlich werden wir vorher sterben. Und wenn Menschen im Sterben liegen, sprechen sie denn dann nicht immer über ihre Lebenspartner und ihre Kinder? Und ist der Tod nicht einfach die Apokalypse in der ersten Person Singular? Dann gäbe es nichts Größeres als das, was du so verächtlich »trennen oder zusammenbleiben« (!) nennst, weil es das Einzige ist, worüber wir reden wollen, wenn unser Leben zu Ende geht, wenn es nichts mehr gibt, was noch vor uns liegt. Vielleicht sind wir nur auf der Welt, um die Menschen, die wir kennen, zu lieben, um uns um sie zu sorgen, und selbst dann noch zu lieben und uns zu sorgen, wenn es Wichtigeres zu tun gäbe. Und sollte das bedeuten, dass die menschliche Spezies aussterben wird, dann ist das doch irgendwie ein schöner Grund, um auszusterben, der schönste überhaupt, den man sich vorstellen kann, oder? Weil wir, anstatt die Umverteilung der globalen Ressourcen zu organisieren und gemeinschaftlich zu einem nachhaltigen Wirtschaftssystem überzugehen, mit den Gedanken bei Sex und Freundschaften waren. Weil wir einander zu sehr liebten, weil wir einander zu interessant fanden. Und das liebe ich an der Menschheit, und übrigens ist das auch der wahre Grund, warum ich auf unser Überleben hoffe: dass wir so verrückt aufeinander sind.

Was den letzten Punkt betrifft, so spreche ich aus eigener Erfahrung. Auf dem Heimweg von einer Geburtstagsparty stieg ich gestern Abend am Grove Park aus dem Bus und ging zu Simon, einfach so. Ich vermute, ich war ein wenig betrunken und fühlte mich schlecht, und vielleicht dachte ich, er würde mir sicher die Schultern massieren und ein paar Komplimente machen. Oder vielleicht wollte ich auch, dass er nicht zu Hause ist oder dass diese Frau bei ihm ist, mit der er sich trifft, um mich noch schlechter zu fühlen. Ich weiß es nicht. Ich weiß nicht, was ich wollte oder womit ich gerechnet hatte. Jedenfalls, als ich oben ankam, war es offensichtlich, dass die Klingel ihn geweckt hatte und er aufstehen musste, um mich reinzulassen. Es war nicht wirklich spät, gegen Mitternacht. Er stand in der Tür und sah müde und alt aus. Ich meine das nicht böse. Aber wenn ich ihn sonst sehe, dann sehe ich wahrscheinlich immer noch denselben hübschen blonden Teenager, den ich vor Augen habe, seit ich ein kleines Mädchen war. Und als er da gestern Abend in der Tür stand, wurde mir klar, dass er nicht mehr dieser Junge ist. Was weiß ich denn schon wirklich über sein Leben? Während meiner ersten Teenagerverliebtheit für Simon verstand ich sexuelle Regungen nicht wirklich, und ich erfand den Ausdruck »die besondere Berührung«, um mir selbst zu beschreiben, wie ich mich fühlte, wenn er mich berührte. Was er übrigens höchstens versehentlich oder auf die keuscheste Art tat. Ist das nicht ein wirklich lustiger Ausdruck, »die besondere Berührung«? Wenn ich jetzt darüber nachdenke, könnte ich loslachen. Aber als er letzte Nacht im Bett seine Arme um mich legte, kamen mir diese Worte sofort wieder in den Sinn, als wären die letzten fünfzehn Jahre nicht gewesen, als wäre das Gefühl dasselbe.

Und dann sind wir heute Morgen zusammen zur Messe gegangen. Die Kirche in seiner Straße hat einen sehr glamourösen Eingangsportikus und den ungemein katholischen Namen »Mariä-Empfängnis-Kirche, Zuflucht der Sünder«. Er hat mich übrigens nicht darum gebeten mitzukommen, ich wollte es so, obwohl ich mir nicht sicher bin, warum. Möglicherweise fühlte ich mich so wohl in seiner Gegenwart, dass ich nicht mal für eine Stunde körperlich von ihm getrennt sein konnte. Aber es ist auch möglich, und ich weiß nicht genau, wie ich das formulieren soll, dass ich ihn nicht ohne mich gehen lassen wollte, weil ich eifersüchtig war. Jetzt, da ich es formuliert habe, weiß ich nicht einmal genau, was ich damit meine. Ist es denkbar, dass ich es ihm übel nehme, dass er das Konzept Gott lieber mag als mich? Das wäre schlicht absurd. Aber was dann? Hatte ich Angst davor, er würde, nachdem wir wieder intim geworden sind, wenn auch nur für ein kurzes Zwischenspiel, zur Messe gehen, um sich von mir zu reinigen? Oder vielleicht habe ich irgendwie nicht daran geglaubt, dass er es durchziehen würde, und wenn ich ihm vorschlug mitzukommen, würde er mit der Wahrheit rausrücken und zugeben, dass er es mit der Religion dann doch nicht so ernst gemeint hatte. Und so gingen wir zusammen in die Kirche, und es passierte natürlich nichts. Drinnen war alles weiß und blau, bemalte Statuen und dunkel getäfelte Beichtstühle mit üppigen Samtvorhängen. Die meisten anderen Teilnehmenden waren kleine ältere Frauen in pastellfarbenen Jäckchen.

Als der Gottesdienst anfing, wurde Simon nicht mit einem Schlag ganz tiefsinnig und spirituell, und er rief auch nicht nach Gott dem Vater und seiner Erhabenheit oder sonst was, er war einfach nur er selbst. Die meiste Zeit saß er da und hörte zu und tat nichts. Am Anfang, als alle ständig »Erbarme dich, Herr, unser Gott« und so etwas wiederholten, wollte ein Teil von mir, dass er anfing zu lachen und mir sagte, es sei alles nur ein Scherz. Irgendwie hatte ich Angst davor, wie er sich benehmen würde, dass er Sachen sagen würde wie »Denn ich habe vor dir gesündigt« – ganz selbstverständlich in seiner normalen Stimme, so wie ich sagen würde »es regnet«, wenn ich tatsächlich glaube, dass es regnet, und mir nichts an diesem Glauben lächerlich vorkommt. Ich sah ihn ganz oft an, ich vermute, seine Ernsthaftigkeit beunruhigte mich, und er erwiderte einfach ganz freundlich meinen Blick, als wolle er sagen: Ja, das ist die Messe, was hast du erwartet? Dann folgte eine Lesung über eine Frau, die Jesus Öl auf die Füße goss und ihm dann die Füße, ich glaube mit ihrem Haar, trocknete? Vielleicht habe ich es auch falsch verstanden. Simon saß da und hörte sich diese offensichtlich bizarre und verrückte Geschichte an und sah aus wie immer, völlig ruhig und normal. Ich weiß, ich sage ständig, dass er ganz normal war, aber es war genau das, was mir so rätselhaft erschien: diese scheinbare Abwesenheit von jeglicher Veränderung in seiner Persönlichkeit, exakt dieser Umstand, dass er weiterhin ganz offensichtlich derselbe Mann war wie immer.

Nach der Lesung segnete der Priester Brot und Wein, und dann bat er die Gemeinde, die Herzen zu erheben. Alle in der Kirche antworteten gleichzeitig in einem sanften gemeinschaftlichen Flüstern: »Wir erheben sie zum Herrn.« Ist es wirklich möglich, dass ich Zeugin einer solchen Szene wurde, mitten in Dublin, vor ein paar Stunden? Ist es möglich, dass solche Dinge buchstäblich vor sich gehen, in der echten Welt, in der wir beide leben? Der Priester sagte: »Erhebet eure Herzen«, und alle, auch Simon, antworteten ohne Zögern oder Ironie: »Wir erheben sie zum Herrn.« Haben sie wirklich geglaubt, dass sie die Wahrheit sagen und dass ihre Herzen in dem Moment wirklich zum Herrn erhoben wurden, was auch immer das bedeuten mag? Wenn ich mir gestern diese Frage gestellt hätte, ich hätte gesagt, natürlich nicht. Eine Messe ist nur ein gesellschaftliches Ritual, religiöse Menschen verbringen nicht wirklich Zeit damit, an Gott zu denken, und selbstverständlich versuchen sie nie, ihre Herzen zu ihm zu erheben oder sich auch nur vorzustellen, was es bedeuten würde, so etwas zu tun. Aber heute sehe ich das anders. Ich habe das Gefühl, dass zumindest ein paar der Leute in der Kirche ernstlich glaubten, dass sie ihre Herzen zum Herrn erhoben. Und ich denke, dass auch Simon das glaubte. Ich denke, er wusste, was er da sagte, und hatte darüber nachgedacht und glaubte daran. Danach sagte der Priester, dass wir uns alle gegenseitig den Friedensgruß geben sollten, und Simon schüttelte all den silbernen kleinen älteren Frauen die Hände, und dann schüttelte er mir die Hand und sagte, »Friede sei mit dir«, und mittlerweile wollte ich, dass er es ernst meinte. Ich wollte nicht mehr, dass er scherzte, tatsächlich wollte ich, dass es ihm so ernst war, wie es aussah, ernster noch, und dass er jedes Wort so meinte.

Ist es wirklich denkbar, dass ich während des Gottesdienstes die Ernsthaftigkeit von Simons Glauben bewundern gelernt habe? Aber wie kann ich jemanden dafür bewundern, etwas zu glauben, was ich nicht glaube und auch nicht glauben will und wovon ich denke, dass es offenkundig falsch und absurd ist? Wenn Simon anfinge, eine Schildkröte als Sohn Gottes anzubeten, würde ich dann auch seine Ernsthaftigkeit bewundern? Aus einer streng rationalen Perspektive ergibt es ebenso viel Sinn, eine Schildkröte anzubeten wie einen judäischen Prediger aus dem 1. Jahrhundert. Wenn man bedenkt, dass Gott nicht existiert, ist diese ganze Sache ohnehin ziemlich beliebig, dann kann es Jesus sein oder ein Plastikeimer oder William Shakespeare, ganz egal. Und doch spüre ich, dass ich Simons Ernsthaftigkeit nicht so bewundern könnte, wenn er sich der Schildkrötenanbetung widmete. Bewundere ich einfach nur das Ritual? Bewundere ich seine Fähigkeit, überliefertes Wissen ganz schlicht und unkritisch zu akzeptieren? Oder glaube ich insgeheim, dass an Jesus doch etwas Besonderes sein muss und dass es doch irgendwie statthaft ist, wenn auch nicht ganz nachvollziehbar, ihn als Gott zu verehren? Ich weiß es nicht. Vielleicht war es einfach Simons ruhiges, sanftes Verhalten in der Kirche, die Art, wie er die Gebete so leise und gesetzt aufsagte, ganz genauso wie die kleinen alten Damen, ohne anders sein zu wollen als sie, ohne zeigen zu wollen, dass er mehr oder weniger als sie glaubte oder kritischer oder intellektueller war als sie, sondern einfach ganz genauso. Und es schien ihm auch nicht peinlich zu sein, dass ich dort war und ihm zusah – ich meine damit, dass ich ihm nicht peinlich war, obwohl ich gar nicht dorthin passte, und auch, dass er sich nicht dafür schämte, dabei ertappt zu werden, ein höheres Wesen anzubeten, an das ich nicht glaube.

Hinterher dankte er mir auf der Straße dafür, dass ich mitgekommen war. Eine Sekunde lang befürchtete ich, dass er es nun doch ins Lächerliche ziehen würde, einfach aus Unbehagen oder Ungeschick heraus, und diese Vorstellung entsetzte mich. Aber das tat er nicht, und das hätte ich wissen können, weil es nicht zu ihm gepasst hätte. Er bedankte sich einfach bei mir, und wir gingen unserer Wege. Wenn ich sage, dass die Messe eigenartig romantisch war, dann hoffe ich, dass du weißt, wie ich es meine. Vielleicht war es das Gefühl einer Tiefe und Ernsthaftigkeit in Simons Wesen, die ich lange nicht mehr wahrgenommen habe, oder einfach seine Zartheit, als wir uns die Hände reichten. Oder ich bin doch nur eine zerbrechliche kleine Frau aus dem Lehrbuch der Evolutionspsychologie, die im Bett eines Mannes geschlafen hat und nun ganz schwach und weich ist, was ihn angeht. Ich will mich da gar nicht drüber erheben, vielleicht stimmt es ja. Während ich diese Mail schreibe, fühle ich mich tatsächlich ein wenig schwach und weich, was Simon angeht, sogar ein wenig beschützerisch, wer weiß schon, warum. Wäre ich heute Morgen direkt nach Hause gegangen und nicht mit ihm in die Kirche, würde ich mich vielleicht jetzt nicht so fühlen – andererseits, wenn wir heute Morgen einfach nur zur Messe gegangen wären, ohne letzte Nacht miteinander geschlafen zu haben, dann würde ich mich jetzt wohl auch nicht so fühlen. Ich vermute, es war die scheinbar unpassende Mischung aus gemeinsamer Nacht und gemeinsamer Messe, die mich so empfinden lässt – ich habe das Gefühl, in sein Leben getreten zu sein, wenn auch nur kurz, und etwas von ihm gesehen zu haben, das ich nie zuvor gesehen hatte, sodass ich ihn jetzt anders kenne.

Wo wir von Freundschaft und Romanzen reden: Wie ist es in Rom? Was ist mit Felix? Wie geht es dir? Die Abschnitte in deiner Mail über Sexualität waren sehr lustig. Hältst du dich für den einzigen Menschen, der jemals sexuelles Verlangen verspürt hat??? Für den Fall, dass die Antwort Ja lautet, hänge ich dir ein PDF von Audre Lordes Essay »Vom Nutzen der Erotik« an, der dir sehr gefallen wird, das weiß ich. Und schließlich – ja, natürlich sollst du Simon einladen! Ich weiß, dass er dich sehen will, und ich kann mir nichts Besseres auf der Welt vorstellen, als euch beide eine Woche lang am Meer ganz für mich zu haben. Ewige Liebe, E.

13

Am gleichen Sonntagmorgen in Rom gelang es Alice nicht, die Dusche im Bad auszuschalten. Sie trocknete sich ab und zog einen Bademantel an, dann bat sie Felix, einen Blick darauf zu werfen. Er kam herein, drehte den Duschkopf zur Wand und untersuchte die Einheit, drückte erfolglos den Schalter an und aus, während sie hinter ihm stand und ihr das Haar auf die Schultern tropfte. Er entfernte die Plastikverkleidung der Dusche und spähte auf die Beschriftung darin. Mit der linken Hand zog er sein Telefon aus der Tasche und hielt es hinter sich, damit Alice es nahm. Sobald sie es hatte, las er Marke und Modellnummer vor und bat sie, es zu googeln, während er wieder auf den Schalter drückte und dabei den Mechanismus beobachtete. Sie tippte auf das Browser-Symbol seines Handys, und es öffnete sich eine bekannte Pornowebsite. Die Seite zeigte eine Liste mit Ergebnissen für den Sucheintrag »anal hart«. Das oberste Vorschaubild zeigte eine Frau, die auf einem Stuhl kniete, hinter ihr ein Mann, der sie am Hals gepackt hielt. Darunter ein anderes Vorschaubild mit einer weinenden Frau, ihr Lippenstift war verschmiert, und die Wimperntusche lief ihr in übertrieben breiten Streifen über die Wangen. Ohne das Display zu berühren oder in irgendeiner Weise mit der Seite zu interagieren, reichte Alice ihm das Telefon und sagte: Du möchtest das hier vermutlich erst einmal schließen. Er nahm das Handy, warf einen Blick darauf, und sofort wurden sein Hals und Gesicht knallrot.

Die Plastikverkleidung der Duscheinheit fiel wieder nach vorne, und er musste sich mit der anderen Hand abstützen und die Balance wiederfinden. Oh, sagte er. Sorry. Gott, ist das peinlich, tut mir leid. Sie nickte, schob die Hände in die Bademanteltaschen, nahm sie wieder raus und ging in ihr Zimmer.

Ein paar Minuten später fand Felix eine Lösung für das Problem mit der Dusche. Dann verließ er das Apartment und ging spazieren. Ein paar Stunden vergingen, Alice arbeitete in ihrem Zimmer, Felix lief allein durch die Stadt. Er schlenderte den Corso entlang, hatte Kopfhörer auf, sah in Schaufenster und checkte gelegentlich sein Handy. Im Apartment kam Alice aus der Küche, aß eine Banane, ein Stück Brot und einen halben Schokoriegel, dann ging sie wieder in ihr Zimmer.

Als Felix zurückkam, klopfte er an Alice' Tür und fragte, ohne diese zu öffnen, ob sie etwas essen wolle.

Ich habe schon gegessen, rief sie von drinnen. Danke.

Er nickte, rieb sich die Nasenwurzel, trat von ihrer Tür weg, ging dann wieder zurück. Er schüttelte den Kopf und klopfte noch einmal an.

Kann ich reinkommen?, fragte er.

Klar.

Er öffnete die Tür und fand sie auf dem Bett sitzend vor, an das Kopfende gelehnt, den Laptop auf dem Schoß. Das Fenster war offen. Er stand in der Tür, eine Hand am Türrahmen, und kam nicht herein. Sie legte fragend den Kopf schief.

Ich hab die Dusche repariert, sagte er.

Das ist mir aufgefallen. Danke.

Sie wandte ihre Aufmerksamkeit wieder dem Laptop zu. Er blieb stehen und sah unzufrieden aus.

Bist du sauer auf mich?

Nein, ich bin nicht sauer.

Ich fühl mich schlecht wegen der Sache vorhin.

Mach dir keine Gedanken, sagte sie.

Er rieb mit der Hand am Türrahmen herum und sah sie weiter an.

Willst du wirklich, dass ich mir keine Gedanken machen soll, oder sagst du das einfach nur?, fragte er.

Wie meinst du das?

Du bist so komisch zu mir.

Sie hob die Schultern. Er wartete darauf, dass sie etwas sagte, und sie sagte nichts.

Siehst du, das meine ich, sagte er. Du redest nicht mal wirklich.

Ich weiß nicht, was du von mir hören willst. Es ist deine Sache, welche Pornos du dir gern anschaust. Aber dass du die Seite offengelassen hast, ist bedauerlich, weil ich sie verstörend fand.

Er runzelte die Stirn und sagte: Ich würde das jetzt nicht wirklich verstörend nennen.

Nein, bestimmt nicht.

Wie meinst du das?

Jetzt sah sie ziemlich wütend zu ihm auf: Was willst du hören, Felix? Du schaust dir gern Videos an, in denen schutzlosen Frauen schreckliche Dinge angetan werden, und du erwartest, dass ich jetzt *was* sage? Schon in Ordnung? Ich bin mir sicher, dass es in Ordnung ist. Du wirst dafür nicht ins Gefängnis kommen.

Und du findest, ich sollte, oder?

Was ich finde, geht dich wirklich nichts an, oder?

Er lachte. Er hatte jetzt die Hände in den Taschen und schüttelte den Kopf. Mit dem Schuh tippte er sachte gegen den Türrahmen. Ich vermute, in deinem Suchverlauf gibt es nichts Peinliches, sagte er.

Nicht so was, nein.

Du bist eben wirklich was Besseres.

Sie tippte etwas, sah ihn nicht mehr an. Er betrachtete sie.

Ich glaube nicht, dass es dir wirklich um diese Frauen geht, sagte er schließlich. Ich glaube, du ärgerst dich nur, weil mir etwas gefällt, was dir nicht gefällt.

Vielleicht.

Vielleicht bist du auch eifersüchtig auf sie.

Einen Moment lang sahen sie einander an. Dann sagte sie ganz ruhig: Ich finde es furchtbar, wie du mit mir sprichst. Und nein, ich bin nicht eifersüchtig auf Frauen, die sich für Geld erniedrigen lassen müssen. Ich bin froh, dass ich so etwas nicht tun muss.

Dein Geld hat dich bei mir aber nicht sehr weit gebracht, oder?

Ohne eine Regung antwortete sie: Im Gegenteil, ich hatte während der vergangenen drei Tage das Vergnügen deiner Gesellschaft. Was will ich mehr?

Er warf einen Blick hinter sich ins Wohnzimmer, dann rieb er sich mit den Händen übers Gesicht, eine Geste völliger mentaler oder physischer Erschöpfung. Sie sah ihn gleichgültig an.

Darum ging es dir? Das Vergnügen meiner Gesellschaft?, fragte er.

Ja.

Und du hast es genossen?

Sehr, sagte sie.

Er sah sich um, schüttelte langsam den Kopf. Schließlich betrat er das Zimmer und setzte sich auf die leere Seite des Betts, mit dem Rücken zu ihr.

Kann ich mich einen Moment hinlegen?, fragte er.

Sicher.

Er legte sich auf den Rücken. Neben ihm tippte sie weiter. Sie schien eine Mail zu schreiben.

Du machst mir ein unglaublich schlechtes Gewissen wegen etwas, das wirklich nicht so schlimm war, sagte er.

Sie tippte immer noch, als sie antwortete: Schön zu wissen, dass dir meine Meinung so wichtig ist.

Wenn du das schlimm findest, von mir aus, sagte er. Ich habe wirklich weit Schlimmeres gemacht. Ich meine, wenn ich dich schon damit vergraule, dass ich mir Sachen im Internet ansehe, dann können wir nicht befreundet sein, weil das noch nichts war. Im Vergleich dazu habe ich grauenhafte Dinge getan.

Sie hörte auf zu tippen und sah ihn an. Was zum Beispiel?, fragte sie.

Eine ganze Menge, sagte er. Ich weiß gar nicht, wo ich anfangen soll. Also zum Beispiel, das wirst du hassen: Vor gut einem Jahr habe ich beim Ausgehen ein Mädchen mit nach Hause genommen und später rausgefunden, dass sie noch zur Schule geht. Ich denke mir das nicht für dich aus, ich meine es ernst. Sechzehn oder siebzehn war sie, glaube ich.

Sah sie älter aus?

Ich würde gern Ja sagen, aber in Wirklichkeit habe ich nicht darüber nachgedacht. Wir waren beide betrunken, sie schien Spaß zu haben. Ich weiß, es ist schrecklich, so etwas zu sagen. Es war nicht so, dass ich absichtlich hinter ihr her war, weil sie noch so jung war, ich hätte sie nie angefasst, wenn ich das gewusst hätte, aber trotzdem war das, was geschehen ist, falsch. Und ich will damit auch nicht sagen, oh, es war ein Fehler, das hätte jedem passieren können. Es war tatsächlich meine eigene Dummheit, von Anfang bis Ende. Ich werde jetzt nicht endlos beteuern, wie schlecht ich mich damit fühle. Aber ich fühle mich schlecht, okay?

Ruhig sagte sie: Ich glaube dir.

Und, ganz ehrlich, es gibt noch Schlimmeres. Das Schlimmste überhaupt, falls du das hören willst –

Er hielt inne, und sie nickte auffordernd. Er wandte den Blick von ihr ab, und als er dann sprach, verzog er das Gesicht, so als würde er in ein Licht starren.

Das Schlimmste, was ich je getan habe, war ein Mädchen zu schwängern, als ich noch zur Schule ging. Ich war in der zehnten, sie war eine Klasse unter mir. Hast du so was schon mal gehört? Ihre Mutter musste sie nach England bringen. Ich glaube, sie nahmen die Fähre rüber. Sie war vierzehn oder so, im Grunde ein Kind. Und wir hätten nicht mal Sex gehabt, ich hab sie dazu überredet. Also, ich hab ihr gesagt, es würde nichts passieren. Also, das ist das Schlimmste.

Wollte sie es, oder hast du sie gezwungen?

Sie sagte, sie wollte es, aber sie hatte Angst davor, schwanger zu werden. Und ich hab gesagt, keine Sorge, das passiert nicht. Ich glaube nicht, dass ich sie ansonsten irgendwie unter Druck gesetzt habe, ich sagte nur, sie solle sich keine Sorgen machen. Aber vielleicht war das schon Druck auf eine Art. Man denkt mit fünfzehn nicht über so etwas nach, ich zumindest nicht. Heute würde ich das niemals tun – ich meine, ich würde nie jemanden dazu überreden, wenn derjenige kein Interesse hat, warum sollte ich. Das kannst du mir glauben oder auch nicht, ich mach dir keinen Vorwurf, wenn du mir nicht glaubst. Aber wenn ich daran denke, was ich zu ihr gesagt habe, fühle ich mich wie in einem fremden Körper. Ich kriege dann so ein komisches Herzrasen und so und denke an wirklich böse Menschen, Serienkiller und so weiter, und dann denke ich, vielleicht bin ich auch so, vielleicht bin ich auch so ein Psychopath. Weil ich wirklich zu ihr gesagt habe, sie solle sich keine Sorgen machen, und ich war älter als sie, wahrscheinlich dachte sie, ich wüsste, wovon ich rede. Dabei dachte ich nur, es passiert schon nichts. Und weißt du was, ich hatte noch nicht einmal ein schlechtes Gewissen damals. Erst später, als ich mit der Schule fertig war, fing ich an darüber nachzudenken, wie übel es war, was ich ihr angetan hatte. Und bekam Angst und all das.

Weißt du, was sie jetzt macht?, fragte Alice.

Ja. Sie wohnt nicht mehr in der Stadt, sie arbeitet in Swinford. Aber ich sehe sie manchmal, wenn sie nach Hause kommt.

Grüßt sie dich, wenn sie dich sieht?

Ja, sagte er. Es ist nicht so, dass wir nicht miteinander reden oder so. Ich fühle mich nur schrecklich, wenn ich sie sehe, weil es mich daran erinnert, was ich getan habe.

Hast du dich jemals entschuldigt?

Damals vielleicht. Aber ich hab sie nie kontaktiert, als ich mich dann wirklich schlecht fühlte. Ich wollte das nicht alles wieder aufwühlen und sie grundlos aufregen. Ich weiß nicht, was sie denkt. Vielleicht hat sie es einfach hinter sich gelassen und denkt nicht mehr so viel daran. Das hoffe ich. Aber du kannst mich verurteilen, wenn du willst, ich verteidige mich nicht.

Er hatte sich ihr zugewandt, sein Kopf lag auf dem Kissen, seine Augen leuchteten, glitzerten fast schon in dem weißen Licht, das durch das Fenster hinter ihr fiel. Sie setzte sich aufrecht hin und sah auf ihn herab, das Gesicht verzogen.

Ich kann dich nicht verurteilen, sagte sie. Wenn ich an die schlimmsten Dinge denke, die ich getan habe, dann fühle ich mich genau so, wie du es beschreibst. Panisch und elend und all das. Ich habe ein Mädchen in der Schule gemobbt, wirklich grausam. Ohne Grund, außer um sie zu quälen, denke ich. Weil die anderen es auch machten, aber die sagten dann, sie machten es wegen mir. Wenn ich mich jetzt daran erinnere, habe ich vor allem Angst. Ich weiß nicht, warum ich einer anderen Person auf diese Weise Schmerz zufügen sollte. Ich möchte wirklich glauben, dass ich so etwas nie wieder tun würde, egal warum. Aber ich habe es getan, und damit muss ich für den Rest meines Lebens klarkommen.

Er betrachtete sie aufmerksam und sagte nichts.

Ich kann das, was du getan hast, nicht besser machen, sagte sie. Und du kannst es für mich auch nicht besser machen. Also sind wir vielleicht beide schlechte Menschen.

Wenn ich nur so schlecht bin wie du, ist es nicht so schlimm. Und selbst wenn wir beide schreckliche Menschen sind, ist das immer noch besser, als ganz allein schrecklich zu sein.

Sie sagte, sie verstehe das Gefühl. Er wischte sich mit den Fingern die Nase und schluckte, wandte den Blick von ihr ab, an die Decke.

Ich möchte gern etwas zurücknehmen, was ich vorhin gesagt habe, sagte er. Es war furchtbar.

Vergiss es. Ich war auch furchtbar. Was ich über die Frauen gesagt habe, dass sie sich für Geld erniedrigen, das war dumm. Ich denke das nicht mal. Es ist egal, wir waren beide genervt.

Er sah auf seine Fingernägel und sagte: Es ist wirklich erstaunlich, wie sehr du mich nervst.

Sie lachte. Das ist nicht erstaunlich, sagte sie. Ich habe diese Wirkung auf viele Menschen.

Ich sag dir, woran es liegt. Manchmal verhältst du dich unfassbar arrogant. Dabei kenne ich Leute, die manchmal genauso sind, ich lasse es nur nicht so an mich ran wie bei dir. Um ganz ehrlich zu sein, ich glaube, es liegt eher daran, dass ich dich mag. Und wenn du dich dann so aufführst, treibt es mich die Wände hoch.

Sie nickte stumm. Eine Minute, zwei Minuten, drei saßen sie auf dem Bett, ohne etwas zu sagen. Schließlich berührte er freundschaftlich ihr Knie und sagte, er würde jetzt duschen. Nachdem er das Zimmer verlassen hatte, blieb sie regungslos sitzen. Im Bad drehte er die Dusche auf und stand vor dem

Spiegel, bis das Wasser warm wurde. Ihr Gespräch schien bei ihnen beiden einen Eindruck hinterlassen zu haben, aber es war unmöglich zu sagen, was genau das für ein Eindruck war, was es bedeutete, wie es sich in diesem Moment anfühlte, ob es etwas war, was sie miteinander teilten, oder etwas, was sie trennte. Vielleicht wussten sie es selbst nicht, vielleicht gab es auf diese Fragen keine klaren Antworten, und die Arbeit der Sinnfindung war längst nicht beendet.

/

Am Abend ging Alice mit ein paar Buchhändlern und Journalistinnen essen, während Felix allein im Apartment etwas aß. Hinterher trafen sie sich auf einen Drink und spazierten gemeinsam zum Kolosseum. In der Dunkelheit sah es wie ein dürres Skelett aus, wie die vertrockneten Überreste eines uralten Insekts. Man bekommt hier wirklich ganz schön gutes Zeug zu sehen, sagte Felix. Alice lächelte, und er sah sie an. Was?, fragte er. Du lachst über mich. Sie schüttelte den Kopf und entgegnete: Ich bin nur froh, dass du mitgekommen bist, das ist alles. Als sie wieder im Apartment waren, wünschten sie sich eine gute Nacht, und Alice ging ins Bett. Felix saß in der Küche und sah auf seine Hände, während sie mit offenen Augen im Zimmer nebenan lag und ins Nichts starrte. Nach Mitternacht klopfte er an ihre Tür.

Ja?, sagte sie.

Er steckte den Kopf rein, sein Telefon in der Hand. Schläfst du schon?, fragte er. Sie sagte Nein. Kann ich dir ein Video zeigen?, fragte er. Sie setzte sich auf und sagte Ja. Er kam rein, schloss die Tür und setzte sich neben sie aufs Bett, sie rückte etwas zur Seite, um ihm Platz zu machen. Er war noch angezogen und trug T-Shirt und Jogginghose. Das Video zeigte einen Waschbären, der in einer menschlichen Position aufrecht saß, die Beine gespreizt, ein Lätzchen um den Hals, eine Schüssel mit Schwarzkirschen im Schoß. Der Waschbär griff mit seinen winzigen Krallenhänden in die Schüssel, nahm sich eine Kirsche und aß sie auf sehr menschenähnliche Art, nickte dazu genüsslich anerkennend mit dem Kopf. Das Video war mit »Waschbär genießt essen Früchte« beschriftet. Es ging anderthalb Minuten, und alles, was der Waschbär tat, war essen und nicken. Alice lachte und sagte: Unglaublich. Felix sagte, er habe sich gedacht, dass sie es mögen würde. Dann sperrte er sein Handy und lehnte sich nachdenklich an das Kopfteil des Bettes. Sie legte sich auf die Seite und sah ihn an, die Decke bis zur Hüfte hochgezogen.

Hast du schon geschlafen?, fragte er noch mal.

Nein.

Ich hoffe, ich hab dich nicht bei irgendwas gestört.

Was meinst du?, fragte sie. Wobei gestört?

Keine Ahnung. Was Frauen halt so machen, wenn sie nachts im Bett liegen.

Sie sah zu ihm auf, ihr Interesse war geweckt. Ach so, sagte sie. Also, ich hab's mir nicht selbst gemacht, falls du das meintest.

Ich vermute, du machst so was nicht, richtig?

Natürlich mach ich so was, nur gerade jetzt nicht.

Er ließ sich hinunterrutschen, bis er mit dem Kopf gemütlich auf dem Kissen lag, und sah an die Decke. Sie hatte sich den Arm unter den Kopf gelegt und betrachtete ihn.

Und woran denkst du, wenn du es machst?, fragte er.

Unterschiedlich.

Deine eigenen kleinen Fantasien und so.

Absolut, sagte sie.

Und wer ist die Hauptfigur in diesen Fantasien?

Ich natürlich.

Er lachte auf eine Weise, die sehr aufrichtig wirkte. Natürlich, sagte er. Das hoffe ich doch. Aber wer noch? Berühmte Schauspieler oder Promis oder so?

Nicht wirklich.

Dann Leute, die du kennst.

Schon eher, sagte sie.

Er drehte sich so, dass er sie direkt ansah.

Und was ist mit mir?, fragte er.

Sie biss sich einen Moment lang auf die Unterlippe und sagte dann: Manchmal denke ich an dich.

Er streckte die Hand aus, berührte ihr Nachthemd, ließ seine Finger über ihre Hüfte gleiten. Und was denkst du dann, was ich mit dir mache?, fragte er.

Sie lachte, und es war in der Dunkelheit unmöglich zu sagen, ob es ihr peinlich war. Ich denke daran, dass du sehr, sehr nett zu mir bist, sagte sie.

Das schien ihn zu amüsieren. Ach ja?, fragte er. Wie denn?

Sie drehte sich weg und versteckte das Gesicht im Kissen, was vermuten ließ, dass es ihr tatsächlich peinlich war, aber als sie sprach, lächelte sie. Du wirst dich über mich lustig machen, wenn ich es dir verrate, sagte sie.

Werde ich nicht, versprochen.

Na ja, ich denke an verschiedene Sachen. Ich meine, ich habe nicht jedes Mal dieselbe Fantasie. Aber eins, was alle Fantasien gemeinsam haben, ist – du wirst mich auslachen, weil es so eitel ist. Ich würde das normalerweise niemals jemandem erzählen, aber du hast gefragt. Ich stelle mir gern vor, dass du mich wirklich willst – sehr willst, nicht einfach nur normal.

Er bewegte seine Hand leicht über ihre Rippen und seitlich an ihrem Körper entlang nach unten. Und woran erkennst du das?, fragte er. In der Fantasie. Sage ich es dir, oder ist es einfach offensichtlich?

Es ist offensichtlich. Aber später kommt dann eine Stelle, da sagst du es auch.

Und gibst du mir, was ich will, oder machst du mich nur scharf?

Sie drückte ihr Gesicht noch tiefer ins Kissen. Er schob seine Hand über ihre Taille, über den Brustkorb, hinauf zu ihren Brüsten. Leise murmelte sie: Du kriegst, was du willst.

Und warum ist es dann wichtig, wie sehr ich es will?, fragte er. Bettle ich drum?

Nein, nein, du drängst mich nicht. Du hast nur richtig Lust.

Und wenn ich fragen darf, tauge ich was? Oder bin ich eher so nervös, weil ich es so sehr will?

Sie wandte sich ihm zu, lag wieder auf der Seite. Seine Finger bewegten sich über ihre Brüste bis zum Träger ihres Nachthemds und wieder hinab.

Ich stelle mir dich tatsächlich manchmal etwas nervös vor, sagte sie.

Er nickte. Gesicht und Gebaren drückten starkes Interesse an diesem Gespräch aus. Darf ich dich was anderes fragen? Du musst nicht antworten, sagte er. Aber woran denkst du, wenn du kommst?

Ich denke daran, wie du kommst, sagte sie.

Wo, in dir?

Normalerweise.

Langsam, als wäre er tief in Gedanken versunken, ließ er den Handrücken über ihren Bauch gleiten, bis runter über ihren Nabel. Sie sah ihn immer noch an.

Ich weiß, was du gleich sagen wirst, sagte sie.

Ja? Was denn?

Ich werde dich fragen, ob du manchmal auch so an mich denkst, und du wirst sagen: Nein, eigentlich nicht.

Er lachte, strich dabei mit dem Handrücken über ihr Nachthemd. Nein, das werde ich nicht sagen, erwiderte er. Ich kann dir davon erzählen, wenn du magst, aber ich möchte lieber mehr darüber erfahren, woran du denkst. Ich meine, natürlich höre ich das in erster Linie gern, weil es um mich geht, aber ich finde es auch interessant. Ich habe das auch schon mal andere gefragt, aber normalerweise erzählt es mir niemand.

Verstehe, sagte sie. Dann war das nur eine Frage aus deinem Repertoire? Ich dachte, wir wären gerade sehr intim.

Sein Lachen hatte etwas Unbeholfenes. Das sind wir, antwortete er. Ich habe diese Frage früher schon gestellt, aber, wie gesagt, ich komme da üblicherweise nicht weiter. Und ich muss dazusagen, dass ich es immer nur Leute gefragt habe, mit denen ich schon zusammen war. Ich habe das nie als Abschleppspruch benutzt.

Es wäre ein wenig unkonventionell. Aber ich glaube auch nicht, dass du wirklich versuchst, mich abzuschleppen.

Na ja, ich hätte mit dem Waschbärenvideo auch bis morgen warten können, sagte er.

Sie lachte, und er lächelte vor Freude darüber, dass er sie zum Lachen gebracht hatte.

Du weißt sehr gut, warum ich hier bin, fügte er hinzu.

Nein, tu ich nicht!, sagte sie. Wir sind schon seit vier Nächten in Rom, und du warst bisher noch gar nicht in Stimmung?

Wir lernen uns doch gerade erst kennen.

Was für ein Gentleman.

Er drehte sich wieder zu ihr. Ich weiß nicht, sagte er. Ich war hin- und hergerissen. Ehrlich gesagt bist du in manchen Situationen sehr einschüchternd, ich weiß nicht, ob dir das bewusst ist.

Mir haben das schon andere Leute gesagt, aber bei dir überrascht es mich, sagte sie.

Er hob die Schultern und sagte nichts.

Und jetzt schüchtere ich dich nicht mehr ein?, fragte sie.

Doch, ein bisschen schon. Aber weißt du, wenn einem jemand seine sexuellen Fantasien erzählt, ist man gleich ein bisschen weniger eingeschüchtert. Ich meine, nimm's mir nicht übel, aber du stehst offenbar wirklich auf mich.

Kühl entgegnete sie: Du hast gesagt, du würdest dich nicht über mich lustig machen, wenn ich dir davon erzähle. Mach ruhig, aber es tut mir nicht weh, und ich finde es billig.

Er stützte sich auf seine Ellbogen und sah sie an. Siehst du?, meinte er. Das meine ich mit einschüchternd, wenn du so redest. Ich habe mich übrigens wirklich nicht über dich lustig gemacht, und es tut mir leid, wenn du das gedacht hast. Aber wenn du sauer auf mich bist, kriegst du so eine Art, als wärst du was Besseres als ich. Dann fühle ich mich wie ein kleiner Wurm.

Eine Weile lag sie da und sagte nichts. Dann sagte sie traurig: Okay, ich bin abwehrend, und ich benehme mich arrogant, und dadurch fühlst du dich schlecht. Abgesehen davon ist es offensichtlich, dass ich in dich verliebt bin. Also nehme ich an, dass ich dir sehr jämmerlich vorkommen muss und es auch nicht besonders angenehm für dich ist, hier zu sein.

Ja, genau, sagte er. Genau das denke ich über dich. Deshalb bin ich dir die letzten vier Tage überall hinterhergelaufen wie ein verdammter Trottel.

Warum bist du gekommen?, fragte sie. Nur um mich aufzuziehen?

Verdammt noch mal. Ich weiß es nicht. Ich rede gern mit dir. Wenn wir getrennt ins Bett gehen, denke ich immer noch ein bisschen an dich. Also dachte ich, ich klopfe an und sehe nach, ob du auch an mich denkst. Okay?

Was für Sachen denkst du denn?

Nachdenklich fuhr er mit der Zunge über seine Backenzähne. Es ist gar nicht groß anders als das, was du gesagt hast, erklärte er ihr. Ich stelle mir vor, dass du es wirklich willst. Vielleicht mache ich dich am Anfang ein kleines bisschen heiß, und ich sorge dafür, dass du ganz oft kommst, solche Sachen. Die Fantasie an sich hat nichts, was seltsam wäre. Das einzig Seltsame ist, seit wir hier sind, besonders während der letzten beiden Nächte, hatte ich immer das Gefühl, dass du auch an mich denkst, wenn ich an dich denke, hier in diesem Raum. War das so?

Ja, sagte sie.

Und es war, als könnte ich dich ganz nah bei mir spüren. Ich bin sogar heute Morgen aufgewacht und wusste einen Moment lang nicht, ob es echt war oder nicht – ich meine, ich war verwirrt, bin ich allein im Bett, oder bist du bei mir? Es fühlte sich so echt an.

Mit leiser Stimme fragte sie: Wie hast du dich gefühlt, als du gemerkt hast, dass du allein bist?

Ganz ehrlich, in dem Moment danach? Enttäuscht. Oder, keine Ahnung, irgendwie einsam. Er hielt einen Moment inne, dann fragte er: Darf ich dich jetzt anfassen, was meinst du?

Sie sagte Ja. Er schob seine Hand unter ihr Nachthemd und strich mit seinen Fingern über ihre Unterhose. Ihr Mund öffnete sich, und sie atmete hörbar aus. Sanft schob er seinen Zeigefinger in sie, und sie gab ein wimmerndes Geräusch von sich. Sein Gesicht war gerötet. Du bist so feucht, sagte er. Ihr Atem ging schnell und flach, ihre Augen waren noch immer geschlossen. Er fuhr sich mit der Zunge über die Oberlippe und sagte: Lass mich das für dich ausziehen. Sie setzte sich etwas auf, und er zog sie aus. Danach zog er sich sein T-Shirt über den Kopf, und mit ihren Fingerspitzen berührte sie durch die Kleidung seine Erektion. Ich will das so sehr, sagte sie. Die oberen Enden seiner Ohren waren rot. Ja?, sagte er.

Willst du es jetzt? Sie fragte, ob er ein Kondom habe, und er sagte Ja, im Portemonnaie. Während sie auf dem Rücken lag, zog er sich weiter aus und nahm den Geldbeutel aus seiner Tasche. Sie sah ihm dabei zu, während sie sich geistesabwesend mit den Fingern in die Haut an der Innenseite ihrer Ellbogen zwickte. Felix, sagte sie. Es ist eine ganze Weile her, seit ich das gemacht habe, ist das okay? Sie sahen sich an, beide verunsichert – vielleicht war Alice unsicher, was er denken könnte, und Felix, was genau ihre Frage bedeutete. Er hatte ein kleines blaues Quadrat aus Folie aus dem Portemonnaie genommen. Was meinst du denn?, fragte er. Sie hob die Schultern, schien sich unbehaglich zu fühlen und zwickte weiter in ihren Arm. Er stieß ihre Hand beiseite und sagte: Hör auf damit, du tust dir weh. Was ist los? Es ist doch nicht dein erstes Mal oder so? Daraufhin musste sie lachen, ein wenig verlegen, und er lachte ebenfalls, vielleicht erleichtert. Nein, sagte sie. Mein Leben war nur eine Weile ziemlich seltsam. Ungefähr zwei Jahre lang. Aber vorher war es normal. Er strich sanft mit der Hand über ihren Oberschenkel und sagte verständnisvoll: Das ist okay. Bist du nervös? Sie nickte. Er riss das Folienquadrat auf und nahm das Kondom heraus. Keine Sorge, sagte er. Ich pass auf dich auf. Dann legte er sich auf sie und küsste ihren Hals. Als sie sich hinterher voneinander lösten, schien Alice sofort einzuschlafen, ohne auch nur Arme oder Beine zu bewegen, die sich unbeholfen mit dem Bettzeug verheddert hatten. Felix lag jetzt auf der Seite, betrachtete sie, dann drehte er sich auf den Rücken und starrte an die Decke.

14

Liebste Eileen – deine Mail darüber, was mit Simon war, brachte Freude in mein verwelktes Herz. Du verdienst Romantik! Und er auch, finde ich. Kann ich dir etwas über ihn erzählen, von dem ich versprochen habe, ich würde es dir nie sagen, aber jetzt breche ich dieses Versprechen, weil es der richtige Moment ist? Vor ein paar Jahren, kurz nachdem du mit Aidan zusammengezogen warst, kam Simon eines Nachmittags auf einen Kaffee vorbei. Wir sprachen über dies und das, es war alles sehr normal, und dann, als er gehen wollte, blieb er in der Tür zu deinem alten Zimmer stehen und sah hinein. Es war bereits ausgeräumt, das Bett war abgezogen, und ich erinnere mich noch an das blasse Rechteck an der Wand, wo dein Margaret-Clarke-Poster gehangen hatte. Mit gekünstelt fröhlicher Stimme sagte Simon: »Sie wird dir fehlen.« Und ohne nachzudenken, sagte ich: »Dir auch.« Es ergab nicht wirklich Sinn, weil du eigentlich in die Nähe von Simon gezogen warst, aber er schien nicht überrascht, als ich es sagte. Er erwiderte so etwas wie: »Ja, klar.« Wir standen noch ein paar Sekunden an der Schwelle zu deinem Zimmer, und dann lachte er und sagte: »Bitte erzähl ihr nicht, dass ich das gesagt habe.« Du warst ja damals mit Aidan zusammen, also habe ich es dir nie gesagt. Und ich kann nicht behaupten, ich hätte es immer gewusst, weil das nicht stimmt. Ich wusste, dass Simon und du euch sehr nahesteht, und ich wusste, was in Paris gewesen war. Aber aus irgendeinem Grund war mir nie in den Sinn gekommen, dass er die ganze Zeit in dich verliebt gewesen ist. Ich glaube nicht, dass es irgendjemand wusste. Wie dem auch sei, wir haben nie wieder darüber gesprochen. Findest du es schlimm von mir, dass ich dir das alles sage? Ich hoffe nicht. Aus deiner Mail ging nicht klar hervor, ob du annimmst, dass ihr euch weiterhin treffen werdet oder nicht ... Was glaubst du?

Gestern Nachmittag – direkt nach deiner Mail, um genau zu sein – erzählte mir Felix von ein paar Sachen, die er einmal getan und später bereut hatte. Es war wohl eins dieser »das Schlimmste, was ich je getan habe«-Gespräche – und es waren wirklich ein paar echt schlimme Dinge dabei. Ich will jetzt nicht ins Detail gehen, aber einiges davon betraf seine Beziehungen zu Frauen. Es steht mir nicht zu, ihn zu verurteilen, wie sollte es das, und außerdem fühle ich mich selbst manchmal unfassbar schuldig wegen ein paar fürchterlicher Dinge, die ich getan habe. Mein Impuls war tatsächlich, ihm zu vergeben, besonders weil er offenbar viel Zeit damit zugebracht hat, Reue zu empfinden und sich die Schuld zu geben. Aber dann wurde mir klar, dass mir auch das nicht zusteht, weil die Dinge, von denen er erzählt hat, das Leben anderer Menschen dauerhaft beeinflusst haben könnten, zugleich aber keinerlei Auswirkung auf mich haben würden. Ich kann nicht als unbeteiligte Dritte auftreten und ihn von seinen Sünden freisprechen, so wie er mich nicht von meinen freisprechen kann. Ich vermute also, was ich für ihn empfand, als er mir diese Dinge beichtete, war nicht wirklich »Vergebung«, sondern etwas anderes. Vielleicht war es einfach das Vertrauen, dass seine Reue aufrichtig war, und dass er nicht noch einmal dieselben Fehler machen würde. Ich musste an Menschen denken, die Schlimmes getan haben – was sie mit sich anfangen sollen, und was wir als Gesellschaft mit ihnen anfangen sollen. Aufgrund der vielen unaufrichtigen öffentlichen Entschuldigungen, die wir erleben, sind vermutlich alle gerade misstrauisch, was die Möglichkeit von Vergebung betrifft. Aber was sollen Menschen, die furchtbare Dinge getan haben, tatsächlich tun? Sollen sie ihre Sünden bekennen, um der öffentlichen Bloßstellung zuvorzukommen? Sollen sie einfach vermeiden, durch irgendwas auf sich aufmerksam zu machen? Vielleicht liege ich falsch, aber ich glaube, es sind nicht wenige Menschen, die wirklich schlimme Dinge getan haben. Im Ernst, wenn jeder Mann, der sich jemals in einem sexuellen Kontext irgendwie schäbig benommen hat, morgen tot umfallen würde, dann blieben doch vielleicht elf Männer am Leben. Und es sind ja nicht nur Männer, sondern auch Frauen und Kinder, alle. Was ich vermutlich meine: Was, wenn es da draußen nicht nur ein paar wenige böse Menschen gibt, die darauf warten, dass ihre schlechten Taten ans Licht kommen? Was, wenn wir alle es sind?

In deiner Mail hast du die Lesung während der Messe erwähnt, in der von einer Frau die Rede war, die Jesus Öl auf die Füße gießt. Ich mag falschliegen, weil es ein paar ähnliche Geschichten in den Evangelien gibt, aber ich denke, was du meinst, ist die Passage in Lukas, wo Jesus die Füße von einer sündigen Frau eingeölt werden. Ich habe sie vor Kurzem noch mal in der kleinen Douay-Rheims-Übersetzung gelesen, die ich mit ins Krankenhaus genommen hatte. Du hast recht, die Geschichte ist bizarr, und sogar (wie du es nennst) verrückt. Aber ist sie nicht auch ein kleines bisschen interessant? Die Frau in der Geschichte hat tatsächlich nur eine charakteristische Eigenschaft: Sie hat ein sündiges Leben geführt. Wer weiß, was damit gemeint ist? Vielleicht war sie eine von der Gesellschaft Verstoßene, also eine marginalisierte Unschuldige. Aber vielleicht hatte sie auch wirklich schlimme Dinge getan, die du oder ich ernsthaft falsch finden würden. Das ist zumindest möglich, oder? Sie könnte ihren Ehemann getötet oder ihre Kinder misshandelt haben, so etwas. Und als sie hörte, dass Jesus bei dem Pharisäer Simon zu Gast ist, ging sie zu dessen Haus und fing so heftig an zu weinen, als sie Jesus sah, dass sie seine Füße mit ihren Tränen nässte. Danach trocknete sie ihm die Füße mit ihrem Haar und rieb sie mit Duftöl ein. Wie du schon betonst, erscheint das alles recht absurd, sogar latent erotisch – und tatsächlich ist der Pharisäer Simon offensichtlich entsetzt, ihm ist unbehaglich, weil Jesus einer Sünderin erlaubt, ihn auf so intime Weise zu berühren. Aber Jesus sagt einfach auf seine typisch mysteriöse Art, ihre Sünden seien vergeben, da sie ihn so sehr liebe. Kann es so leicht sein? Müssen wir nur weinen und auf die Knie fallen, und schon vergibt Gott uns? Aber vielleicht ist es gar nicht so leicht – vielleicht ist es das Schwerste überhaupt, mit vollkommener Aufrichtigkeit zu weinen und auf die Knie zu fallen. Ich bin mir sicher, ich wüsste nicht, wie – ich könnte es nicht. Ich habe diesen Widerstand in mir, diesen kleinen harten Kern, von dem ich fürchte, er würde mich vor keinem Gott auf die Knie gehen lassen, wie sehr ich auch an ihn glaubte.

Und wenn ich schon dabei bin, kann ich dir auch gleich erzählen, dass Felix und ich letzte Nacht miteinander geschlafen haben. Wenn ich ehrlich bin, wollte ich es eigentlich für mich behalten, aber das wäre auch seltsam. Es ist mir nicht peinlich – oder vielleicht doch, aber nicht seinetwegen. Es ist eher die Vorstellung, dass mir wichtig sein könnte, was jemand von mir hält, wo ich doch genau das vermeide, und zwar mit Erfolg. Es ist wirklich nicht leicht für mich. Ich denke, wir hatten eine schöne Zeit zusammen – was eigentlich nur heißt, dass ich eine schöne Zeit hatte und dass ich keine Ahnung habe, wie er sich fühlt. Obwohl unsere Leben im Grunde in jeder Hinsicht unterschiedlich sind, habe ich dieses seltsame Gefühl, dass wir unterschiedliche Wege eingeschlagen haben, um ähnliche Ziele zu erreichen, und es gibt vieles, was wir im anderen wiedererkennen. Du würdest nicht glauben, wie lange ich gebraucht habe, um diesen Absatz zu schreiben. Ich habe solche Angst davor, verletzt zu werden – nicht wegen des Leidens, damit kann ich umgehen, sondern wegen der Demütigung des Leidens, die Demütigung, angreifbar zu sein. Ich habe mich fürchterlich in ihn verliebt und bin vollkommen aufgeregt und idiotisch, sobald er mir seine Zuneigung zeigt. Und während die Welt so ist, wie sie ist, und die Menschheit sich an der Schwelle ihrer Auslöschung befindet, mittendrin in alldem, sitze ich hier und schreibe schon wieder eine Mail über Sex und Freundschaft. Aber wofür sonst soll man leben? Wie immer alles Liebe, Alice.

15

Am Montagabend um Viertel nach acht war der zentrale Raum von Simons Wohnung leer und dunkel. Durch das kleine Fenster über der Spüle in der Kochnische und das größere Fenster im Wohnzimmerbereich gegenüber schimmerte das verbliebene Tageslicht auf den Oberflächen: dem silbernen Spülbecken, in dem ein einzelner Teller und ein Messer lagen; dem Küchentisch, auf dem sich hier und da noch Krümel fanden; einer Obstschale mit einer braun werdenden Banane und zwei Äpfeln; einem gestrickten, nachlässig über das Sofa gebreiteten Überwurf; der dünnen grauen Staubschicht auf der Oberkante des Fernsehers; den Bücherregalen, den Tischlampen, einem Schachspiel auf dem Beistelltisch mit einem offenbar unbeendeten Spiel. So ruhte der Raum, während das Licht nachließ, während draußen im Hausflur Menschen die Treppen hinauf- und hinuntergingen, während auf der Straße der Verkehr in Wellen weißen Rauschens vorbeizog. Um zwanzig vor neun war das Geräusch eines Schlüssels zu hören, der ins Schloss gesteckt wurde, und die Wohnungstür öffnete sich. Simon sprach in sein Telefon, beim Hereinkommen nahm er die Tasche mit der freien Hand von der Schulter und sagte laut: Nein, ich denke nicht, dass sie sich deshalb Sorgen machen, wirklich. Es ist nur ein kleines Ärgernis. Er trug einen dunkelgrauen Anzug und eine grüne Krawatte mit einer goldenen Krawattennadel. Leise schloss er mit dem Fuß die Tür hinter sich und hängte seine Tasche an einen Haken. Aha, sagte er.

Ist er gerade bei dir? Ich kann jetzt mit ihm sprechen, wenn du willst. Er ging ins Wohnzimmer und schaltete eine Bodenlampe ein, ließ die Schlüssel auf den Beistelltisch fallen. Okay, was ist dann deiner Meinung nach das Beste?, fragte er. Er sah müde aus, wie er dort stand, allein im gelblichen Schein der Lampe. Er ging in die Küche und nahm den Wasserkocher in die Hand, wie um sein Gewicht zu prüfen. Ja, sagte er. Nein, ich sage ihm nur, dass ich mit dir darüber gesprochen habe. Er stellte den Wasserkocher zurück auf den Sockel, schaltete ihn ein und setzte sich auf einen Küchenstuhl. Genau, sagte er, aber wenn ich so tun soll, als hättest du mir nichts davon erzählt, welchen Vorwand hätte ich dann überhaupt, ihn anzurufen? Er klemmte das Handy zwischen Kopf und Schulter und band sich die Schuhe auf. Dann, auf ein Stichwort vom anderen Ende der Leitung hin, richtete er sich auf und nahm das Telefon wieder in die Hand. Das ist nicht, was ich gemeint habe, sagte er. Die Unterhaltung ging noch eine ganze Weile, während Simon seine Schuhe auszog, die Krawatte löste und sich einen Tee machte. Als das Telefon in seiner Hand summte, nahm er es vom Ohr und sah prüfend auf das Display, während die Stimme am anderen Ende weitersprach. Eine Mail-Benachrichtigung wurde angezeigt, mit der Betreffzeile »Anruf Dienstag«. Offenkundig desinteressiert hielt er das Telefon wieder ans Ohr und trug die Teetasse zum Sofa, um sich zu setzen. Ja, ja, sagte er, ich bin jetzt zu Hause. Ich wollte gerade die Nachrichten anmachen. Er schloss die Augen, während die Stimme am Telefon sprach. Klar, sagte er. Ich sag dir Bescheid. Ich dich auch. Bye. Er wiederholte das letzte Wort ein paar Mal, bevor er ein Symbol antippte, um den Anruf zu beenden. Mit Blick auf das Display öffnete er ein Chatprogramm und tippte den Namen »Eileen Lydon« ein. Die neueste Nachricht befand sich am unteren Ende des Displays mit der Zeitangabe 20:14 Uhr.

Simon: Hey, ich fand es wirklich sehr schön mit dir am Wochenende. Wollen wir uns diese Woche wiedersehen?

Ein Symbol ließ erkennen, dass Eileen die Nachricht gelesen hatte, aber es war noch keine Antwort gekommen. Er schloss die App und öffnete die Mail mit dem Betreff »Anruf Dienstag«, die Teil eines längeren Themenstrangs war. In einer früheren Nachricht stand: Ja, mir wurde gesagt, dass es auch Verbindungsnachweise gibt. Simon oder Lisa, könnt ihr das klären und wenn nötig Anthony kontaktieren. Einer seiner Kollegen hatte geantwortet: Wenn wir noch mehr Zeit mit diesem Kleinkram verplempern, werde ich wahnsinnig. In der neuesten Nachricht stand: Simon, ich hänge dir Anthonys Kontaktdaten an. Melde dich bei ihm, wenn möglich heute Abend – oder morgen früh? Niemand ist damit glücklich, aber es ist der Stand der Dinge. Er sperrte sein Telefon, ließ die Augen zufallen und saß regungslos einen Moment auf dem Sofa, nur sein Brustkorb hob und senkte sich beim Atmen. Nach einer Weile hob er eine Hand und fuhr damit langsam über sein Gesicht. Schließlich nahm er die Fernbedienung und schaltete den Fernseher ein. Die Neun-Uhr-Nachrichten hatten gerade begonnen. Er ließ die ersten paar Beiträge auf dem Bildschirm an sich vorüberziehen, die Augen halb geschlossen, fast so, als würde er bereits schlafen, nippte aber ab und zu am Tee, der auf der Armlehne des Sofas stand. Während eines Beitrags über Verkehrssicherheit brummte sein Handy, und er griff sofort danach. Eine neue Nachricht wurde angezeigt.

Eileen: seltsam förmlich im ton simon

Für einige Sekunden starrte er auf die Nachricht, dann tippte er eine Antwort.

Simon: Findest du?

Drei animierte Auslassungspunkte auf dem Display zeigten an, dass Eileen tippte.

Eileen: warum texten männer über 30 immer so, als würden sie ein LinkedIn-Profil updaten
Eileen: Hi [Eileen], es war schön, dich am [Samstag] zu sehen. Wollen wir das fortsetzen? Bitte wähle einen Tag und eine Uhrzeit im Drop-Down-Menü aus

Jetzt lächelte er leicht vor sich hin, während seine Daumen über die Tastatur glitten.

Simon: Du hast recht
Simon: Wäre ich doch nur jünger, ich würde die Autocaps-Funktion auf meinem Handy ausschalten, um entspannter rüberzukommen

Eileen: unter einstellungen
Eileen: ich kann dir dabei helfen, wenn du nicht weiterkommst

Im oberen Teil des Displays erschien eine neue Mail im »Anruf Dienstag«-Strang. Im Vorschaufeld war zu lesen: Hallo alle. Gerade höre ich von TJ ... Simon wischte die Benachrichtigung weg, ohne sie zu öffnen, und tippte eine Nachricht an Eileen.

Simon: Nein, schon okay
Simon: Ich kopiere einfach immer die Nachricht rein, dass es schön war am Wochenende, ob wir uns wiedersehen können etc.
Simon: Bisher gab es da keine Beschwerden

Eileen: ahaha
Eileen: du beherrschst copy & paste??? ich bin beeindruckt
Eileen: jedenfalls ja, wir können uns diese woche treffen
Eileen: wann ist es gut?

Eine weitere Nachricht erschien oben auf dem Display, von einem Kontakt mit Namen »Geraldine Costigan«.

Geraldine: Dein Vater sagt, du kannst ihn morgen Abend anrufen, falls dir das passt, mein Lieber. xxx

Simon atmete lange und langsam aus, dann wischte er die Nachricht weg. Sein Blick glitt über die Nachrichten von und an Eileen, er tippte die Wörter *Würdest du*, dann löschte er sie. Er scrollte zu den vorherigen Nachrichten hoch und sah sie sich noch einmal an. Schließlich tippte er wieder.

Simon: Hast du jetzt gerade zu tun?

Der doppelte Haken zeigte an, dass Eileen die Nachricht gesehen hatte, dann erschienen die Auslassungspunkte

Eileen: nein
Eileen: ich wollte baden, aber meine mitbewohner haben das ganze warme wasser verbraucht

Eileen: also liege ich nur auf dem bett und bin im internet
Eileen: warum?

Im Fernsehen waren die Nachrichten vorbei, und es lief die Wettervorhersage. Eine illustrierte gelbe Sonne schwebte auf der Karte über der Region um Dublin. Simon fing wieder an zu tippen.

Simon: Willst du kommen?
Simon: Unendlich viel warmes Wasser
Simon: Eis im Gefrierfach
Simon: Keine Mitbewohner

Ein paar Sekunden vergingen. Er rieb sich das Kinn, beobachtete das Display, das auf der Oberfläche das Licht der Deckenleuchte mit dem gläsernen Lampenschirm reflektierte.

Eileen: !!!
Eileen: ich wollte mir keine einladung erschleichen!!!

Simon: Das weiß ich

Eileen: sicher?

Simon: Ja

Eileen: das ist sehr nett von dir

Simon: Was soll ich sagen, ich bin einfach ein netter Mensch

Eileen: klingt schön …
Eileen: aber ich will mich nicht schon wieder aufdrängen!!!

Simon: Eileen
Simon: Zieh dir Schuhe an, ich ruf dir ein Taxi

Eileen: hahaha
Eileen: ja papa
Eileen: danke

Er sah zufrieden aus, als er die Nachrichten schloss, eine Taxi-App öffnete und einen Wagen zu Eileens Adresse bestellte. Er stand vom Sofa auf, stellte den Fernseher stumm und ging mit der leeren Teetasse zum Spülbecken. Nachdem er abgewaschen und die Küchenoberflächen sauber gewischt hatte, ging er in sein Schlafzimmer und machte das Bett. Mehrmals unterbrach er diese Tätigkeiten, um sein Telefon aus der Tasche zu nehmen und die Taxi-App zu checken, in der sich ein kleines Symbol, das für Eileens Wagen stand, langsam und zögerlich die Uferstraßen entlang und dann in südliche Richtung bewegte, dann schloss er die App, steckte das Telefon wieder ein und widmete sich dem, was er zuvor getan hatte.

Als er zwanzig Minuten später die Tür öffnete, stand Eileen in einem abgeschnittenen grauen Sweatshirt und einem Baumwollfaltenrock vor ihm und trug eine große Tasche mit dem Logo eines Londoner Literaturmagazins über der Schulter. Sie sah aus, als hätte sie früher am Tag dunklen Lippenstift getragen, der jetzt verblasst war. Er stand einen Moment lang regungslos vor ihr, dann legte er die Hand auf ihre Taille und küsste sie auf die Wange. Schön, dich zu sehen, sagte er. Sie schlang die Arme um seinen Hals, und er ließ zu, dass sie ihn im Türrahmen umarmte. Danke für die Einladung, erwiderte sie. Sie gingen hinein. Er schloss die Tür hinter ihnen, und sie nahm eine Flasche Rotwein aus der Tasche. Die hab ich dir mitgebracht, sagte sie. Wir müssen sie nicht trinken, ich habe nur diese wahnsinnige Angst davor, jemanden zu besuchen und nichts mitzubringen. Besonders bei dir. Stell dir nur vor, was meine Mutter dazu sagen würde. Nicht dass ich das letzte Mal etwas mitgebracht hätte, ha ha. Sie stellte die Flasche auf den Tisch und nahm die Tasche von der Schulter. Als ihr Blick auf den Fernseher fiel, sagte sie: Oh, du schaust dir Clare Byrne an? Ich störe dich nicht. Ich setze mich einfach still aufs Sofa. Er lächelte, sein Blick folgte Eileen, wie sie die Tasche über die Lehne eines Küchenstuhls hängte, ihr Haar ordnete und das elastische Band löste, das es in einem Knoten zusammenhielt. Nein, ich schaue nicht, sagte er. Du siehst gut aus. Möchtest du einen Tee oder so? Oder lieber ein Glas Wein? Sie zog die flachen Lederschuhe aus, die sie getragen hatte, setzte sich auf die Couch und steckte die Füße in den weißen Socken unter die Kissen. Ich nehme einen Tee, sagte sie. Ich habe eigentlich keine Lust auf Wein. Löst du ein Problem? Er sah von der Küche zu ihr herüber, sie deutete auf das Schachbrett. Nein, sagte er, es ist ein richtiges Spiel. Peter war gestern Abend hier, aber er musste los, bevor wir fertig waren. Was mir ganz recht war. Sie sah weiter auf das Brett, während er Wasser aufsetzte und eine Tasse aus dem Regal nahm. Hast du schwarz?, fragte sie. Mit dem Rücken zu ihr antwortete er, Nein, weiß. Dann liegst du zwei Bauern vorn, sagte sie. Und du kannst ihn mit deinem Läufer Schach setzen. Belustigt nahm er einen Löffel aus der Besteckschublade. Denk noch mal nach, sagte er. Sie starrte das Brett noch eine Weile nachdenklich an, während er den Tee machte und ihn zum Beistelltisch trug. Na ja, ich werde mich da nicht einmischen, sagte sie. Er setzte sich ans andere

Ende des Sofas und schaltete den Fernseher aus. Leg los, sagte er. Weiß hat den nächsten Zug. Sie nahm den weißen Läufer und bot dem schwarzen König Schach. Simon lehnte sich vor, bewegte einen schwarzen Bauern, um den Angriff zu blockieren und ihren Läufer zu bedrohen, und sie nahm den Läufer, um den Bauern zu schlagen. Er schlug mit dem schwarzen König den weißen Läufer und bedrohte nun zugleich die weiße Dame und den weißen Turm. Sie verzog das Gesicht und sagte: Ich bin eine Idiotin. Er sagte, es sei seine Schuld gewesen, weil er sich in eine schwache Position gebracht habe. Sie nahm ihre Teetasse und lehnte sich an die Armlehne des Sofas. Hab ich dir erzählt, dass sich meine Familie wegen Lolas Hochzeitseinladungen bekriegt?, fragte sie. Keine Ahnung, warum ich mich reinziehen lasse, sie ist echt ein Albtraum. Willst du die Nachricht sehen, die sie mir geschickt hat? Er sagte ja, und sie nahm das Handy und zeigte ihm, was ihr Lola am Samstagabend geschrieben hatte.

Lola: Hmmm, will ich mir wirklich von einer, die mit 30 immer noch in ihrem Scheißjob festhängt, kein Geld verdient und in einem Drecksloch wohnt, sagen lassen, wie unreif ich bin …

Sein Blick glitt über das Display, dann nahm er ihr das Gerät aus der Hand, las stirnrunzelnd noch einmal. Gott, diese Feindseligkeit, murmelte er.

Eileen nahm ihm das Handy ab und senkte den Blick darauf. Ich habe diese Hochzeitssache nur erwähnt, weil mich Mary darum gebeten hat. Aber als ich mich dann bei ihr über diese fürchterlichen Nachrichten beschwerte, sagte sie nur so was wie, na ja, das ist eine Sache zwischen euch beiden, das geht mich nichts an.

Aber wenn du so eine Nachricht an Lola geschickt hättest …

Ja, oder? Ganz genau. Mami würde sich sofort ans Telefon hängen, um mich zu fragen, wie ich es wagen könne, so mit meiner Schwester zu reden?

Ich vermute mal, es hat keinen Zweck, mit deinem Dad zu sprechen, sagte er.

Sie sperrte das Handy und ließ es auf dem Boden liegen. Nein, antwortete sie. Er ist der Einzige, der offensichtlich nicht verrückt ist. Aber er weiß, dass wir alle verrückt sind, und hat zu große Angst, sich einzumischen.

Er hob ihre Füße in seinen Schoß. Du bist nicht verrückt, sagte er. Die anderen beiden ja, aber du nicht.

Lächelnd ließ sie sich wieder an die Armlehne sinken. Gott sei Dank gibt es eine Person auf der Welt, die das merkt, sagte sie.

Jederzeit gern.

Einen Moment lang sah sie ihm dabei zu, wie er ihr mit dem Daumen die Wölbung ihres Fußes rieb. Dann fragte sie in einem anderen Tonfall: Wie war dein Tag?

Er hob kurz den Blick zu ihr, senkte ihn dann wieder. Gut, sagte er. Und deiner?

Du siehst etwas müde aus.

Ohne aufzusehen, antwortete er leichthin: Wirklich?

Sie betrachtete ihn weiter, während er ihrem Blick auswich. Simon, sagte sie, bist du heute traurig?

Er lachte verlegen auf. Hm, sagte er. Keine Ahnung. Ich glaube nicht.

Würdest du es mir sagen, wenn du es wärst?

Bin ich so schlecht?

Spielerisch stupste sie ihn mit dem Fuß an. Ich frage dich gerade, wie dein Tag war, und du willst es mir nicht erzählen, sagte sie.

Er packte ihren Knöchel und antwortete: Hm. Lass mich nachdenken. Ich hatte heute Abend ein Telefonat mit meiner Mutter.

Oh? Wie geht es ihr?

Ganz gut. Sie macht sich Sorgen um meinen Dad, aber das ist nichts Ungewöhnliches. Er hat – es geht ihm gut, aber er hat hohen Blutdruck, und sie denkt, dass er seine Medikamente nicht konsequent nimmt. Es ist vor allem etwas Psychologisches, du weißt, wie Familien sind. Und er ist sauer auf mich, weil – aber das ist langweilig, es hat alles mit der Arbeit zu tun.

Aber dein Dad arbeitet doch nicht mehr, oder?, fragte sie.

Geistesabwesend schloss er seine Hand um ihren Knöchel. Ja, es geht um meine Arbeit, antwortete er. Du weißt, wir sind politisch nicht gerade auf einer Wellenlänge. Das ist okay, es sind halt verschiedene Generationen. Er denkt, meine politischen Ansichten sind ein Auswuchs meiner verkümmerten Persönlichkeit.

Leise sagte Eileen: Das ist nicht sehr nett.

Nein. Ich weiß. Wobei ich glaube, dass es meine Mutter mehr verletzt als mich. Eigentlich ist es – wenn man ihm zuhört, kommt da eine ziemlich detaillierte Theorie, irgendwas mit Messias-Komplex. Ich kann das gar nicht richtig wiedergeben, weil ich ehrlich gesagt nicht mehr zuhöre, wenn er anfängt, darüber zu reden. Aber er scheint zu glauben, dass ich herumlaufe, um Menschen zu retten, weil ich mich dadurch mächtig und männlich und was nicht alles fühle. Das Lustige daran ist, dass mein Job absolut nichts damit zu tun hat, anderen Menschen zu helfen. Vielleicht wenn ich Sozialarbeiter wäre oder Arzt oder so, aber eigentlich sitze ich den ganzen Tag in einem Büro. Keine Ahnung. Als ich das letzte Mal zu Hause war, hatten wir einen total bizarren Streit, weil ich morgens Kopfschmerzen hatte. Er sprach den ganzen Tag kein Wort mit mir, und dann hielt er mir abends einen langen Vortrag darüber, wie sehr sich meine Mutter darauf gefreut hatte, mich zu sehen, und wie ich ihr das gesamte Wochenende mit meinen Kopfschmerzen ruiniert hätte. Er kann nie sagen, dass er wütend auf mich ist, er muss seine Gefühle immer auf Geraldine projizieren, als wäre es eine persönliche Beleidigung für sie, dass ich Migräne hatte. Migräneattacken regen ihn auf, weil sie ebenfalls welche bekommt, und er ist davon überzeugt, sie seien psychosomatisch. Wie auch immer, sie will, dass ich ihn morgen wegen seiner Blutdruck-Medikamente anrufe. Nicht dass es irgendetwas ändert, was ich sage. Tut mir leid. Es kommt mir vor, als hätte ich gerade ein Jahr lang geredet, ich hör jetzt auf.

Während er sprach, hatte er Eileens Wade und Kniekehle mit den Fingern berührt, mit seiner letzten Bemerkung zog er seine Hand weg und setzte sich auf.

Nicht aufhören, sagte sie.

Er sah zu ihr. Was?, fragte er. Nicht aufhören zu reden oder nicht aufhören, das hier zu tun?

Beides.

Er legte seine Hand wieder dorthin, wo sie zuvor gewesen war, unter ihr Knie. Sie reagierte darauf mit einem tiefen, genüsslichen Laut, wie: mmh. Er streichelte mit seinem Daumen die Innenseite ihres Oberschenkels, unter ihrem Rock. Irgendwie klingt es, als wäre dein Dad eifersüchtig auf dich, merkte sie an. Er sah sie zärtlich an. Wie kommst du darauf?, fragte er. Sie lehnte den Kopf zurück auf die Armlehne, sah hinauf zu dem erleuchteten gläsernen Lampenschirm über ihr. Na ja, du bist jung und siehst gut aus, sagte sie. Und die Frauen lieben dich. Es würde ihn sicher nicht stören, wenn du zu ihm aufschauen und versuchen würdest, wie er zu sein, aber das tust du nicht. Natürlich kenne ich ihn nicht so gut, aber soweit ich weiß, ist er ziemlich herrisch und grob. Es macht ihn vermutlich wahnsinnig, dass du zu allen so nett bist und dich nichts aus der Ruhe bringt. Simon streichelte ihre Kniekehle, nickte. Aber aus seiner Sicht bin ich nur nett zu allen, weil ich mich dadurch besser fühle, sagte er. Eileen machte ein verdutztes Gesicht. Na und?, entgegnete sie. Besser, als alle zu mobben, um sich besser zu fühlen, oder? Wir haben weiß Gott genug Sadisten auf der Welt. Und warum solltest du dich nicht gut fühlen dürfen? Du bist integer, und du bist großzügig, und du bist ein toller Freund. Verhalten hob er die Augenbrauen und sagte einen Moment lang nichts. Dann antwortete er: Eileen, ich wusste gar nicht, dass du eine so hohe Meinung von mir hast. Sie schloss die Augen und lächelte. Doch, das wusstest du, sagte sie. Er sah sie an, wie sie mit zurückgeneigtem Kopf und geschlossenen Augen dalag.

Ich freue mich sehr, dass du hier bist, sagte er.

Sie zog ein albernes Gesicht und fragte: Meinst du das platonisch?

Er schob seine Hand unter ihren Rock und lächelte. Nein, nicht platonisch, sagte er.

Sie kuschelte sich ein wenig an die Armlehne. Weißt du, als du mir diese Nachricht geschickt hast – wie noch mal? Zieh dir die Schuhe an, ich ruf dir ein Taxi oder so? Das war schön.

Das freut mich.

Ja, und es war merkwürdig sexy. Schon lustig, ich glaube, es gefällt mir, wenn du mich herumkommandierst. Ein Teil von mir will das: Ja, bitte, sag mir, was ich mit meinem Leben anfangen soll.

Er lachte, berührte die Innenseite ihres Oberschenkels mit den Fingern. Du hast recht, sagte er. Das ist sexy.

Ich fühle mich dann sehr sicher und entspannt. So wie

wenn ich mich über etwas beschwere, und du nennst mich »Prinzessin«. Das macht mich ein bisschen an. Findest du das blöd, dass ich das sage? Ich habe dann das Gefühl, dass du alles unter Kontrolle hast und nicht zulässt, dass mir etwas Schlimmes passiert.

Nein, ich finde das toll. Die Vorstellung, auf dich aufzupassen oder dass du meine Hilfe brauchst, wie auch immer. Ich habe dafür wahrscheinlich eine Schwäche. Wenn mich eine Frau darum bittet, ein Marmeladenglas zu öffnen, verliebe ich mich quasi in sie.

Sie hatte ihre Fingerspitze im Mund. Und ich dachte, ich sei etwas Besonderes, sagte sie.

Bei dir ist es tatsächlich ein bisschen mehr. Ich weiß sogar noch, was Natalie einmal über dich zu mir gesagt hat – es ist wahrscheinlich seltsam, es dir zu sagen, aber egal. Das war, bevor du uns in Paris besucht hast, und ich hatte Angst, dass du deinen Flug verpasst. Und Natalie sagte etwas in der Art wie: Oh, Papas kleines Mädchen ist jetzt ganz allein, irgendwie so. Es war lustig. Ich meine, ich glaube, es sollte ein Spaß sein.

Eileen hielt sich lachend die Augen zu. Mir fällt auch so was ein, sagte sie. Ich habe mal abends eine Nachricht von dir bekommen, und Aidan war gerade näher an meinem Handy, also hat er mir die Nachricht vorgelesen. Und als ich fragte, von wem sie war, zeigte er mir das Display und meinte: von deinem Dad.

Er war erfreut, beschämt, schüttelte den Kopf. Ich glaube, wenn ich das irgendjemandem erzählen würde, würde der die Polizei anrufen, sagte er.

Wegen dieser Daddy-und-Prinzessin-Nummer? Oder weil du mich außerdem fesseln und foltern willst?

Nein, nein. Aber das wäre eigentlich viel normaler, oder? Meine Vorstellung geht eher dahin, dass – hoffentlich bist du jetzt nicht entsetzt, dass ich das alles erzähle. Aber ich glaube, die Fantasie besteht darin, dass du ganz hilflos bist, und ich sage dir, dass du ein braves Mädchen bist.

Kokett sah sie durch die Wimpern zu ihm auf. Und was, wenn ich kein braves Mädchen bin?, fragte sie. Willst du mich dann nicht übers Knie legen und bestrafen?

Er strich mit seiner Hand über die dünne, feuchte Baumwolle ihrer Unterhose. Oh, aber nicht, um dir wehzutun, sagte er. Nur, damit du dich benimmst.

Einen Moment lang sagte sie nichts. Dann: Sagst du mir, was ich tun soll?

In seinem normalen, entspannten, halb amüsierten Tonfall antwortete er: Tust du denn, was man dir sagt?

Sie fing wieder an zu lachen. Ja. Schon komisch, wie sehr mich das anmacht. Es ist seltsam. Es erregt mich sehr, daran zu denken, was du mit mir tun wirst. Entschuldige, wenn ich aus der Rolle falle.

Nein, spiel keine Rolle. Sei einfach du selbst.

Er beugte sich über sie und küsste sie. Ihr Kopf ruhte auf der Armlehne, seine nasse Zunge war in ihrem Mund. Passiv ließ sie sich von ihm ausziehen, sah zu, wie seine Hände ihren Rock aufknöpften und die Unterhose runterzogen. Er fasste unter ihr Knie und hob das linke Bein über die Sofalehne, den anderen Fuß stellte er auf den Boden, sodass ihre Beine weit gespreizt waren, und sie bebte. Du bist sehr brav, sagte er. Sie schüttelte den Kopf und lachte nervös auf. Zart berührte er sie mit seinen Fingern, drang noch nicht in sie ein, und sie drückte die Hüften in das Sofa und schloss die Augen. Er schob jetzt einen Finger in sie, und sie atmete aus. Braves Mädchen, murmelte er. Entspann dich einfach. Sanft schob er noch einen Finger in sie, und sie stieß einen hohen, heiseren Schrei aus. Schsch, sagte er. Du bist so brav. Sie schüttelte wieder den

Kopf, den Mund geöffnet. Wenn du weiter so mit mir redest, komme ich gleich, sagte sie ihm. Er lächelte, sah auf sie hinab. Gleich, sagte er, aber noch nicht jetzt. Er zog seine Kleidung aus, und sie lag mit geschlossenen Augen da, ein Knie immer noch über die Rückenlehne des Sofas gebeugt. Er flüsterte ihr ins Ohr: Ist es okay, wenn ich in dir komme? Mit der Hand packte sie seinen Nacken. Unbedingt, sagte sie. Er schloss für einen Moment die Augen, nickte, sagte nichts. Als er in sie eindrang, schrie sie wieder auf, klammerte sich an ihn, und er war still. Ich liebe dich, sagte sie. Er atmete vorsichtig ein und sagte nichts. Sie sah zu ihm auf und fragte: Simon, gefällt es dir, wenn ich das sage? Verlegen versuchte er zu lächeln und sagte Ja. Ich spüre, dass es dir gefällt, sagte sie. Er atmete weiter, über seiner Oberlippe bildete sich Schweiß, auch auf seiner Stirn. Mhm ja, ich liebe dich auch, sagte er. Sie saugte jetzt an ihren Lippen, betrachtete ihn. Weil ich so ein braves Mädchen bin, sagte sie. Mit der Spitze seines Zeigefingers berührte er sie. Das bist du, sagte er. Sie schloss wieder die Augen, ihre Lippen bewegten sich, gaben aber keinen Laut von sich. Nach einer Weile sagte sie, sie würde gleich kommen. Ihr Atem war flach und schwankend, ihr Körper angespannt in seinen Händen. Als sie fertig war, sagte er leise: Kann ich weitermachen oder soll ich aufhören? Mit erschöpfter Stimme entschuldigte sie sich und fragte, ob er lange brauchen würde. Nein, ich mach schnell, sagte er. Aber ich kann aufhören, wenn du willst, das ist in Ordnung. Sie sagte ihm, es sei okay, wenn er weitermache. Er legte seine Hände auf ihre Hüften und drückte sie gegen das Sofa, während er sich in ihr bewegte. Sie war jetzt schlaff, sehr feucht und widerstandslos, nur ab und zu stieß sie einen matten Schrei aus. O Gott, sagte er. Hinterher schmiegte er sich an ihren Körper. Sie lagen beide still da, atmeten langsam, Schweiß kühlte seine Haut. Mit der Hand strich sie sanft über seinen Rücken. Danke, sagte er. Sie lächelte, blickte zu ihm herab. Du musst mir nicht danken, entgegnete sie. Seine Augen waren geschlossen. Gut, sagte er. Aber ich bin dankbar. Nicht nur – ich meine nur, es ist schön, mit dir zusammen zu sein, ich bin froh, dass du hergekommen bist. Manchmal, wenn ich abends hier ganz allein bin, ist das ziemlich deprimierend, ehrlich gesagt. Oder einfach nur einsam, ich weiß nicht. Er gab ein dünnes, atemloses Lachen von sich. Tut mir leid, ich weiß nicht, warum ich das gesagt habe, fügte er hinzu. Ich bin froh, dass du hier bist, das ist alles. Kennst du das, wenn dir jemand etwas Gutes tut, und du bist dafür so dankbar, dass du dich eigentlich schlecht fühlst? Ich weiß nicht, ob andere das auch verstehen oder ob es nur mir so geht. Egal, ich benehme mich gerade idiotisch. Er setzte sich auf und fing an, sich wieder anzuziehen. Sie lag nackt da und sah ihm zu. Aber ich habe dir keinen Gefallen getan, sagte sie. Es war gegenseitig. Ohne sich umzudrehen, lachte er wieder angestrengt auf und schien sich mit der Hand die Augen zu wischen. Nein, ja, ich weiß, sagte er. Ich bin wohl einfach nur dankbar dafür, dass du es wolltest. Tut mir leid, ich weiß nicht, was mit mir los ist.

Das ist nicht schlimm, sagte sie. Aber ich will nicht, dass du dich schlecht fühlst.

Er stand auf, zog sein Hemd an. Es geht mir gut, keine Sorge, sagte er. Möchtest du ein Glas Wein? Wir können auch Eis essen.

Sie nickte langsam und setzte sich auf. Eis wäre schön. Er ging in die Küche, und über die Sofalehne hinweg beobachtete sie ihn, während sie sich anzog. Von hinten wirkte er sehr groß, sein Hemd war etwas zerknittert, sein Haar weich und golden im Schein des Oberlichts.

Ich wusste nicht, dass du Migräne hast, sagte sie.

Ohne sich umzudrehen, erwiderte er: Nicht sehr oft.

Sie knöpfte sich den Rockbund zu. Als ich das letzte Mal eine hatte, habe ich dir vom Bett aus getextet, wie schlimm es ist, sagte sie. Weißt du noch?

Er nahm zwei Löffel aus der Besteckschublade und antwortete: Ja, ich glaube, deine sind schlimmer als meine.

Sie nickte stumm. Schließlich sagte sie: Soll ich den Fernseher wieder anmachen? Wir können *Newsnight* schauen oder so. Was meinst du?

Klingt gut.

Er brachte die Schalen mit der Eiscreme aus der Küche, während sie die Lautstärke des Fernsehers erhöhte. Auf dem Bildschirm stand eine britische Moderatorin vor einem blauen Hintergrund und sprach mit Blick in die Kamera über die Wahl der Vorsitzenden einer britischen Partei. Den Blick auf den Bildschirm gerichtet, sagte Eileen: Und das ist gelogen, oder? Na los, sag schon, dass es gelogen ist. Aber nein, das macht niemand. Simon setzte sich neben sie und zerteilte mit einem Löffel das Eis in seiner Schale. Du weißt, dass sie mit einem Hedgefonds-Manager verheiratet ist, merkte er an. Während sie fernsahen, sprachen sie mit einigen Unterbrechungen über die Möglichkeit einer erneuten Parlamentswahl in ihrem Land noch vor Ende des Jahres und welche Mitglieder von Simons Partei dann wohl ihre Sitze halten würden. Er war besorgt, dass gerade die Leute, die er am meisten mochte, verlieren könnten und die »Karrieristen« bleiben würden. Im Fernsehen sagte ein Parteisprecher gerade: Der Premierminister – Entschuldigung, darf ich bitte, der Premierminister betont immer wieder – Eileen stellte ihre leere Eisschale auf den Beistelltisch und lehnte sich mit angezogenen Füßen auf dem Sofa zurück. Weißt du noch, als du im Fernsehen warst?, fragte sie. Simon aß noch. Drei Minuten lang, sagte er. Mit den Fingern zog sie ihr Haargummi fester. Ich habe an dem Abend bestimmt hundert

Nachrichten bekommen, in denen stand, dein Freund Simon ist im Fernsehen!, entgegnete sie. Und eine Person – ich sag dir nicht, wer, aber eine bestimmte Person schickte mir einen Screenshot von dir, und in der Nachricht stand so etwas wie, ist das der Simon, von dem du immer erzählst? Er grinste, ohne den Blick vom Fernseher zu nehmen, sagte aber nichts. Sie bemerkte seine Miene und fuhr fort: Eigentlich rede ich gar nicht so viel von dir. Wie auch immer, ich schrieb zurück, ja, das ist er, und sie schrieb wortwörtlich, sei mir nicht böse, aber dieser Mann soll mir Kinder machen. Er fing an zu lachen. Das glaub ich nicht, sagte er. Eileen wiederholte: Wortwörtlich. Ich hätte es dir weitergeleitet, aber der »sei mir nicht böse«-Teil gefiel mir nicht. Warum hätte ich böse sein sollen? Glaubt sie, wir hätten so eine traurige, unerwiderte Freundschaft, bei der ich eigentlich in dich verliebt bin und du mich nicht einmal wahrnimmst? Ich hasse es, wenn Leute so etwas über uns denken. Simon sah sie an, ihr Gesicht im Viertelprofil dem Bildschirm zugewandt, das Licht der Deckenlampe weiß auf ihrem Wangenknochen und dem Winkel ihres Augenlids. Alle meine Freunde glauben das genaue Gegenteil, bemerkte er. Ohne ihren Blick vom Fernseher zu nehmen, lächelte sie amüsiert. Was, dass du unerwidert in mich verliebt bist?, fragte sie. Das ist witzig. Nicht dass es mir etwas ausmachen würde, es ist gut für mein Ego. Aber wer glaubt denn so etwas? Peter? Ich bezweifle, dass Declan das glaubt. Die Sendung war zu Ende, der Abspann lief. Die Augen immer noch auf den Bildschirm gerichtet, fuhr sie leichthin fort: Hör mal, ich weiß, dass du nicht darüber reden willst. Aber was du vorhin gesagt hast, dass du dich einsam fühlst. So fühle ich mich die ganze Zeit. Ich sage das nur, weil du wissen sollst, dass du mit diesem Gefühl wirklich nicht allein bist. Falls du das denkst. Und nur aus meiner Perspektive gesprochen, immer, wenn ich mich richtig einsam fühle, bist du derjenige, den ich anrufe. Weil du so eine beruhigende Wirkung auf mich hast. Alles, worüber ich mich normalerweise aufregen würde, erscheint dann gar nicht mehr so schlimm, wenn ich mit dir rede. Aber egal, ich will nur sagen, dass du mich immer anrufen kannst, wenn du dich so fühlst. Du musst dann nicht mal sagen, warum du anrufst, wir können einfach über was anderes reden. Ich werde wahrscheinlich über meine Familie jammern. Oder ich kann vorbeikommen und wir können so etwas machen. Okay? Du musst mich natürlich nicht anrufen, aber du kannst. Jederzeit. Das ist alles. Er nahm den Blick nicht von ihr, während sie sprach, und als sie fertig war, blieb er einen Moment stumm. Dann sagte er mit sanfter, freundlicher Stimme: Eileen, letztens am Telefon hast du mir gesagt, ich sollte mir eine Ehefrau suchen, weißt du noch? Lachend wandte sie sich ihm zu. Ja, sagte sie. Er lächelte, sah glücklich und müde aus. Du meintest, eine neue Frau, die noch in mein Leben treten und mich heiraten wird, sagte er. Eine, die ich noch nicht kennengelernt habe. Eileen warf ein: Und die sehr schön ist. Eine jüngere Frau, haben wir glaube ich gesagt. Nicht zu intelligent, aber gutmütig. Er nickte. Gut, sagte er. Sie klingt fantastisch. Ich habe jetzt eine Frage. Wenn ich diese Ehefrau habe, die, wie ich dem Tenor deiner Anmerkungen entnehmen kann, nicht dieselbe Person ist wie du – mit gespielter Entrüstung unterbrach Eileen: Natürlich bin das nicht ich. Allein schon, weil ich sehr viel belesener bin als sie. Er lächelte weiter vor sich hin. Sicher, sagte er. Aber wenn ich sie finde, wer sie auch sein mag, werden du und ich dann immer noch befreundet sein? Sie lehnte sich gegen die Sofakissen, wie um über die Frage nachzudenken. Nach einer Weile antwortete sie: Nein, ich denke, wenn du sie gefunden hast, wirst du auf mich verzichten müssen. Es könnte sogar sein, dass das die Voraussetzung dafür ist, sie zu finden.

Das habe ich mir schon gedacht, sagte er. Dann werde ich sie wohl nie finden.

Eileen hob erstaunt die Hände. Simon, sagte sie. Im Ernst. Diese Frau ist deine Seelenverwandte. Gott hat sie für dich erschaffen.

Würde Gott wollen, dass ich auf dich verzichte, hätte er mich nicht zu dem gemacht, der ich bin.

Einen Moment lang sahen sie einander an. Sie führte ihre Hand zu ihrer Wange, und ihr Gesicht war gerötet. Du wirst also nicht auf unsere Freundschaft verzichten, sagte sie.

Für nichts.

Sie streckte die Hand aus und berührte seine. Ich würde sie auch nicht aufgeben, sagte sie. Und du kannst es mir glauben, keiner, mit dem ich zusammen war, konnte dich je leiden, und es war mir immer egal.

Daraufhin lachte er, sie beide lachten. Gegen Mitternacht ging sie Zähne putzen, und er schaltete die Lichter in der Küche aus. Als sie aus dem Bad kam, sagte sie: Siehst du, offensichtlich hatte ich Hintergedanken, ich habe nämlich meine Zahnbürste mitgenommen. Sie folgte ihm ins Schlafzimmer, und er schloss die Tür hinter ihnen, sagte etwas Unhörbares. Sie lachte, und durch die Tür klang ihr Lachen weicher und musikalisch. In der Dunkelheit war die Wohnung wieder ruhig und still. Zwei leere Schalen standen in der Spüle, zwei Löffel, ein leeres Wasserglas mit einem schwachen Abdruck von farblosem Lippenbalsam am Rand. Durch die Tür drang weiter das Murmeln einer Unterhaltung, die Wörter abgerundet, unverständlich, und gegen ein Uhr war nichts mehr zu hören. Um halb sechs hellte sich der Himmel im Wohnzimmerfenster, das nach Osten ging, auf, von schwarz zu blau, dann zu silbrig-weiß. Ein neuer Tag. Der Ruf einer Krähe auf einer Oberleitung. Das Geräusch von Bussen draußen auf der Straße.

16

Alice, erinnerst du dich noch an die Mail, die ich dir vor ein paar Wochen oder Monaten über den Zusammenbruch der Späten Bronzezeit geschickt habe? Ich habe noch mehr darüber gelesen, und so wie es aussieht, ist zwar wenig über die Zeit bekannt, aber wissenschaftliche Deutungen sind weit vielfältiger, als der Wikipedia-Eintrag glauben lässt. Wir wissen, dass vor dem Zusammenbruch reiche und schriftkundige Palastregierungen im östlichen Mittelmeerraum mit unfassbar teuren Waren gehandelt haben und sie anscheinend als Geschenke an die Herrscher anderer Königreiche geschickt oder von ihnen erhalten haben. Und wir wissen auch, dass hinterher Paläste zerstört oder verlassen wurden, geschriebene Sprachen verloren gingen und Luxusgüter nicht mehr in denselben Mengen hergestellt oder über große Entfernungen gehandelt wurden. Aber wie viele Menschen in dieser »Zivilisation« lebten eigentlich in Palästen? Wie viele trugen Schmuck, tranken aus Bronzebechern, aßen Granatäpfel? Auf jedes Mitglied der Elite kamen Tausende ungebildete und verarmte Subsistenzbauern. Nach dem »Zivilisationskollaps« zogen viele von ihnen weiter, manche starben, aber für die meisten veränderte sich das Leben vermutlich nicht sehr. Sie bauten weiterhin ihr Getreide an. Manchmal war die Ernte gut, manchmal nicht. Und in einer anderen Ecke des Kontinents lebten deine und meine Vorfahren – nicht die Palastbewohner, sondern die Bauern. Unsere reichen und komplexen internationalen Produktions- und Handelsnetze fanden früher schon ein Ende, und doch sind wir hier, du und ich, und die Menschheit ist auch da. Was, wenn der Sinn des Lebens auf Erden nicht im ewigen Vorankommen besteht, hin zu einem nicht näher benannten Ziel – also die Konstruktion und Produktion immer mächtigerer Technologien, die Entwicklung immer komplexerer und abstruserer Kulturformen? Was, wenn diese Dinge auf natürliche Weise anschwellen und abschwellen wie die Gezeiten, während der Sinn des Lebens immer der gleiche bleibt – einfach nur zu leben und mit anderen Menschen zusammen zu sein?

Was die Enthüllungen bezüglich dir und Felix betrifft: Darf ich als deine Freundin sagen, dass ich keineswegs überrascht bin, deinen früheren Aussagen über formlose Beziehungen und experimentelle affektive Bindungen zum Trotz? Wenn er nett zu dir ist, werde ich ihn bedingungslos gutheißen, und wenn er es nicht ist, wird er für immer mein Feind sein. Klingt das vernünftig? Aber ich bin sicher, dass er nett sein wird.

Ich weiß nicht, ob ich es schon mal erwähnt habe, aber vor ein paar Jahren fing ich an, Tagebuch zu schreiben, ich nannte es »das Lebensbuch«. Die Idee war, dass ich jeden Tag einen kurzen Eintrag schreibe, nur ein oder zwei Sätze, die etwas Gutes wiedergeben. Vermutlich muss ich mit »gut« etwas gemeint haben, das mich glücklich machte oder mir Spaß bereitete. Ich habe es letztens wieder in die Hand genommen, und die frühesten Einträge stammen alle aus jenem Herbst vor fast sechs Jahren. Trockene, umgedrehte Ahornblätter, die wie Klauen die South Circular Road entlangkriechen. Der künstlich-buttrige Geschmack von Kinopopcorn. Hellgelber Himmel am Abend, Thomas Street im Nebel. Solche Sachen. Im September, Oktober, November des Jahres ließ ich keinen einzigen Tag aus, mir fiel immer etwas Schönes ein, und manchmal unternahm ich sogar etwas, um es ins Buch schreiben zu können, nahm ein Bad oder ging spazieren. Damals kam es mir so vor, als würde ich das Leben einfach aufsaugen, und am Ende eines Tages fiel es mir nie schwer, an etwas Schönes, das ich gesehen oder gehört hatte, zu denken. Es flog mir einfach zu, und die Wörter flogen mir auch zu, weil mein einziges Ziel war, das Bild klar und schlicht aufzuschreiben, sodass ich mich später daran erinnern würde, wie es sich angefühlt hatte. Und wenn ich jetzt diese Einträge lese, erinnere ich mich wirklich daran, was ich gefühlt habe, oder zumindest was ich gesehen und gehört und bemerkt habe. Beim Herumschlendern fielen mir Dinge auf, selbst an schlechten Tagen – einfach die Dinge, die vor meinen Augen lagen. Gesichter, das Wetter, der Verkehr. Der Benzingeruch einer Tankstelle, das Gefühl, in den Regen zu geraten, vollkommen normale Dinge. Und so waren selbst die schlechten Tage gut, weil ich sie spürte und mich daran erinnerte, sie zu spüren. Auf diese Weise zu leben, hatte etwas Zartes – als wäre ich ein Instrument, und die Welt würde mich berühren und in mir nachhallen.

Nach ein paar Monaten ließ ich einzelne Tage aus. Manchmal schlief ich ein, ohne daran zu denken, etwas zu notieren, an anderen Abenden öffnete ich das Buch und wusste nicht, was ich schreiben sollte – mir fiel einfach nichts ein. Wenn ich Einträge machte, waren sie meist viel abstrakter, nicht mehr unmittelbar sinnlich: Songtitel oder Zitate aus Romanen oder Textnachrichten von Freunden. Im Frühjahr hielt ich es gar nicht mehr durch. Ich legte das Tagebuch manchmal wochenlang weg – es war nur ein billiges schwarzes Notizbuch von der Arbeit – und holte es schließlich doch wieder hervor, um mir die Einträge des Vorjahres anzusehen. Mittlerweile erschien es mir unmöglich, mir vorzustellen, jemals wieder so über Regen oder Blumen zu empfinden, wie ich es offenbar getan hatte.

Ich verlor nicht einfach nur die Freude an sinnlichen Erfahrungen – es war, als würde ich sie einfach nicht mehr machen. Wenn ich zur Arbeit ging oder einkaufen oder sonst wohin und dann nach Hause kam, konnte ich mich nicht mehr erinnern, irgendetwas Besonderes gesehen oder gehört zu haben. Wahrscheinlich sah ich, aber nahm nicht wahr – die visuelle Welt erschien mir flach, wie ein Katalog aus Informationen. Ich sah die Dinge nicht mehr an, wie ich es zuvor gemacht hatte.

Wenn ich jetzt wieder darin lese, fühle ich mich ganz seltsam. War das wirklich ich? Ein Mensch, der in der Lage war, sich in die flüchtigsten Eindrücke zu versenken und sie irgendwie zu erweitern, darin zu verweilen und in ihnen Reichtum und Schönheit zu finden. Offenbar war ich das – »für ein paar Stunden, aber ich bin nicht diese Person«. Ich frage mich, ob es am Buch selbst lag, am Prozess dieses Schreibens, dass ich auf diese Weise lebte, oder ob ich schrieb, um die Erfahrungen festzuhalten, während ich sie machte. Ich habe versucht, mich daran zu erinnern, was damals in meinem Leben geschah, falls mir das helfen würde. Ich weiß, ich war dreiundzwanzig, ich hatte gerade angefangen, für das Magazin zu arbeiten, wir beide wohnten in dieser schrecklichen Wohnung in den Liberties, und Kate war noch in Dublin, Tom und Aoife auch. Wir gingen gemeinsam auf Partys, wir hatten Leute zum Abendessen bei uns, wir tranken zu viel Wein, wir stritten uns. Manchmal rief Simon aus Paris an, und wir jammerten über unsere jeweilige Arbeit, und wenn wir lachten, hörte ich Natalie im Hintergrund, wie sie Teller in der Küche wegräumte. Meine Empfindungen und Erfahrungen waren damals extrem intensiv und zugleich vollkommen trivial, weil scheinbar keine meiner Entscheidungen irgendwelche Konsequenzen hatte und mir nichts in meinem Leben – der Job, die Wohnung, die Sehnsüchte, die Affären – von Dauer zu sein schien. Ich hatte das Gefühl, es sei alles möglich, es würden sich keine Türen hinter mir schließen, und irgendwo da draußen gäbe es Menschen, die ich noch nicht kannte und die mich lieben und bewundern und glücklich machen würden. Vielleicht erklärt das irgendwie die Offenheit, die ich gegenüber der Welt verspürte – vielleicht deutete ich, ohne es zu ahnen, meine Zukunft voraus, hielt Ausschau nach Zeichen.

Nach einer Buchvorstellung vor ein paar Tagen nahm ich mir abends allein ein Taxi nach Hause. Die Straßen waren still und dunkel, und die Luft war seltsam warm und still, und die Bürogebäude an den Uferstraßen waren alle von innen erleuchtet und leer, und unter alledem, unter der Oberfläche des Ganzen spürte ich es wieder aufs Neue – die Nähe, die Möglichkeit der Schönheit, wie ein weiches Licht, das von hinten auf die sichtbare Welt scheint und alles zum Leuchten bringt. Sobald mir klar wurde, was ich da fühlte, versuchte ich, mich in Gedanken darauf zuzubewegen, danach zu greifen, es anzufassen, aber es kühlte nur etwas ab oder zuckte vor mir zurück oder glitt weiter weg. Die Lichter in den leeren Büros hatten mich an etwas erinnert, und ich hatte an dich gedacht und versucht, mir dein Haus vorzustellen, glaube ich, und ich erinnerte mich daran, dass ich eine Mail von dir bekommen hatte, und gleichzeitig dachte ich an Simon, an das Rätsel, das er darstellt, und während ich aus dem Taxifenster sah, dachte ich über seine physische Präsenz in der Stadt nach, dass er irgendwo in der Struktur der Stadt anwesend ist, stehend oder sitzend, die Arme so oder anders haltend, bekleidet oder unbekleidet, und Dublin war wie ein Adventskalender, der ihn hinter einem seiner Millionen Fenster verbarg, und die Luft war getränkt, die Temperatur war getränkt von seiner Anwesenheit und deiner Mail, und genau diese Botschaft sendete ich dir sogleich im Kopf zurück. Die Welt schien diese Dinge umfassen zu können, und meine Augen, mein Gehirn schienen sie empfangen und verstehen zu können. Ich war müde, es war spät, ich saß im Halbschlaf auf der Rückbank eines Taxis und erinnerte mich auf eigenartige Weise daran, dass du immer bei mir bist, wohin ich auch gehe, und er auch, und solange ihr beide am Leben seid, wird die Welt schön für mich sein.

Ich hatte nicht die geringste Ahnung, dass du im Krankenhaus die Bibel gelesen hast. Was hat dich dazu bewogen? Und hat es dir geholfen? Ich fand sehr interessant, was du über das Vergeben von Sünden geschrieben hast. Ich fragte Simon letztens, ob er zu Gott bete, und er sagte Ja – »um danke zu sagen«. Und ich denke, würde ich an Gott glauben, ich würde mich nicht vor ihm niederwerfen und um Vergebung bitten wollen. Ich würde ihm einfach jeden Tag danken wollen, für alles.

17

Am zweiten Freitagabend im Mai verbrachte Felix beim Verlassen der Arbeit acht Minuten in der Sicherheitsschlange. Eine der Personen vor ihm hatte die Maschine anschlagen lassen und wurde zum Durchsuchen in einen Seitenraum geführt. Auf einem Blatt Papier an der Tür stand: NUR AUFSICHTSPERSONAL, EINTRITT MIT ID. Die Schlange draußen kam zum Stillstand, aus dem Raum waren laute Stimmen zu hören. Felix tauschte einen Blick mit der Person aus, die vor ihm stand, aber niemand sagte etwas. Als er endlich durch den Scanner konnte und zu seinem Auto kam, war es dreizehn Minuten nach sieben. Der Himmel über ihm war dicht und weiß, hier und da drangen einzelne Sonnenstrahlen durch die tief hängenden Wolken. Er schaltete den CD-Spieler ein, fuhr rückwärts aus der Parklücke und verließ das Industriegebiet.

Ein paar Minuten später bog er auf eine plane Schotterfläche oberhalb des Meeres ein. Das hölzerne Besucherzentrum am Eingang war geschlossen, keine anderen Autos waren in der Nähe. Ein großes, gelbes Plakat vermittelte historische und geografische Informationen. Felix parkte am äußersten Rand des Parkplatzes, vor der Windschutzscheibe breitete sich grau und rau der Atlantik aus. Er löste den Gurt und zog den Reißverschluss seiner schwarzen Steppjacke auf, darunter kam ein ausgewaschenes grünes Sweatshirt mit einem kleinen, weißen gestickten Logo zum Vorschein. Er nahm das Handy aus der Tasche, schaltete es ein, öffnete das Handschuhfach und baute sich einen Joint. Das Handy gab Brummtöne von sich, empfing Nachrichten, die er erhalten hatte, während er arbeiten war, und sein Blick flog zwischen dem Display auf seinem Schoß und dem Blättchen am Lenkrad hin und her. Als er fertig war, schob er sich den Joint zwischen die Lippen, ohne ihn anzuzünden, und scrollte durch Nachrichten und Mitteilungen diverser Social-Media-Kanäle und Apps, dann las er eine Nachricht von seinem Bruder Damian.

Damian: Wann hast du heute Abend Schluss? Du kannst hier vorbeikommen, oder ich bringe alles zu dir, wenn dir das besser passt, sag Bescheid.

Felix schob den Fahrersitz zurück, sah zu der fusselig-grauen Verkleidung des Autohimmels auf und betätigte sein Feuerzeug. Einen Moment lang schloss er die Augen, inhalierte, und dann sah er auf sein Telefon und öffnete den Nachrichtenverlauf. Den vorangegangenen Text hatte Felix gestern gesendet, darin stand: Ruf dich mrg abend nach Arbeit an. Davor waren mehrere Benachrichtigungen über verpasste Anrufe von Damian. Zehn Tage davor stand in einer Nachricht von Felix: Hey sorry nein bin weg. Er starrte ausdruckslos auf den Thread, dann schloss er ihn. Während er tiefe Züge nahm und langsam ausatmete, scrollte er noch eine Weile durch andere Benachrichtigungen, wischte sie weg oder checkte sie. Er hatte eine neue Nachricht über eine Dating-App bekommen, die er auf dem Display öffnete.

Patrick: heute Abend?

Felix tippte auf den Namen »Patrick« und sah die hochgeladenen Fotos durch. Ein Bild zeigte ein paar Männer bei einer Veranstaltung, die sich die Arme um die Schultern gelegt hatten und für die Kamera posierten. Auf einem anderen kniete ein bärtiger Mann neben einem Gewässer und hielt einen riesigen Fisch hoch, der im Sonnenlicht schillerte. Felix ging zurück zu der Nachricht und tippte ins Antwort-Feld: *Vielleicht, was geht?* Ohne auf Senden zu klicken, kehrte er zu der Nachricht von seinem Bruder zurück. Dann sperrte er sein Handy und rauchte weiter und hörte Musik. Manchmal summte oder sang er geistesabwesend mit, seine Stimme klang angenehm und hell. Regen prasselte auf die Windschutzscheibe.

Um fünf nach acht schnippte er den Stummel aus dem Fenster und fuhr vom Parkplatz. Seine Augen waren ein wenig glasig. Als er sich dem Ort näherte, blinkte er, nahm sein Handy vom Armaturenbrett und blinzelte auf das Display. Keine neuen Nachrichten. Ohne offensichtlichen Grund schaltete er den Blinker wieder aus und fuhr geradeaus weiter. Ein Wagen hinter ihm hupte, und Felix murmelte friedlich: Ja, schon gut, fick dich. Er behielt eine Hand am Lenkrad und tätigte mit der anderen einen Anruf.

Nach dem zweiten Klingeln antwortete eine Stimme: Hallo?

Bist du zu Hause?, fragte Felix.

In meinem Haus? Ja.

Beschäftigt?

Nein, kein bisschen. Warum?

Ich komme gerade von der Arbeit, sagte er. Ich dachte, ich schau mal, ob du da bist. Was meinst du?

Na ja, ich bin ganz sicher da. Ich bin hier.

Dann komm ich gleich, sagte Felix.

Er beendete das Gespräch und ließ das Handy geräuschlos auf den Beifahrersitz fallen. Ein paar Minuten später erschien ein großes weißes Haus auf der linken Seite der Straße, und er blinkte wieder.

Es regnete immer noch, als er klingelte. Alice kam zur Tür, sie trug einen Wollpullover über einem dunklen Rock. Ihre Füße waren nackt. Sie hatte die Arme vor der Brust verschränkt, dann öffnete sie sie. Felix sah sie an, schob eine Hand in die Tasche und kniff ein Auge etwas zusammen, als hätte er Schwierigkeiten, den Blick scharf zu stellen.

Hey, sagte er. Stör ich dich?

Kein bisschen. Möchtest du reinkommen?

Wo ich schon mal hier bin, gern.

Er folgte ihr ins Haus, schloss die Tür. Sie ging zum Wohnzimmer, einem großen, rot gestrichenen Raum mit einem offenen Feuer im Kamin. Gegenüber stand ein Sofa, das mit Überwürfen und Kissen in verschiedenen Farben beladen war. Auf dem Beistelltisch lag ein aufgeschlagenes Buch mit den Seiten nach unten, daneben stand eine Tasse mit heißem Tee. Felix blieb im Türrahmen stehen.

Das sieht alles sehr gemütlich aus, sagte er.

Sie lehnte sich gegen das Sofa, verschränkte wieder die Arme.

Was machst du gerade, lesen?, fragte er.

Ja, bis eben.

Ich hoffe, ich störe dich nicht.

Das hast du schon gesagt, meinte sie. Und ich habe dir gesagt, dem ist nicht so.

Einen Moment lang sagten beide nichts mehr. Felix blickte auf den beigefarbenen Teppich oder auf seine Schuhe.

Ich habe eine ganze Weile nichts mehr von dir gehört, sagte sie schließlich.

Anscheinend wenig überrascht von ihrer Frage, studierte er weiter den Teppich. Ja, antwortete er.

Sie sagte nichts. Nach einem Moment warf er ihr einen schnellen Blick zu.

Bist du sauer?, fragte er.

Ich bin nicht sauer, nein. Ich war nur verwirrt. Ehrlich gesagt bin ich davon ausgegangen, dass du mich nicht mehr sehen willst. Ich habe mich gefragt, ob ich etwas falsch gemacht habe.

Er runzelte die Stirn. Äh nein, sagte er. Du hast nichts gemacht. Hör zu, du hast recht, mir war bewusst, dass ein paar Tage vergangen sind.

Sie nickte ausdruckslos.

Willst du, dass ich gehe?, fragte er.

Sie bewegte einen Moment unentschlossen ihre Lippen. Ich bin mir nicht sicher, was genau gerade passiert, sagte sie. Aber vielleicht ist das mein Fehler.

Er schien darüber nachzudenken, oder vielleicht tat er auch nur so. Na ja, ich würde nicht sagen, dass es allein dein Fehler ist, sagte er. Und ich weiß, was du meinst. Ich würde sagen, es liegt an uns beiden. Ich bin im Moment nicht so an großen Verpflichtungen in meinem Leben interessiert, wenn ich ehrlich bin.

Verstehe.

Ja, sagte er. Und dann noch diese Reise nach Italien. Ich dachte, vielleicht gehen wir es danach ein bisschen lockerer an, du weißt schon.

Okay.

Er schaukelte ein wenig auf den Fersen nach hinten. Also gut, sagte er. Dann geh ich mal, oder?

Wenn du willst.

Einen Moment lang rührte er sich nicht, sondern blieb stehen und sah sich vage im Raum um. Es ist dir doch sowieso egal, oder?, fragte er.

Wie bitte?

Er atmete tief durch die Nase ein und wiederholte langsam: Es ist dir doch sowieso egal, oder?

Was ist mir egal?

Ich meine, ob ich gehe oder nicht. Ob du von mir hörst oder nicht. Es ist dir egal.

Ich dachte, es sei offensichtlich, dass es mir nicht egal ist, sagte sie. Du bist es, der meint, es sei mir egal.

Aber so benimmst du dich nicht.

Mit einer Art erstauntem Lächeln erwiderte sie: Was erwartest du denn von mir, dass ich auf die Knie falle und dich anflehe hierzubleiben?

Er lachte vor sich hin. Gute Frage, sagte er. Ich weiß es nicht, vielleicht.

Tja, daraus wird wohl nichts.

Den Eindruck habe ich auch.

Sie sahen sich an. Sie warf ihm einen düsteren Blick zu, und er lachte wieder, schüttelte den Kopf und wandte sein Gesicht ab.

Oh Scheiße, sagte er. Ich weiß nicht. Warum habe ich immer das Gefühl, dass du der Boss bist und ich einfach nur zu tun habe, was du mir sagst?

Keine Ahnung, warum du das Gefühl hast. Ich glaube nicht, dass ich dir schon mal gesagt habe, was du zu tun hast.

Sie sah ihn immer noch an, aber er erwiderte ihren Blick nicht, starrte weiter in Richtung der Fußbodenleiste.

Schließlich sagte sie: Wo du schon mal hier bist, möchtest du was trinken?

Sein Blick wanderte durch den Raum. Er hob die Schultern. Ja, klar, warum nicht, sagte er.

Ich hab eine Flasche Wein da, soll ich Gläser holen?

Er blickte finster vor sich hin und sagte dann: Okay, ja. Er räusperte sich und fügte hinzu: Danke.

Sie ging in die Küche, und er zog die Jacke aus, hängte sie über die Rückenlehne eines Sessels und setzte sich aufs Sofa.

Er nahm sein Handy aus der Tasche und sah auf das Display, das einen verpassten Anruf von Damian anzeigte. Er wischte, um die Mitteilung zu öffnen, und tippte eine Nachricht.

Felix: Hey sorry bin heut abend nicht zu hause . ruf dich vllt morgen an

Innerhalb weniger Sekunden kam die Antwort.

Damian: Es sind jetzt fast 3 Wochen. Wo bist du?

Felix verzog düster das Gesicht und fing an, eine Antwort zu tippen, löschte alles und tippte erneut ein paar Wörter.

Felix: Ich war vorletzte Woche weg und diese Woche arbeiten, wie gesagt, morgen hab ich frei, also ruf ich dich dann an.

Er schickte die Nachricht ab, sperrte das Handy und starrte ins Feuer. Alice kam mit zwei leeren Gläsern und einer Flasche Rotwein zurück. Er sah ihr dabei zu, wie sie die Flasche öffnete und die Gläser füllte.

Führen wir jetzt eins von unseren tiefsinnigen Gesprächen über das Leben?, fragte er.

Sie reichte ihm ein Glas und setzte sich ans andere Ende des Sofas. Hm, sagte sie. Ich bin noch dabei, mich zu orientieren. Keine Ahnung, ob ich schon bereit für tiefsinnige Gespräche bin.

Er nickte und sah in sein Glas. Na gut, sagte er. Was willst du machen, einen Film schauen oder so was?

Wenn du möchtest.

Sie bot ihm an, ihren Netflix-Account durchzusehen, und

nachdem sie ihr Passwort eingetippt hatte, reichte sie ihm ihren Laptop. Er öffnete einen Browser, während sie an ihrem Wein nippte und ins Feuer sah. Mit zwei Fingern scrollte er ziellos durch Vorschaubilder und warf ihr ab und zu einen Blick zu, als wäre er abgelenkt worden. Schließlich sagte er: Hier, ich weiß nicht, was für Filme du magst, such du was aus. Solange es ohne Untertitel ist, schau ich es mir an. Er reichte ihr den Laptop, und sie nahm ihn wortlos entgegen. Er schloss die Augen und ließ den Kopf nach hinten gegen das Sofa sinken. Gott, bin ich müde, sagte er. Wenn ich jetzt noch was trinke, sollte ich nicht mehr fahren. Sie scrollte weiter und sagte: Du kannst heute Nacht hierbleiben, wenn du magst. Er sagte nichts. Auf dem Bildschirm war eine Liste mit Kategorien wie »Von der Kritik gelobte Dramen«, »Düstere Thriller«, »Literaturverfilmungen« zu sehen. Ein toter Zweig knackte im Kamin und sprühte zischend Funken. Alice sah sich zu Felix um, der sehr ruhig mit geschlossenen Augen dasaß. Sie betrachtete ihn ein paar Sekunden, und dann schloss sie den Laptop. Er rührte sich nicht. Eine Zeit lang saß sie im Schneidersitz auf dem Sofa, betrachtete das Spiel der Flammen im Feuerrost, trank ihr Glas Wein, dann schaltete sie das Deckenlicht aus und ging ins Schlafzimmer.

Zweieinhalb Stunden später wachte Felix in derselben Position auf. Der Raum war dunkel, abgesehen von den Feuerresten im Kamin. Irgendwo im Haus war fließendes Wasser zu hören. Er setzte sich aufrecht hin, wischte sich den Mund ab und nahm sein Handy aus der Tasche. Es war fast elf, und er hatte eine einzige neue Nachricht.

Damian: Komm zur Vernunft, Felix. Wo bist du jetzt, dass du mich nicht anrufen kannst?

Felix fing an, eine Antwort zu verfassen, tippte *Wie ist es*, löschte dann *Wie* und tippte *ist es deine*, hielt inne. Eine Zeit lang saß er da und starrte in die schwache Glut im Kamin, die einen tiefen brünierten Schimmer auf sein Gesicht und seine Kleidung warf. Schließlich erhob er sich und verließ das Zimmer. Im Flur war es hell, und er stand mit zusammengezogenen Augenbrauen am Fuß der Treppe, als wartete er darauf, dass sich seine Augen an das Licht gewöhnten. In der Küche lachte Alice und sagte laut: Ach, von so einem Detail würde ich mich nicht stören lassen. Er ging durch den Flur und blieb im offenen Türrahmen stehen. Alice sah gerade in den Kühlschrank, hatte ihm den Rücken zugewandt. Das Licht aus dem Kühlschrank formte einen weißen, rechteckigen Rahmen um ihren Körper. Sie hielt mit einer Hand das Telefon ans Ohr, mit der anderen die Kühlschranktür offen. Ohne etwas zu sagen, legte Felix die rechte Hand an den Türpfosten, möglicherweise unbewusst ihre Haltung imitierend. Alice lachte erneut. Schick mir Bilder, ja?, sagte sie. Sie ließ die Kühlschranktür zufallen und ging zum Spülbecken. Das schwarze Küchenfenster vor ihr reflektierte das erleuchtete Innere des Raums. Als sie aufsah, bemerkte sie, dass Felix hinter ihr stand. Ohne Überraschung sagte sie in ihr Handy: Ich muss jetzt aufhören, weil gerade jemand vorbeigekommen ist, aber wir sehen uns nächste Woche, okay? Felix stand da, sah sie nicht mehr an, sondern starrte auf den Boden. Es gefällt mir, wenn ich dir Rätsel aufgebe, sagte Alice ins Telefon. Bis bald, gute Nacht. Sie legte das Handy auf die Küchentheke und wandte sich Felix zu. Ohne aufzusehen, räusperte er sich und sagte: Tut mir leid. Ich hatte seltsame Arbeitszeiten, offensichtlich war ich müder, als ich dachte. Sie sagte ihm, er solle sich keine Gedanken machen. Er bewegte ein wenig seinen Unterkiefer, nickte. Sie betrachtete ihn noch einen Moment länger, wandte sich dann, als er sie immer noch nicht ansah, ab und packte einen Laib Brot aus.

Hattest du einen langen Arbeitstag?, fragte sie.

Als würde er sich bemühen, belustigt zu klingen, antwortete er: Sie fühlen sich alle lang an in diesem Laden.

Jetzt, da sie ihm den Rücken zugewandt hatte, sah er wieder zur ihr hin. Sie kippte ein paar Brotkrumen von einem kleinen weißen Teller in den Treteimer.

Wer war das am Telefon?, fragte er.

Ach, nur ein Freund.

Nicht deine Freundin Eileen?

Nein, sagte sie. Es ist komisch, Eileen und ich telefonieren nie. Nein, es war ein Freund von mir namens Daniel, ich glaube nicht, dass ich ihn schon mal erwähnt habe. Er lebt in London, er ist Schriftsteller.

Felix nickte vor sich hin. Ich vermute, du hast eine Menge Freunde, die schreiben, oder?, fragte er.

Ein paar.

Er blieb zögernd im Türrahmen stehen, rieb mit den Fingerspitzen fest über das linke Augenlid. Alice nahm einen Lappen von der Spüle und wischte den Küchentisch ab.

Tut mir leid, dass ich dir letzte Woche nicht zurückgeschrieben hab, sagte er.

Schon in Ordnung, vergiss es.

Ich fand es schön mit dir in Italien, ich fühle mich schlecht, wenn du denkst, dem wäre nicht so.

Es ist okay, sagte sie. Ich fand es auch schön.

Er schluckte und steckte die Hand wieder in seine Tasche. Kann ich heute Nacht hierbleiben?, fragte er. Ich glaube, ich bin echt zu kaputt, um noch nach Hause zu fahren. Ich kann auf dem Sofa schlafen, wenn du willst.

Sie legte den Lappen zurück in die Spüle und sagte, sie

würde ihm ein Bett zurechtmachen. Er sah auf den Boden. Sie blieb vor ihm stehen und sagte sanft: Felix, geht es dir gut? Er lächelte schief. Ja, alles gut. Nur müde. Schließlich trafen sich ihre Blicke, und er sagte: Du willst nicht zusammen schlafen, oder? Schon in Ordnung, wenn du darauf keine Lust mehr hast, ich weiß, ich habe mich wie ein Arsch aufgeführt. Sie sah ihn an, ließ ihren Blick über sein Gesicht gleiten. Ich kam mir wirklich dumm vor, als ich nichts mehr von dir gehört habe, sagte sie. Kannst du verstehen, warum es mir so ging, oder findest du, ich übertreibe? Es war offensichtlich, dass er sich jetzt unwohl fühlte. Er sagte, er finde nicht, dass sie übertreibe, habe auf ihre Nachricht antworten wollen, aber dann war schon zu viel Zeit vergangen, und er habe sich befangen gefühlt. Er knetete sich mit der Hand die Schulter. Hör zu, ich geh jetzt, sagte er. Ich kann fahren, mir geht's super. Den Wein hab ich gar nicht getrunken. Tut mir leid, dass ich dein Telefonat gestört hab, du kannst deinen Freund zurückrufen, wenn du magst.

Mir wäre es lieber, wenn du bleibst, sagte sie. Bei mir, wenn du magst. Es stört mich nicht.

Es stört dich nicht, oder du willst es?

Ich will es. Wobei, wenn du mich hinterher wieder ghostest, kann es sein, dass ich denke, dass du mich eigentlich hasst.

Jetzt sah er zufrieden aus und ließ seine Schulter los. Nein, ich werde daran denken, mich zu benehmen, sagte er. Du wirst morgen eine nette, normale Nachricht bekommen, in der steht, dass ich es sehr genossen habe.

Mit schelmischem Blick erwiderte sie: Das ist also normal, ja?

Na ja, als ich das letzte Mal mit jemandem zusammen war, habe ich mich nie gemeldet. Kann sein, dass sie sauer war deshalb, ich weiß es nicht.

Du kannst ja mal probieren, bei ihr vorbeizuschneien und dann für zwei Stunden auf ihrer Couch einzuschlafen.

Er legte die Hand auf seine Brust, als wäre er verwundet. Alice, sagte er. Mach mich nicht fertig. Es ist mir sehr peinlich. Komm her.

Sie ging zu ihm, und er küsste sie. Er bewegte seine Hände über ihren Körper, und sie seufzte sanft. Sein Telefon vibrierte in seiner Tasche, das brummende Geräusch eines Anrufs. Willst du rangehen?, fragte sie. Nein, antwortete er, ich kann ihn wegdrücken. Er nahm das Handy aus der Tasche, tippte auf das Symbol, das den Anruf von Damians Nummer ablehnte, und fuhr fort: Weißt du, was ich wirklich gern tun möchte? Ich will hochgehen und mich auf dein Bett legen, und du erzählst mir alles, was du letzte Woche gemacht hast. Alice sagte, das klinge sehr unschuldig. Na ja, ich kann dich ausziehen, während du redest, sagte er, wie wär's damit? Sie wurde rot, berührte ihre Lippen und sagte: Wenn du möchtest. Er betrachtete sie mit spitzbübischem Vergnügen. Bring ich dich zum Erröten, wenn ich das sage?, fragte er. Ich hätte nichts dagegen, allerdings bist du diejenige, die hauptberuflich versaute Bücher schreibt. Sie sagte, ihre Bücher seien nicht versaut, er sagte, das habe er aber im Internet gelesen. Und ich weiß, dass es dir nicht peinlich ist, öffentlich über Sex zu reden, ich war nämlich dabei, sagte er. Auf der Bühne, als wir in Rom waren, hast du darüber geredet. Alice sagte, das sei etwas anderes, weil es nicht persönlich sei, nur abstrakt. Er betrachtete sie einen Moment lang. Sag mal, fährst du diese Woche nach London, wollte er wissen, oder kommt dein Freund hierher? Ich will nicht neugierig sein, aber ich habe gehört, wie du gesagt hast, dass du ihn nächste Woche siehst. Lächelnd sagte sie, sie müsse beruflich nach London. Eine richtige Jetsetterin, erwiderte er. Wobei London ein ziemliches Drecksloch ist, ich bin nicht neidisch. Ich habe da mal gewohnt. Sein Handy vibrierte wieder, und er seufzte und nahm es aus der Tasche. Ich frage nicht, wer anruft, sagte Alice. Während er den Anruf erneut abwies, erwiderte Felix abwesend: Ach, das ist nur mein Bruder. Ich schlafe nicht hinter deinem Rücken auf anderen Sofas ein, keine Sorge. Sie lachte, was ihm zu gefallen schien. Als er das Handy wieder einsteckte, sagte er: Können wir hochgehen? Wenn wir noch viel länger aufbleiben, wirst du nichts mehr mit mir anfangen können, ich bin kaputt.

Sie gingen in Alice' Schlafzimmer und setzten sich auf ihr Bett. Sie nahm seine Hand und küsste sie, von den Knöcheln die Finger entlang, und führte dann die Spitze seines Zeigefingers in ihren Mund. Erst sagte er nichts, und dann, nach ein paar Sekunden, sagte er: Oh, Scheiße. Er steckte ihr seinen Mittelfinger in den Mund, und sie fuhr mit der Zunge an seiner Unterseite entlang. Alice, sagte er. Sag mal, ist es ganz ausgeschlossen, dass du mir einen bläst? Es ist in Ordnung, wenn nicht. Sie nahm seine Finger aus ihrem Mund und sagte: Nein, es ist nicht ausgeschlossen. Und meinst du, wir könnten das jetzt machen?, fragte er. Mit offenem Mund und entspanntem Ausdruck schob sie ihre Hände unter den Bund seiner Jogginghose. Er legte sich auf den Rücken, den Kopf auf die Kissen gestützt, und sie fing an, ihm einen zu blasen. Er sah ihr zu. Eine Strähne ihres hellen Haares fiel nach vorn, verdeckte teilweise ihr Gesicht. Ihre Lippen waren feucht, die Augen halb geschlossen. Sie fragte ihn, ob es okay sei. Ja, das ist gut, sagte er. Komm mal kurz her. Sie bewegte sich zu ihm hoch, und er schob seine Hand unter ihren Rock. Mit geschlossenen Augen hielt sie sich am Kopfteil hinter ihm fest. Willst du dich auf mich setzen?, fragte er. Sie nickte. Kleidung an oder aus?, fragte sie. Er runzelte nachdenklich die Stirn. Aus, sagte er. Aber ich lasse meine an, wenn es dir nichts ausmacht. Sie zog den Pullover aus, grinste und sagte: Ist das ein Machtspiel? Er schob eine Hand hinter seinen Kopf, sah ihr zu, wie sie die Knöpfe ihrer Bluse aufmachte. Nein, ich bin nur faul, sagte er. Sie zog die Bluse aus und öffnete ihren BH. Seh ich ausgezogen gut aus?, fragte sie. Er berührte langsam seinen Schwanz, während er ihr zusah. Ja, tust du, sagte er. Hab ich dir das noch nicht gesagt? Sie zog Rock und Unterhose über ihre Knöchel und sagte: Als Teenager sah ich wohl gut aus, aber jetzt nicht mehr. Sie ließ die Kleidung von der Bettkante hängen und setzte sich auf ihn. Es hat mir gefallen, dich im Mund zu haben, sagte sie. Ihre Augen waren geschlossen, er sah zu ihr auf. Schön, dass du das sagst, erwiderte er. Was hat dir daran gefallen? Sie atmete tief. Ich hatte Angst, du würdest härter mit mir sein wollen, sagte sie, aber du warst sehr zärtlich. Ich meine noch nicht mal härter, ich meine, ich hatte Angst, du würdest wollen, dass ich ihn tiefer reinnehme, obwohl ich wusste, dass ich das nicht kann. Seine linke Hand lag auf ihrer Hüfte. Du meinst, wie die Leute in Pornos, sagte er. Sie sagte Ja. Ach, ich denke, die haben da besondere Fähigkeiten, sagte er. Ich würde von einer normalen Person nicht erwarten, das zu können. Mit geschlossenen Augen sagte Alice, wenn er wolle, dass sie es lerne, würde sie es versuchen. Noch immer aufmerksam ihr Gesicht betrachtend, sagte er: Mach dir darüber keine Gedanken. Du bläst sehr gut. Möchtest du eigentlich, dass ich es so nenne? Oder anders? Sie lächelte, sagte, sie sei nicht wählerisch. Aber es muss doch Wörter geben, die dich ein bisschen abtörnen, sagte er. Oder nicht? Wenn ich zum Beispiel sagen würde, ich will, dass du meinen Schwanz lutschst, dann würdest du das wahrscheinlich nicht mögen. Sie lachte und sagte, es wäre ihr egal, aber es klänge eher lustig als sexy. Er stimmte ihr zu und sagte, es klänge wie aus einem Film. Hasst du das Wort »ficken«?, fragte er.

Manche tun das, mir macht es nichts aus. Aber wenn ich sage, können wir jetzt ficken, würde dich das abstoßen? Sie sagte, es würde sie nicht abstoßen. In Ordnung, sagte er, dann lass mich dich jetzt ficken. Er zog seine Hand zurück, seine Finger glänzten feucht und hinterließen feuchte Abdrücke auf ihrer Haut, wo er sie berührte. Als die Spitze seines Schwanzes in sie eindrang, atmete sie tief ein und packte seine Schulter. Er war noch immer voll bekleidet, trug das grüne Sweatshirt mit dem kleinen gestickten Logo. Du bist sehr klein, wenn du nichts anhast, sagte er. Ich glaube, das ist mir noch gar nicht so aufgefallen. Sie gab ein Stöhnen von sich, schüttelte den Kopf und sagte nichts. Er setzte sich ein wenig auf und musterte sie. Brauchst du einen Moment?, fragte er. Mit geschlossenen Augen atmete sie lange und tief ein und langsam aus. Ich bin okay, sagte sie. War das alles? Vielleicht, weil sie ihn nicht ansah, erlaubte er sich ein Lächeln. Na ja, fast, sagte er. Bist du in Ordnung? Ihr Gesicht und ihr Hals waren rot. Es ist viel, sagte sie. Er fuhr liebevoll mit der Hand über ihre Seite. Mmh, sagte er. Aber es tut nicht weh, oder? Die Augen immer noch geschlossen, antwortete sie: Ich glaube, es hat beim ersten Mal ein bisschen wehgetan. Er berührte sanft ihre Brüste. Als wir das erste Mal zusammen waren?, fragte er. Das hast du mir nicht gesagt. Sie schüttelte den Kopf, runzelte die Stirn, wie um sich zu konzentrieren. Nein, sagte sie, aber ich wollte nicht, dass du aufhörst, es war schön. Ich fühle mich dadurch ganz ausgefüllt. Er leckte sich die Oberlippe, sah sie immer noch an. Ah, ich liebe es, dir dieses Gefühl zu geben, sagte er. Sie öffnete die Augen und sah ihn an. Er legte seine Hände auf ihre Hüften und zog sie ein wenig runter, ganz sanft, bis er ganz in ihr drin war. Sie atmete tief ein und nickte dann, den Blick immer noch auf ihm. Eine Weile fickten sie und sprachen nicht. Sie schloss fest die Augen, und er fragte sie wieder, ob es ihr gut gehe. Ist es für dich wirklich intensiv?, fragte sie. Er sah mit offener Miene zu ihr auf. Ja, sagte er. Ich glaube übrigens nicht, dass du besser ausgesehen haben kannst, als du ein Teenager warst. Du siehst jetzt unglaublich aus. Und ich wollte noch was dazu sagen. Ein Großteil von dem, was dich so sexy macht, hat damit zu tun, wie du redest, und mit den kleinen Dingen, die du machst. Und ich wette, du konntest dich nicht so gut benehmen, als du jünger warst, oder? Und selbst wenn, ohne allzu sehr zu schwärmen, aber du bist mir so, wie du heute bist, lieber. Ihr Atem ging jetzt stoßweise, und sie griff nach seiner Hand, die er ihr gab. Ich komme, sagte sie. Sie hielt seine Hand ganz fest. Leise sagte er: Sieh mich mal einen Moment an. Sie sah ihn an. Ihr Mund war offen, und sie stieß einen Schrei aus, Dekolleté und Hals waren gerötet. Er erwiderte den Blick, und er atmete schwer. Schließlich legte sie sich auf seine Brust, die Knie um ihn herum hochgezogen. Er fuhr mit der Hand über ihre Wirbelsäule. Eine Minute verging, dann fünf Minuten. Hör mal, nicht so einschlafen, sagte er. Lass uns richtig hinlegen. Sie rieb sich mit dem Handrücken das Auge und stieg von ihm runter. Er zog seine Kleidung zurecht, während sie sich nackt auf die Matratze neben ihn legte. Dann nahm er ihre Hand und küsste sie. Das war doch okay, sagte er, oder? Sie schmiegte ihren Kopf an das Kissen und lachte. Ich wusste gar nicht, dass du mal in London gewohnt hast, sagte sie. Er lächelte vor sich hin, hielt immer noch ihre Hand. Es gibt eine Menge, was du nicht von mir weißt, sagte er. Sie rollte ihre Schultern wohlig gegen das Bettzeug.

Erzähl mir alles, sagte sie.

18

Freundin meines Herzens! Entschuldige bitte die Verzögerung – ich schreibe dir aus Paris, ich bin gerade aus London kommend, wo ich einen Preis entgegennehmen musste, hier eingetroffen. Sie werden es nicht müde, mir Preise zu verleihen, oder? Schade nur, dass ich es so schnell müde geworden bin, sie entgegenzunehmen, sonst wäre mein Leben ein endloser Spaß. Wie auch immer, ich vermisse dich. Ich saß heute Morgen im Musée d'Orsay, sah mir das Porträt des lieben kleinen Marcel Proust an und wünschte, John Singer Sargent hätte ihn stattdessen gemalt. Er ist ziemlich hässlich auf dem Bild, aber trotz dieses unglücklichen Umstands (und ich meine wirklich trotz!) erinnert mich etwas an seinen Augen an dich. Wahrscheinlich schlicht das Leuchten der Brillanz. »Und vielleicht gibt es überhaupt nur einen Geist, an dem jeder einzelne von uns teilhat, einen Geist, auf den jeder in seinem Körper befangen die Blicke geheftet hält, so wie im Theater, wo zwar jeder seinen gesonderten Platz hat, doch nur eine einzige Bühne existiert.« Wenn ich diese Worte lese, bin ich schrecklich glücklich – der Gedanke, ich könnte einen Geist mit dir teilen.

Im oberen Stockwerk des Museums fielen mir heute einige Porträts von Berthe Morisot auf, alle gemalt von Edouard Manet. Auf jedem sieht Morisot ein wenig anders aus, deshalb ist es schwer, sich vorzustellen, wie sie wirklich aussah – wie sie all die unterschiedlichen Nuancen ihrer Abbilder zu einem vollständigen und wiedererkennbaren menschlichen Gesicht vereinigte. Anschließend suchte ich nach einem Foto von ihr und war überrascht von ihren soliden Gesichtszügen, die in Manets Arbeiten oft wolkig oder zart wirken. Auf einem der Gemälde ist sie schön, dunkel, statuesk in einem weißen Kleid. Sie sitzt auf einem Balkon mit zwei anderen Figuren, ihr Unterarm liegt entspannt auf der Brüstung, in der Hand hält sie einen geschlossenen Fächer. Ihr Blick ist abgewandt, fast düster, ihr Gesicht komplex und ausdrucksvoll, sie ist tief in Gedanken versunken. Auf einem anderen Gemälde hat sie weiche, hübsche Züge, sie trägt einen hohen schwarzen Hut und einen schwarzen Schal, sieht den Betrachter direkt an, ihr Blick ist zugleich unsicher und enthüllend. Manet malte sie häufiger als jedes andere Modell, häufiger als seine eigene Frau. Aber wenn ich mir die Gemälde ansehe, nehme ich sie nicht immer sofort als schön wahr. Ihre Schönheit ist etwas, das ich suchen muss, sie erfordert Deutung, intellektuelle oder abstrakte Arbeit, und vielleicht war es das, was Manet an ihr so faszinierend fand – andererseits vielleicht auch nicht. Sechs Jahre lang kam Morisot in sein Atelier, beaufsichtigt von ihrer Mutter, und er malte sie, immer bekleidet. Ein paar ihrer eigenen Gemälde hängen ebenfalls in dem Museum. Zwei Mädchen, die sich eine Parkbank im Bois de Boulogne teilen, das eine in einem weißen Kleid und mit breitem Strohhut, den Kopf über ihren Schoß geneigt, vielleicht liest sie, das andere Mädchen in einem dunklen Kleid, das lange blonde Haar im Nacken mit einer schwarzen Schleife zurückgebunden, was dem Betrachter ihren weißen Hals und das Ohr zeigt. Hinter ihnen das üppige, undeutliche Grün des öffentlichen Parks. Aber Morisot hat niemals Manet gemalt. Sechs Jahre nachdem sie ihn kennengelernt hatte, und anscheinend auf seinen Vorschlag hin, heiratete sie seinen Bruder. Er malte sie danach nur noch einmal, an ihrer zarten Hand glänzte dunkel der Ehering, und danach nie wieder. Findest du nicht, dass das eine Liebesgeschichte ist? Sie erinnert mich an dich und Simon. Und um mich sogar noch weiter zu verplappern, füge ich pflichtgemäß hinzu: Gott sei Dank hat er keine Brüder!

Übrigens und ganz nebenbei bemerkt ist das Problem von Museen wie dem d'Orsay, dass es darin viel zu viel Kunst gibt, sodass irgendwann, ganz egal, wie gut man seine Tour plant oder wie nobel die Absichten sind, immer der Punkt kommt, an dem man genervt an unbezahlbaren Werken von tiefgründigstem Genie vorbeiläuft, auf der Suche nach den Toiletten. Und hinterher fühlt man sich ein wenig herabgesetzt, als hätte man sich selbst enttäuscht – jedenfalls geht es mir so. Ich wette, du suchst in Museen niemals die Toilette, Eileen. Ich wette, sobald du die heiligen Hallen von Europas großen Galerien betrittst, lässt du solche körperlichen Angelegenheiten einfach hinter dir – falls sie dich überhaupt jemals plagen. Man kann sich dich gar nicht als körperliches Wesen vorstellen, nur als einen Strahl reinen Intellekts. Und wie sehr wünschte ich mir im Moment, dass ein klein wenig mehr von deinem Glanz mein Leben erhellte.

Gestern Nachmittag gab ich drei Interviews und hatte einen einstündigen Fototermin, und zwischen zwei Interviews rief mein Vater an, um mir zu sagen, dass er gestürzt sei und im Krankenhaus geröntgt werde. Seine Stimme klang dünn, und er sprach etwas verworren. Der Anruf kam, als ich gerade im Flur des Verlagsgebäudes in Montparnasse stand. Vor mir war der Eingang zur Damentoilette und daneben ein riesiges Poster mit dem Taschenbuch-Bestseller eines französischen Autors. Ich fragte ihn, wann genau er geröntgt würde, aber er wusste es nicht – ich weiß nicht mal, wie er es geschafft hat, mich anzurufen. Als wir fertig waren, ging ich den Flur entlang zurück in einen Büroraum, wo eine nette Journalistin in ihren Vierzigern mich eine Stunde lang zu meinen Einflüssen und meinem literarischen Stil befragte. Das Shooting hinterher fand auf der Straße statt. Einige Passanten blieben stehen und sahen zu, vielleicht waren sie neugierig, wer ich war und warum man mich fotografierte, während mir der Fotograf Anweisungen gab wie »Entspannen Sie Ihr Gesicht« und »Versuchen Sie, einfach mehr wie Sie selbst auszusehen«. Abends um acht brachte mich ein Wagen zu einem Veranstaltungsort in Montmartre, wo ich eine Lesung hatte und Fragen aus dem Publikum beantwortete, während ich zwischendurch aus einer winzigen Plastikflasche lauwarmes Wasser nippte.

Heute Morgen war ich müde und desorientiert, ich lief durch eine Straße in der Nähe des Hotels und stieß schließlich auf eine Kirche, in die ich hineinging; sie war leer. Dort saß ich ungefähr zwanzig Minuten, eingehüllt in die träge, ernste Luft der Heiligkeit, und vergoss ein paar pittoreske Tränen über die Vornehmheit Jesu. Ich will dir damit mein Interesse am Christentum erklären – schlicht gesagt bin ich fasziniert und gerührt von der »Persönlichkeit« Jesu, auf eine recht sentimentale, vielleicht sogar rührselige Weise. Alles an seinem Leben berührt mich. Einerseits verspüre ich ihm gegenüber eine Art persönliche Anziehung und Nähe, die mich an meine Empfindungen für bestimmte fiktionale Lieblingsfiguren erinnert – was Sinn ergibt, wenn man bedenkt, dass ich ihn auf exakt dieselbe Weise kennengelernt habe, also indem ich Bücher über ihn gelesen habe. Andererseits fühle ich mich bei ihm auf andere Weise demütig und beeindruckt. Ich glaube, er verkörpert für mich so etwas wie moralische Schönheit, und meine Bewunderung für diese Schönheit erweckt in mir den Wunsch zu sagen, dass ich ihn »liebe«, obwohl ich mir sehr darüber bewusst bin, wie lächerlich das klingt. Aber,

Eileen, ich liebe ihn wirklich, und ich kann nicht einfach so tun, als wäre es dieselbe Liebe, die ich für Fürst Myschkin oder Charles Swann oder Isabel Archer empfinde. Es ist tatsächlich etwas anderes, ein anderes Gefühl. Und obwohl ich im eigentlichen Sinne nicht wirklich »glaube«, dass Jesus nach seinem Tod auferstanden ist, muss ich doch sagen, dass einige der berührendsten Szenen in den Evangelien, die ich häufiger wiederlese als die meisten anderen, nach der Auferstehung stattfinden. Es fällt mir schwer, den Jesus, der nach der Wiederauferstehung erscheint, von dem Mann zu trennen, der davor erscheint. Sie sind in meiner Vorstellung dasselbe Wesen. Was ich damit meine, ist, dass er in seiner auferstandenen Gestalt weiterhin die Dinge sagt, die »nur er« sagen könnte, sodass ich mir nicht vorstellen kann, sie entsprängen einem anderen Bewusstsein. Aber weiter habe ich mich seiner Göttlichkeit nicht genähert. Ich empfinde eine starke Zuneigung und Hingabe für ihn, und ich bin gerührt, wenn ich über sein Leben und seinen Tod nachdenke. Das ist alles.

Anstatt mich jedoch mit spirituellem Frieden zu erfüllen, lässt sein Beispiel meine eigene Existenz nur trivial und geistlos erscheinen. In der Öffentlichkeit spreche ich immer über Care-Ethik und den Wert der menschlichen Gemeinschaft, aber in Wirklichkeit übernehme ich in meinem Leben keinerlei Fürsorgepflichten, außer für mich selbst. Wer auf dieser Welt verlässt sich auf mich? Niemand. Ich kann mir dafür die Schuld geben, und das tue ich, aber ich denke auch, dass dieses Scheitern grundsätzlicher ist. Früher heirateten Leute in unserem Alter und bekamen Kinder und unterhielten Liebesaffären, jetzt sind alle mit dreißig immer noch Single und haben Mitbewohner, denen sie nie begegnen. Die traditionelle Ehe erfüllte offensichtlich nicht ihren Zweck und scheiterte fast unvermeidlich auf die eine oder andere Weise, aber zumindest war sie ein Versuch, keine traurige, sterile vorweggenommene Vereitelung der Möglichkeit des Lebens. Natürlich würden wir viele Probleme vermeiden, wenn wir alle alleine blieben und zölibatär lebten und unsere persönlichen Grenzen sorgfältig kontrollierten, aber wir hätten auch fast nichts mehr, was das Leben lebenswert macht. Ich vermute, man könnte sagen, dass die alten Formen des Zusammenlebens falsch waren – das waren sie! – und dass wir alte Fehler nicht wiederholen wollten – was wir nicht taten. Aber als wir niederrissen, was uns einengte, womit planten wir es zu ersetzen? Ich rede nicht der einengenden heterosexuellen Monogamie das Wort, ich sage nur, dass sie wenigstens die Möglichkeit enthielt, etwas zu tun, das Leben zu gestalten. Was haben wir jetzt? Stattdessen? Nichts. Wir hassen die Menschen so viel mehr für ihre Fehler, als wir sie lieben, wenn sie Gutes tun, und so ist es am einfachsten, schlicht nichts zu tun, nichts zu sagen und niemanden zu lieben.

Wie dem auch sei: Jesus lehrt uns, über niemanden zu urteilen. Ich kann unversöhnlichen Puritanismus oder moralische Eitelkeit nicht befürworten, aber ich bin in beiderlei Hinsicht kaum perfekt. Meine ganze Manie für Kultur, für »wirklich gute« Dinge, für das Wissen über Jazz-Aufnahmen und Rotwein und dänische Möbel, über Keats und Shakespeare und James Baldwin – ist es vielleicht auch nur eine Form der Eitelkeit oder schlimmer noch, ein kleines Pflaster auf der ursprünglichen Wunde meiner Herkunft? Ich habe eine solche Kluft der Kultiviertheit zwischen mich und meine Eltern gebracht, dass es ihnen unmöglich ist, mich noch zu berühren oder mich überhaupt noch zu erreichen. Und ich blicke über diese Kluft nicht etwa mit einem Gefühl der Schuld oder des Verlusts, sondern mit Erleichterung und Befriedigung. Bin ich besser als sie? Sicherlich nicht, vielleicht mit mehr Glück gesegnet. Aber ich bin anders, und ich verstehe sie nicht sehr gut, und ich kann nicht mit ihnen leben oder sie in mein Innenleben einbeziehen – oder über sie schreiben. Meine töchterlichen Pflichten verrichte ich als eine Abfolge von Ritualen, die mich vor Kritik schützen sollen, während ich nichts von mir selbst gebe. Es war bewegend, was du in deiner letzten Nachricht über den Zusammenbruch unserer Zivilisation geschrieben hast und wie das Leben danach weitergeht. Und doch kann ich mir mein Leben so nicht vorstellen – ich meine, was immer es auch ist, was dann weitergeht, es ist nicht mehr mein Leben, nicht wirklich. Weil ich im tiefsten Innern nur ein Artefakt unserer Kultur bin, ein kleines Bläschen am Rand unserer Zivilisation. Und wenn sie fort ist, werde ich fort sein. Nicht dass es mir etwas ausmachen würde.

PS: Ich frage das wirklich ungern, aber da Simon sagte, dass er auch kommt – soll ich zwei Schlafzimmer vorbereiten oder eines?

19

Am Freitagmorgen regnete es, und Eileen nahm den Bus zur Arbeit. Sie war inzwischen mit *Die Brüder Karamasow* durch und las im Stehen *Die goldene Schale*, mit einer Hand den gelben Haltegriff umklammernd, in der anderen eine Taschenbuchausgabe des Romans. Nachdem sie ausgestiegen war, schob sie sich den Schal über den Kopf und ging ein paar Minuten durch den Regen bis zum Büro in der Kildare Street. Drinnen lachten ihre Kolleginnen über ein satirisches Video über die Brexit-Verhandlungen. Eileen stellte sich zu ihnen und blickte über ihre Schultern auf den Bildschirm, um es sich anzusehen, während der Regen sanft und geräuschlos die Scheiben der Bürofenster herabglitt. Oh, das hab ich schon gesehen, sagte sie. Das ist lustig. Danach machte sie sich einen Kaffee und setzte sich an ihren Schreibtisch. Sie checkte ihr Handy und fand eine Nachricht von Lola bezüglich einer »Kuchenverkostung«. Morgen Abend habe ich etwas vor, ansonsten geht es, schrieb Eileen zurück. Sag mir Bescheid, wann es passt. Lola antwortete innerhalb weniger Minuten.

Lola: Was machst du morgen

Eileen: ich hab was vor

Lola: Haha
Lola: Triffst du dich mit jemandem???

Eileen sah sich im Büro um, als wollte sie sichergehen, dass niemand sie beobachtete, richtete dann die Aufmerksamkeit wieder auf ihr Handy und begann zu tippen.

Eileen: kein kommentar

Lola: Ist er groß

Eileen: geht dich nichts an
Eileen: aber stimmt er ist 1,90

Lola: !!!
Lola: Hast du ihn im Netz kennengelernt?
Lola: Ist er ein Serienkiller?
Lola: Wobei, wenn er 1,90 groß ist, ist das auch wieder egal

Eileen: dieses gespräch ist beendet
Eileen: sag mir bescheid wegen der »verkostung«

Lola: Willst du ihn mit zur Hochzeit bringen?

Eileen: das wird nicht nötig sein

Lola: Warum nicht???

Eileen steckte ihr Handy ein und öffnete ein neues Browserfenster an ihrem Arbeitscomputer. Einen Moment lang zögerte sie, starrte auf das Suchfeld auf der Startseite, und dann tippte sie schnell und leicht die Wörter »eileen lydon« ein und drückte auf die Return-Taste. Eine Seite mit Suchergebnissen erschien auf dem Bildschirm, oben waren ein paar

Fotos zu sehen. Zwischen zwei historischen Schwarz-Weiß-Bildern erschien ein Foto von ihr selbst. Die meisten anderen Ergebnisse verwiesen auf Social-Media-Profile anderer Leute, dazu kamen einige Todesanzeigen und gewerbliche Einträge. Unten auf der Seite war ein Link zur Website des Magazins: Eileen Lydon | Redaktionsassistentin. Sie klickte auf den Link, eine neue Seite öffnete sich, kein Foto, nur ein kurzer Text: *Eileen Lydon ist Redaktionsassistentin und Beiträgerin der Harcourt Review. Ihr Essay über die Romane von Natalia Ginzburg erschien in der Ausgabe 43, Winter 2015*. Der letzte Teil des Satzes war verlinkt, und Eileen klickte darauf, er führte zu einer Seite, auf der man die Magazinausgabe online kaufen konnte. Sie schloss daraufhin den Reiter und öffnete ihren Account mit den beruflichen Mails.

/

Am Abend rief Eileen ihre Eltern auf dem Festnetz an, ihr Vater Pat ging ran. Sie sprachen ein paar Minuten über eine kleinere politische Kontroverse, die an dem Tag Schlagzeilen gemacht hatte, beide mit ähnlicher oder sogar identischer Missbilligung. Bitte, lieber Gott, lass nicht zu viel Zeit bis zur nächsten Wahl vergehen, sagte Pat. Eileen sagte ihm, sie würde die Daumen drücken. Er fragte sie, wie es auf der Arbeit war, und sie sagte: Keine besonderen Vorkommnisse. Sie saß in ihrem Zimmer auf dem Bett, die eine Hand hielt das Telefon ans Ohr, die andere ruhte auf ihren Knien. Ich geb dir mal deine Mutter, sagte er. Es folgte ein Kratzen und dann etwas wie ein Klicken, bevor sie Marys Stimme hörte: Hallo? Eileen lächelte angespannt. Hallo, sagte sie. Wie geht's dir? Eine Weile sprachen sie über die Arbeit. Mary erzählte ihr eine Anekdote über eine neue Kollegin an der Schule, die zwei Lehrerinnen verwechselt hatte, weil beide Ms Walsh hießen. Das ist lustig, sagte Eileen. Danach sprachen sie über die Hochzeit, über ein Kleid, das Eileen in einem Schaufenster gesehen hatte, zwei unterschiedliche Paar Schuhe, zwischen denen sich Mary entscheiden musste, und schließlich kamen sie auf Lolas Benehmen zu sprechen, Marys Reaktion auf Lolas Benehmen und die zugrunde liegende Haltung, die Marys Reaktion auf Lolas Benehmen enthüllte. Wenn sie dir gegenüber die Beherrschung verliert, erwartest du von mir, dir beizustehen, sagte Eileen. Aber wenn sie mir gegenüber die Beherrschung verliert, sagst du, es gehe dich nichts an. Mary seufzte laut in den Hörer. Okay, okay, sagte sie, ich habe versagt, ich habe euch beide enttäuscht, was willst du noch von mir hören? Eileen antwortete streng: Nein, ich habe nichts in der Art gesagt. Nach einem Zögern fragte Mary, ob sie Pläne für das Wochenende habe. Mit Zurückhaltung in der Stimme sagte sie, sie werde am Samstagabend Simon treffen. Hat er noch seine neue Freundin?, fragte Mary. Eileen schloss die Augen und sagte, dass sie es nicht wisse. Du hattest ihn ja mal sehr gern, sagte Mary. Eileen sagte ein paar Sekunden lang nichts. Oder?, soufflierte Mary. Eileen öffnete die Augen. Ja, Mutter, antwortete sie. Mit einem Lächeln in der Stimme fuhr Mary fort: Er ist wirklich ein hübscher Junge. Wobei er mittlerweile über dreißig sein müsste, richtig? Ich bin mir sicher, Andrew und Geraldine hätten nichts dagegen, wenn er sich langsam festlegen würde. Eileen rieb mit der Fingerspitze über eine Stickerei auf der Decke. Vielleicht heiratet er ja mich, sagte sie. Mary stieß ein schockiertes Gelächter aus. Oh, du bist böse, sagte sie. Und weißt du was, so wie du ihn um den Finger gewickelt hast, würde es mich nicht überraschen. Ist das dein neuester Plan? Eileen antwortete, es sei kein »Plan«. Nun, du wärst zu beneiden, sagte Mary. Eileen nickte stumm. Und wäre er denn nicht zu beneiden?, fragte sie dann. Mary lachte wieder. Also Eileen, sagte sie, du weißt doch, wie viel ich von dir halte. Das muss ich sagen, du bist schließlich meine Tochter. Eileen fuhr weiter mit dem Zeigefinger über die raue, holprige Oberfläche der Stickerei. Wenn du es sagen musst, warum habe ich es dich buchstäblich noch nie sagen hören?, fragte sie. Mary lachte jetzt nicht mehr. Okay, Schatz, sagte sie. Dann halte ich dich mal nicht länger auf. Hab einen schönen Abend. Ich hab dich lieb.

Nachdem das Gespräch beendet war, öffnete Eileen ein Chatprogramm und wählte Simons Namen aus. Ihr letzter Austausch war vom Vortag, und sie scrollte hoch, um die Nachrichten im Ablauf noch einmal zu lesen.

Eileen: schick mir ein foto von deinem zimmer

Die nächste Nachricht war ein Foto von einem Hotelzimmer mit einem Doppelbett, das den größten Teil des Raums ausfüllte. Auf dem Bett lag eine lilafarbene Decke und eine zusammengefaltete Überdecke in einem anderen Lilaton.

Eileen: und jetzt eins mit dir drauf …

Simon: Haha
Simon: Politikberater schickt anzügliche Fotos während Gedenkfeier für den Unabhängigkeitskrieg

Eileen: wofür hat die IRA gekämpft, wenn nicht für unsere freiheit, simon?

Simon: »Die Jungs hätten es so gewollt«, verteidigt sich der blamierte ehemalige Berater

Eileen: oh bevor ich es vergesse
Eileen: wusstest du, dass alice diese woche in paris ist?

Simon: Nicht dein Ernst
Simon: Von wo ist sie geflogen?

Eileen: hat sie nicht gesagt aber wohl von dublin aus

Simon: Geheimnisvolle internationale Frau

Eileen: o gott sag das NICHT
Eileen: genau das will sie über sich hören

Simon: Nein, ich hoffe nur, dass es ihr gut geht
Simon: Wenn ich heute Abend früh zurück bin, ruf ich dich an, okay?

Danach hatte Eileen ein Daumen-hoch-Emoji verschickt. Keine weiteren Nachrichten waren ausgetauscht worden. Sie schloss den Verlauf und ging zur Startseite des Chatprogramms zurück. Einen Moment lang schwebte ihr Finger über dem Feld, mit dem sich die App schloss, dann tippte sie, einem spontanen Impuls folgend, Lolas Namen ein. Lolas Nachricht vom selben Tag erschien: Warum nicht??? Eileen tippte mit den Daumen eine Antwort.

Eileen: weil er sowieso da ist

Sie klickte auf Senden, und fast sofort wurde angezeigt, dass Lola die Nachricht »gesehen« hatte. Die animierten Auslassungspunkte wurden angezeigt, und innerhalb von Sekunden erschien die Antwort.

Lola: O Gott
Lola: Wo wir gerade von Serienkillern sprechen
Lola: Bitte sag mir, dass es nicht Simon Costigan ist

Eileen lehnte sich an das Kopfteil und tippte.

Eileen: nach all den jahren bist du immer noch sauer, dass er mich lieber mag als dich

Lola: Eileen
Lola: Du bist nicht ernsthaft mit diesem Verrückten zusammen oder

Eileen: und wenn, ist es nicht deine sache

Lola: Dir ist schon klar, dass er zur Beichte geht
Lola: Er erzählt einem Priester seine bösen Gedanken

Eileen: okay
Eileen: erstens glaube ich nicht, dass das wirklich bei einer beichte geschieht

Lola: Ich wette, er stellt sich als Perverser raus
Lola: Er stand definitiv auf dich, als du 15 warst
Lola: Und da war er mindestens 20
Lola: Frage mich, ob er das mal gebeichtet hat

Eileen: lmao
Eileen: während unseres gesamten lebens gab es exakt einen mann, der mich lieber mochte als dich
Eileen: und du bist immer noch nicht darüber hinweg

Lola: Also gut, Kindchen
Lola: Heul dich bloß nicht bei mir aus, wenn du verheiratet und schwanger bist
Lola: Und plötzlich ein paar Schulmädchen aus deiner Nachbarschaft spurlos verschwinden …

Ein paar Sekunden lang starrte Eileen auf ihr Handy, schüttelte dabei abwesend den Kopf, dann tippte sie wieder.

Eileen: weißt du, warum du ihn so hasst, lola?
Eileen: weil er der einzige mensch ist, der sich jemals auf meine seite und gegen dich gestellt hat

Lola sah die Nachricht, aber es erschienen keine Auslassungszeichen und es kam auch keine Antwort. Eileen sperrte ihr Handy und schob es von sich weg, über das Bett. Sie streckte die Beine aus, öffnete den Laptop und fing an, eine Mail an Alice zu entwerfen. Zwanzig Minuten später brummte ihr Handy wieder, und sie streckte die Hand danach aus.

Lola: Echt lol

Während sie die Nachricht las, atmete Eileen tief ein und ließ die Augen zufallen. Langsam verließ der Atem ihren Körper und kehrte in den Raum zurück, vermischte sich mit der Luft, bewegte sich voran und löste sich auf, Tröpfchen und mikroskopisch kleine Aerosole zerstreuten sich im Raum und sanken langsam, ganz langsam zu Boden.

/

Gegen zehn Uhr am folgenden Abend befand sich Eileen in der Küche eines Hauses in Pimlico, trank Whiskey aus einem

Plastikbecher und sprach mit einer Frau namens Leanne. Manchmal sind die Tage echt lang, sagte Leanne. Aber ein paar Mal pro Woche wäre ich ohnehin bis neun da. Eileen trug eine schwarze Seidenbluse und hatte eine dünne Goldkette um den Hals, die im Licht der Deckenleuchte glänzte. Musik drang aus dem Wohnzimmer, und neben ihnen an der Spüle versuchte jemand, eine Flasche Sekt zu öffnen. Eileen sagte, sie arbeite meistens bis kurz vor sechs. Leanne stieß einen hohen, fast entsetzten Lacher aus. Herrje, sagte sie, bis sechs? Wo arbeitest du noch mal? Eileen sagte, sie arbeite für ein Literaturmagazin. Paula, die Gastgeberin der Party, kam zu ihnen und bot ihnen Sekt an. Eileen hielt ihren Becher hoch und sagte: Danke, ich hab noch. Es klingelte an der Tür, und Paula stellte die Flasche ab und ging. Leanne erzählte Eileen davon, erst kürzlich mehrere Nächte im Büro verbracht zu haben, bei einer Gelegenheit sei sie um halb sieben morgens mit dem Taxi nach Hause gefahren, nur um zwei Stunden später schon wieder ein Taxi zurück zur Arbeit zu nehmen. Ich kann mir nicht vorstellen, dass das gesund ist, sagte Eileen. Die Tür zur Küche öffnete sich, und Leanne drehte sich um, um zu sehen, wer hereingekommen war. Es war Simon, er trug ein weißes Hemd und hatte einen Stoffbeutel über der Schulter hängen. Bei seinem Anblick schrie Leanne auf. Sie breitete die Arme aus, und er nahm die Umarmung an, sah lächelnd an ihr vorbei zu Eileen. Hallo, sagte er. Wie geht's uns?

Gott, das ist ja ewig her, sagte Leanne. Hier, kennst du Paulas Freundin Eileen?

Eileen lehnte am Küchentisch, strich abwesend mit der Fingerspitze über ihre Kette und sah zu ihm.

Hmh, sagte er, wir kennen uns sogar recht gut.

Daraufhin fing Eileen an zu lachen, berührte dabei die Lippen mit ihrer Zunge.

Oh, sagte Leanne. Tut mir leid, das war mir nicht klar.

Er nahm eine Flasche Wein aus seiner Tasche und sagte entspannt: Nein, schon in Ordnung. Eileen und ich sind zusammen aufgewachsen.

Ja, Simon mochte mich sehr gern, als ich noch ein Baby war, sagte Eileen. Er trug mich hinten im Garten herum und gab mir Küsschen. Das hat mir meine Mutter erzählt.

Er lächelte vor sich hin, schraubte seine Weinflasche auf. Sogar als Fünfjähriger hatte ich einen ausgezeichneten Geschmack, sagte er. Nur die besten Babys.

Während ihr Blick zwischen ihnen hin- und hersprang, fragte Leanne Simon, ob er immer noch im Leinster House arbeite. Leider, sagte er. Ist hier irgendwo ein Glas? Leanne sagte, alle Gläser seien dreckig, aber es gebe noch Plastikbecher auf dem Tisch. Ich such mir ein dreckiges und spül es ab, sagte er. Eileen erklärte Leanne, dass Simon aus Respekt für Mutter Natur keine Plastikbecher mehr benutzte. Simon, der gerade ein Weinglas unter kaltem Wasser abspülte, sagte: So wie sie es sagt, klinge ich unerträglich, oder? Aber Leanne, erzähl mal, wie ist es bei der Arbeit? Leanne erzählte ihm von ihrem Job und nahm besonderen Bezug auf einige ihrer Kollegen, die mit ihm befreundet waren. Ein Mann in einer Jeansjacke kam über den Hinterhof herein, zog die Tür hinter sich zu, sagte laut zu niemand Speziellem: Wird kalt da draußen. Durch die Küchentür fing Eileen den Blick ihres Freundes Peter auf, winkte und ging zu ihm, um ihn zu begrüßen. Sie warf einen Blick über die Schulter, wo sich Simon und Leanne unterhielten, Simon lehnte an der Küchentheke, Leanne stand vor ihm und drehte eine Haarsträhne zwischen ihren Fingern.

Das Wohnzimmer war klein und voll, an einer Wand befand sich ein Treppenaufgang, und auf den Bücherregalen standen Topfpflanzen, Blätter fielen über die Buchrücken. Peter stand am Kamin und zog seine Jacke aus, sprach mit Paula über dieselbe politische Kontroverse, die Eileen am Abend zuvor mit ihrem Vater diskutiert hatte. Nein, da kommt niemand unbeschadet raus, sagte Peter. Außer Sinn Féin natürlich. Jemand hatte ein Handy mit den Lautsprechern verbunden, und ein Angel-Olsen-Song fing an, als ihre Freundin Hannah hereinkam. Peter und Eileen ließen ihre Unterhaltung auslaufen, während Hannah zu ihnen rüberkam, mit der Hand umfasste sie den Hals einer Weinflasche, am Handgelenk klingelten Armreifen. Sofort fing sie an, ihnen von einem Problem zu erzählen, das sie am Nachmittag mit ihrer Garagentür gehabt hatte, wie lange sie auf den Handwerker warten musste und dass sie ihre Mutter warten lassen musste, mit der sie zum Lunch in der Stadt verabredet war. Während Eileen zuhörte, glitt ihr Blick zurück zur Küchentür, durch die Simons Gestalt zu sehen war, er lehnte immer noch an der Küchentheke, und jetzt hatten sich noch mehrere Leute dazugesellt. Ihrem Blick folgend, sagte Peter: Der große Mann. Ich wusste gar nicht, dass er hier ist. Hannah hatte einen sauberen Plastikbecher auf dem Beistelltisch gefunden und goss sich etwas zu trinken ein. Sie fragte, über wen sie sprachen, und Peter sagte, über Simon. Oh, hoffentlich hat er Caroline mitgebracht, sagte Hannah. Bei dieser Bemerkung kehrte Eileens Aufmerksamkeit schnell von der Küchentür zu Hannah zurück. Nein, sagte Paula, heute nicht. Hannah schraubte ihre Weinflasche zu, Eileen sah ihr dabei zu. Wie schade, sagte Hannah. Sie ließ die Flasche auf dem Beistelltisch stehen, bemerkte Eileens Blick und fragte: Hast du sie mal kennengelernt, Eileen?

Caroline, wiederholte Eileen. Ist das …?

Die, mit der Simon zusammen ist, sagte Paula.

Eileen lächelte jetzt merklich angestrengt. Nein, erwiderte sie. Ich hab sie noch nicht kennengelernt.

Hannah nahm einen Schluck Wein und fuhr fort: Oh, sie ist toll. Sie wird dir gefallen. Du kennst sie schon, Peter, oder?

Peter wandte sich Eileen zu und sagte: Ja, sie scheint nett zu sein. Und sie ist nur gut zehn Jahre jünger als er, das ist schon mal eine Verbesserung.

Du bist schrecklich, erwiderte Hannah.

Eileen lachte spröde auf. Ich lerne sie nie kennen, sagte sie. Aus irgendeinem Grund stellt er mich ihnen nie vor, ich weiß nicht, warum.

Wie merkwürdig, sagte Peter.

Das ist doch bestimmt nicht wahr, sagte Hannah.

An Eileen gerichtet fuhr Peter fort: Weißt du, ich hatte da immer so ein kleines Fragezeichen, was euch beide betrifft.

Hannah stieß ein entsetztes Lachen aus und packte Eileen am Oberarm. Hör nicht auf ihn, sagte sie. Er weiß nicht, wovon er redet.

Ihre Freundin Roisin gesellte sich zu ihnen und wollte Peters Meinung über die politische Kontroverse hören, die sie zuvor diskutiert hatten. Als Eileen gegen Mitternacht in die Küche ging, um sich etwas zu trinken zu holen, blieb sie stehen, um durch das Fenster in den Hinterhof zu sehen, wo schemenhaft Simons Gestalt zu erkennen war, wie er mit der Frau sprach, die Leanne hieß. Eine Zigarette hing lose zwischen Leannes Zeige- und Mittelfinger, und mit der anderen Hand berührte sie Simons Hemdkragen. Eileen stellte die Flasche weg und verließ die Küche. Im Wohnzimmer saß Roisin auf Peters Schoß, um eine lustige Anekdote nachzuspielen. Eileen stand neben dem Sofa und nippte an ihrem Wein, lächelte zur Pointe, während alle anderen lachten. Danach ging sie in den Flur und zog ihre Jacke unter ein paar anderen hervor, die am selben Haken hingen. Sie ging durch die Vordertür und schloss sie hinter sich. Die Luft war kühl. Hinter ihr war das erleuchtete Wohnzimmerfenster von Paulas Haus, eine warme, tiefgoldene Farbe, und der gedämpfte Lärm aus Musik und Stimmen drang heraus. Eileen nahm ihr Handy aus der Tasche. Die Uhr auf dem Display zeigte 00:08 an. Sie ging durch das Tor auf den Gehsteig und steckte die Hände in die Jackentaschen.

Bevor sie die Straßenecke erreicht hatte, öffnete sich Paulas Haustür wieder, und Simon trat hinaus. Ohne die Tür hinter sich zu schließen, rief er: Hey, gehst du schon? Eileen drehte sich um. Zwischen ihnen lag die Straße dunkel und leer, die gewölbten Dächer der geparkten Autos reflektierten schwach das Licht der Straßenlampen. Ja, sagte sie. Einen Moment lang stand er einfach nur da und sah sie an, vielleicht nachdenklich. Gut, kann ich dich nach Hause bringen?, fragte er. Sie hob die Schultern. Warte hier eine Sekunde, sagte er. Er ging zurück ins Haus, und sie stand da mit den Händen in den Taschen, die Ellbogen abgespreizt, und starrte auf die Risse in der Oberfläche des Gehsteigs. Als er wieder herauskam und die Tür hinter sich schloss, hallte das Geräusch gegen die Wände der gegenüberliegenden Häuserreihe. Er beugte sich runter, schloss sein Fahrrad auf, das er am Geländer von Paulas Vorgarten befestigt hatte, und verstaute Fahrradschloss und Schlüssel in der Stofftasche, die er mitgebracht hatte. Sie sah ihm dabei zu. Er richtete sich auf und schob das Fahrrad zu ihr. Hey, sagte er. Ist alles in Ordnung? Sie nickte. Du bist so plötzlich gegangen, ich habe dich gesucht.

Du kannst nicht sehr lange gesucht haben, sagte sie. Es ist ein sehr kleines Haus.

Er lächelte verwirrt. Nein, na ja, du warst ja auch noch nicht lange weg, sagte er. Keine zwanzig Meter von der Haustür entfernt.

Eileen ging weiter, und Simon lief neben ihr her, sein Fahrrad klackerte leise zwischen ihnen.

Ich fand es nett von Leanne, wie sie vorhin versucht hat, uns einander vorzustellen.

Ja, sie wurde umarmt, fiel mir auf. Mir hast du nicht mal die Hand geschüttelt.

Er lachte. Ich weiß, ich hab mich wirklich zusammengerissen, oder?, sagte er. Aber ich glaube, sie hat es verstanden.

Ausdruckslos sagte Eileen: Hat sie das.

Wieder runzelte er die Stirn, sah sie an. Na ja, ich wollte dich nicht in Verlegenheit bringen, entgegnete er. Was hätte ich sagen sollen? Oh, Eileen und ich müssen einander nicht vorgestellt werden. Wir sind Liebhaber?

Sind wir das?, fragte sie.

Hm, vermutlich benutzt niemand mehr dieses Wort.

Sie erreichten die Kreuzung und bogen links ab, um das Wohngebiet zu verlassen und zurück auf die Hauptstraße zu gelangen. Über ihnen die belaubten, schmalen Bäume, die in regelmäßigen Abständen entlang des Fußwegs gepflanzt waren. Eileens Hände steckten immer noch in ihren Taschen. Sie räusperte sich, und dann sagte sie: Deine Freunde haben mir gerade erzählt, wie toll diese Caroline ist. Die Frau, mit der du zusammen bist. Sie scheinen sie alle sehr zu mögen, offensichtlich hat sie einen großartigen Eindruck hinterlassen.

Simon sah Eileen an, während sie sprach, aber ihr Blick blieb starr auf den Gehweg fixiert. Okay, sagte er.

Mir war nicht klar, dass du sie allen vorgestellt hast.

Nicht allen, sagte er. Sie war ein paar Mal mit uns was trinken, das ist alles.

Kaum hörbar murmelte Eileen: Herrgott.

Eine Weile sprachen sie beide nicht. Schließlich sagte er: Ich habe dir gesagt, dass ich mit jemandem zusammen bin.

Bin ich die einzige von deinen Freunden, die sie nicht kennt?, fragte sie.

Ich weiß, wie das klingt, aber ich habe wirklich versucht, alles richtig zu machen. Es ist nur – weißt du, es ist nicht gerade die unkomplizierteste Situation.

Eileen lachte barsch auf. Ja, muss echt hart sein, sagte sie. Du kannst nicht mit allen vögeln, was? Oder doch, aber dann wird es irgendwann unangenehm.

Simon schien darüber nachzudenken. Dann sagte er: Hör zu, ich verstehe, dass du verärgert bist, aber ich weiß nicht, ob es wirklich ganz fair ist.

Ich bin nicht verärgert, antwortete sie.

Sein Blick glitt über die Straße vor ihnen. Sekunden vergingen mit Schweigen, während sie weitergingen, Autos fuhren auf der Straße an ihnen vorbei. Endlich sagte er: Weißt du, als ich im Februar mit dir ausgehen wollte, hast du mir gesagt, du willst nur mit mir befreundet sein. Du hast nie – und das soll keine Beschuldigung sein, ich gebe hier nur meine Sichtweise wieder – du hast nie an mir Interesse gezeigt, bis ich dir gesagt habe, dass ich mit jemandem zusammen bin. Du darfst mich gern korrigieren, wenn ich falschliege.

Eileens Kopf war nach vorne gebeugt, ihr langer Hals streckte sich über dem Kragen ihrer Jacke, ihr Blick war auf den Gehweg gerichtet. Sie sagte nichts.

Er fuhr fort: Und als du dann wusstest, dass ich mit jemandem zusammen bin, hast du beschlossen, mit mir zu flirten und mich nachts anzurufen, okay, und dann willst du vorbeikommen, wenn ich schon schlafe, und wir machen rum, alles prima. Aber soweit ich das beurteilen kann, war ich immer sehr ehrlich zu dir, es gibt jemand anderen, es ist nicht exklusiv, wenn du bei mir schlafen willst, kein Problem. Ich setze dich nicht unter Druck, eine Entscheidung zu treffen, wie wir zueinander stehen, ich bin auch glücklich, einfach nur Zeit mit dir zu verbringen und zu sehen, wie es läuft. Nach allem, was du gesagt hast, habe ich angenommen, dass es das ist, was du willst. Und es ist wirklich schön, jedenfalls für mich. Ich verstehe vollkommen, warum es unangenehm für dich ist, wenn unsere Freunde über eine andere reden, aber es ist nicht so, dass du nichts von ihr gewusst hättest.

Während er sprach, hob Eileen die Hand zum Gesicht, wischte ruppig ihr Haar aus der Stirn, die Anspannung zeichnete sich in ihren Schultern ab, in ihrem Hals, in den heftigen, fast schon ruckartigen Bewegungen ihrer Finger. Herrgott, wiederholte sie. Wie christlich von dir.

Was soll das jetzt heißen?, fragte er.

Mit einem Lachen, das fast schon ängstlich klang, sagte sie: Ich kann nicht glauben, dass ich so dumm war.

Sie waren vor einem Wohngebäude stehen geblieben, unter einer Straßenlaterne. Er sah sie besorgt an. Nein, sagte er. Du warst nicht dumm. Und mir tut es leid, dass ich dich verärgert habe. Es ist das Letzte, was ich will, glaub mir. Ich habe Caroline diese Woche noch nicht mal gesehen. Falls ich dir den Eindruck vermittelt habe, ich hätte nach dem letzten Wochenende mit ihr Schluss gemacht, tut es mir wirklich leid.

Sie bedeckte ihr Gesicht, rieb sich die Augen, und als sie sprach, klang ihre Stimme dumpf und undeutlich. O Gott, murmelte sie. Ich dachte einfach – nein, ich weiß nicht mal, was ich dachte.

Eileen, was willst du? Wenn du nämlich ernsthaft willst, dass wir zusammen sind, kann ich jederzeit mit Caroline Schluss machen. Das mache ich gern, mehr als gern. Aber wenn du das nicht willst und wir nur ein bisschen rumspielen und Spaß haben, dann, na ja. Ich kann nicht bis an mein Lebensende Single bleiben, weil es dir besser passt. Ich muss irgendwann darüber hinwegkommen. Verstehst du, was ich sagen will? Ich versuche nur herauszufinden, was du willst.

Mit geschlossenen Augen schwieg sie ein paar Sekunden lang. Und dann sagte sie mit leiser, flacher Stimme: Ich will nach Hause.

Gut, sagte er. Du meinst jetzt?

Sie nickte, die Augen immer noch geschlossen.

Es geht wahrscheinlich am schnellsten, wenn wir weiter zu Fuß gehen, sagte er. Ist das in Ordnung? Ich bringe dich bis zu deiner Tür.

Sie sagte Ja. Schweigend liefen sie zur Thomas Street und bogen links ab, gingen weiter auf St Catherine's zu. An der Ampel warteten ein paar Autos und ein Taxi mit eingeschaltetem Licht. Ohne ein Wort gingen sie die Bridgefoot Street entlang und überquerten eine Brücke bei Usher's Island. Straßenlichter zerfielen und verschwammen auf der schwarzen Oberfläche des Flusses. Schließlich erreichten sie Eileens Haus und standen zusammen unter dem hervorstehenden Bogen des äußeren Eingangs. Er sah sie an, und sie sah ihn, den Kopf ganz gerade, ebenfalls an. Nachdem sie tief eingeatmet hatte, brachte sie mühsam hervor: Lass es uns einfach vergessen, ja? Er wartete einen Moment, wie um sie fortfahren zu lassen, aber das tat sie nicht. Tut mir leid, wenn das klingt, als wäre ich schwer von Begriff, erwiderte er, aber was meinst du? Sie sah ihn weiter an, ihr Gesicht dünn und bleich. Wahrscheinlich die ganze Sache, sagte sie. Und wir können einfach wieder Freunde sein. Er fing an zu nicken, während sie ihn betrachtete. Klar, sagte er. In Ordnung. Ich bin froh, dass wir darüber geredet haben. Er hielt kurz inne, fügte dann hinzu: Es tut mir leid, falls du gedacht hast, ich würde dich bei Paula ignorieren. Ich hatte mich darauf gefreut, dich zu sehen, sehr sogar. Ich wollte nicht, dass du dich ignoriert fühlst. Aber das ist alles. Ich gehe jetzt nach Hause, okay? Vielleicht sehen wir uns unter der Woche nicht, aber wir sehen uns auf jeden Fall auf der Hochzeit. Sie schien zu schlucken, und dann fragte sie zögerlich: Wird Caroline auch da sein? Ich weiß noch, dass du darüber nachgedacht hast, sie mitzubringen. Er sah Eileen an und fing an zu lächeln. Ach, nein, sagte er. Ich habe sie dann doch nicht eingeladen. Aber wenn es dir nur darum ging, hättest du mir das einfach sagen können. Kein Grund für komplizierte Manöver. Sie wandte ihr Gesicht ab, schüttelte den Kopf. Nein, darum ging es nicht, sagte sie. Er betrachtete sie noch einen Moment länger, dann sagte er freundlich: Schon in Ordnung. Bis bald. Er ging fort, und die Reifen seines Fahrrads rollten prall und leise über die asphaltierte Straßenoberfläche.

Eileen nahm die Schüssel aus ihrer Tasche und schloss die Tür zum Gebäude auf, ging die Treppen hinauf und durch ihre Wohnungstür. Sie stieß blind ihre Schlafzimmertür auf und knallte sie zu, legte sich aufs Bett und fing an zu weinen. Ihr Gesicht war rot, eine Ader zeigte sich auf ihrer Schläfe. Sie zog ihre Knie an die Brust und schluchzte mit einem schmerzlichen Geräusch in der Kehle. Sie zog einen ihrer flachen Lederschuhe aus, warf ihn fest an die gegenüberliegende Wand, und er fiel schlaff auf den Teppich. Sie gab einen Laut von sich, fast schon einen Schrei, und vergrub das Gesicht kopfschüttelnd in den Händen. Eine Minute verging. Zwei Minuten. Sie setzte sich auf, wischte sich über das Gesicht und hinterließ dabei schwarze Make-up-Spuren unter den Augen und auf ihrer Hand. Drei Minuten, vier. Sie stand auf, ging zum Fenster und sah durch die Vorhänge. Die Scheinwerfer eines Autos zogen vorbei. Ihre Augen waren gerötet und geschwollen. Sie rieb sie noch einmal mit der Hand und nahm dann ihr Telefon aus der Tasche. Es war jetzt 00:41. Sie öffnete ein Chatprogramm und tippte Simons Namen ein. Ein Austausch von früher am Tag erschien auf dem Display. In das Antwortfeld tippte Eileen langsam die Wörter: *Herrgott Simon ich hasse dich so sehr.* In Ruhe begutachtete sie diese Nachricht, und dann, anscheinend mit Absicht, fügte sie hinzu: *Für dich hatten wir also die ganze Woche über nur »Spaß«, und du warst währenddessen mit einer anderen zusammen? Als du dich bei mir letztens ausgeheult hast, weil du ach so einsam warst, sollte das ein Witz sein? Was stimmt nicht mit dir, verdammt noch mal?* Ihr Blick bewegte sich über den Text, langsam, nachdenklich. Dann löschte sie alles mit dem Daumen auf der Backspace-Taste, atmete tief und schwer und fing wieder an zu tippen. *Simon, es tut mir leid. Ich fühle mich schrecklich. Ich weiß nicht, was ich da tue. Manchmal hasse ich mich so sehr, dass ich mir wünsche, etwas Schweres würde mir auf den Kopf fallen und mich umbringen. Du bist die einzige Person, die immer gut zu mir ist, und jetzt willst du wahrscheinlich nie wieder mit mir sprechen. Ich weiß nicht, warum ich alles, was in meinem Leben gut ist, ruiniere. Es tut mir leid.* Als sie fertig getippt hatte, zeigte die Uhr auf dem Display 00:54 an. Sie scrollte zurück zum Anfang der Nachricht und wieder runter zum letzten Satz. Dann hielt sie erneut den Daumen auf der Backspace-Taste gedrückt. Wieder war das Antwortfeld leer, der Cursor blinkte rhythmisch über grau unterlegtem Text: Nachricht eingeben. Sie sperrte ihr Telefon und ließ sich aufs Bett fallen.

20

Alice, ich bin ein wenig verblüfft, dass du schon wieder beruflich auf Reisen bist. Als wir im Februar sprachen, hatte ich den Eindruck, du verlässt Dublin, weil du niemanden sehen wolltest und Zeit brauchtest, um dich zu erholen. Als ich mich besorgt darüber äußerte, dass du die ganze Zeit allein sein würdest, sagtest du mir sogar, genau das würdest du brauchen. Ich finde es ein wenig seltsam, dass du mir jetzt diese redseligen Mails über Preisverleihungen in Paris schickst. Wenn es dir besser geht und du froh darüber bist, wieder zu arbeiten, ist das natürlich toll. Aber vermutlich fliegst du für diese Reisen von Dublin aus? Hättest du denn nicht deinen Freunden sagen können, dass du in der Stadt bist? Jedenfalls hast du weder Simon noch mir etwas gesagt, und Roisin hat mir gerade erzählt, dass sie dir vor zwei Wochen geschrieben und keine Antwort bekommen hat. Ich verstehe vollkommen, wenn du keine Lust hast, gesellig zu sein, aber vielleicht setzt du dich damit unter Druck, wenn du zu schnell wieder arbeitest. Weißt du, was ich meine?

Während der letzten Tage habe ich über die letzten Passagen deiner Nachricht nachgedacht – darüber, ob das Scheitern, wie du sagst, »grundsätzlicher« ist. Ich weiß, wir sind uns einig darin, dass die Zivilisation in ihrer dekadenten Verfallsphase und grellen Hässlichkeit das vorherrschende visuelle Merkmal modernen Lebens ist. Autos sind hässlich, Gebäude sind hässlich, massenproduzierte Wergwerfgüter sind unsagbar hässlich. Die Luft, die wir atmen, ist giftig, das Wasser, das wir trinken, voller Mikroplastik, und unser Essen ist mit krebserregenden Teflon-Chemikalien kontaminiert. Die Qualität unseres Lebens nimmt ab und damit einhergehend die Qualität der uns zugänglichen ästhetischen Erfahrung. Der Gegenwartsroman ist (mit sehr wenigen Ausnahmen) irrelevant, das Mainstream-Kino ist ein familienfreundlicher Albtraumporno, gesponsert von Autoherstellern und dem US-Verteidigungsministerium, und bildende Kunst ist in erster Linie ein Warenmarkt für Oligarchen. Unter diesen Umständen ist es schwer, nicht den Eindruck zu gewinnen, das moderne Leben schneide schlecht ab im Vergleich mit den alten Lebensweisen, die mehr und mehr für eine verloren gegangene Substanz stehen, eine tiefere Verbindung zur Essenz menschlicher Existenz. Dieser nostalgische Impuls ist natürlich extrem wirksam und wurde in letzter Zeit sehr erfolgreich von reaktionären und faschistischen politischen Bewegungen bedient, aber ich bin nicht davon überzeugt, dass er deshalb in seinem Wesen selbst faschistisch ist. Ich finde, es ist nur vernünftig, dass die Menschen sich nach einer Zeit zurücksehnen, bevor die Natur anfing zu sterben, bevor gemeinschaftliche Kultur zum Massenmarketing degradiert wurde und unsere Städte und Siedlungen sich in anonyme Knotenpunkte der Erwerbsarbeit verwandelten.

Ich weiß, du persönlich findest, dass die Welt aufhörte, schön zu sein, nachdem die Sowjetunion zerfiel. (Kleine Nebenbemerkung, ist es nicht komisch, dass dieses Ereignis fast genau mit deinem Geburtsdatum zusammenfällt? Das könnte erklären, warum du glaubst, dass dich so viel mit Jesus verbindet, der sich doch auch als Vorbote der Apokalypse sah.) Aber nimmst du manchmal auch eine Art verwässerter, persönlicher Version dieses Gefühls wahr, so als ob dein eigenes Leben, deine eigene Welt langsam, aber merklich zu einem hässlicheren Ort wird? Fühlst du dich auch, als wärst du nicht mehr auf Höhe der kulturellen Diskurse, obwohl du das immer warst, abgeschnitten von der Welt der Ideen, entfremdet, ohne intellektuelle Heimat? Hat es etwas mit diesem speziellen historischen Moment zu tun, oder werden wir einfach nur älter und desillusionierter, und es geht allen so? Wenn ich darauf zurückblicke, wie wir waren, als wir uns zum ersten Mal begegneten, glaube ich nicht, dass wir mit irgendwas wirklich falschlagen, außer was uns selbst betraf. Die Ideen waren richtig, der Irrtum bestand darin zu glauben, wir wären wichtig. Nun, uns beiden wurde dieser spezielle Irrtum auf unterschiedliche Art ausgetrieben – mir dadurch, dass ich in über einem Jahrzehnt meines Erwachsenenlebens exakt nichts erreicht habe, und dir (wenn du erlaubst) dadurch, dass du so viel erreicht hast, wie nur möglich war, und trotzdem nicht das Geringste am reibungslos funktionierenden Getriebe des kapitalistischen Systems änderst. Als wir jung waren, dachten wir, unsere Verantwortlichkeiten erstreckten sich auf die gesamte Welt und alles, was darauf lebt. Und jetzt müssen wir uns damit zufriedengeben, wenigstens zu versuchen, diejenigen nicht im Stich zu lassen, die wir lieben, nicht zu viel Plastik zu benutzen und in deinem Fall alle paar Jahre ein interessantes Buch zu schreiben. So weit, so gut, was das betrifft. Arbeitest du eigentlich an einem neuen?

Ich nehme mich noch immer als einen Menschen wahr, der an der Erfahrung von Schönheit interessiert ist, aber ich würde mich nie als »an Schönheit interessiert« beschreiben (außer dir gegenüber, in dieser Mail), weil dann alle denken würden, ich interessiere mich für Kosmetik. Vermutlich ist das die primäre Bedeutung des Wortes »Schönheit« in unserer Kultur, und es erscheint mir durchaus aufschlussreich, dass sie für etwas so grundlegend Hässliches steht – für Plastiktheken in teuren Kaufhäusern, für Billigdrogerien, für synthetische Parfums, für Wimpernverlängerung, für Tiegel mit »Erzeugnissen«. Wenn ich darüber nachdenke, kommt es mir vor, als sei die Schönheitsindustrie für einige der schlimmsten Abscheulichkeiten verantwortlich, die wir zu sehen bekommen, und für das schlimmste, das falscheste ästhetische Ideal, nämlich das des Konsumismus. All die Trends und Looks stehen letztlich für dasselbe Prinzip: Geldausgeben. Ernsthaft offen für ästhetische Erfahrung zu sein, verlangt vermutlich zuallererst die völlige Ablehnung dieses Ideals, ja sogar eine pauschale Gegenreaktion, die selbst dann, wenn sie zunächst vordergründig mit Hässlichkeit einhergeht, weitaus besser und wesentlich »schöner« ist als eine gekaufte Steigerung der persönlichen Attraktivität. Natürlich wünsche ich mir, besser auszusehen, und natürlich genieße ich die Bestätigung des Eindrucks, tatsächlich gut auszusehen, aber die Verwechslung dieser im Grunde autoerotischen oder statusgesteuerten Impulse mit wahrer ästhetischer Erfahrung scheint mir ein extrem schwerwiegender Fehlgriff zu sein, sofern jemandem Kultur wirklich am Herzen liegt. War das Ausmaß und die Intensität dieser Verwechslung jemals zuvor so dramatisch wie heute?

Erinnerst du dich noch, als vor ein paar Jahren mein Essay über Natalia Ginzburg veröffentlicht wurde? Ich habe es dir damals nicht erzählt, aber ich wurde tatsächlich von einer Agentin aus London kontaktiert, die mich fragte, ob ich an einem Buch arbeite. Ich habe es dir verschwiegen, weil du so beschäftigt warst und wohl auch, weil es so klein schien im Vergleich zu allem, was in deinem Leben gerade geschah. Es ist mir peinlich zuzugeben, diesen Vergleich überhaupt angestellt zu haben. Trotzdem freute ich mich zunächst über die

Mail und zeigte sie Aidan, obwohl er wirklich gar nichts über die Verlagsbranche wusste und es ihn auch nicht sehr interessierte, und ich erzählte es sogar meiner Mutter. Nach ein oder zwei Tagen fühlte ich mich dann verunsichert und gestresst, weil es kein Buch gab, an dem ich arbeitete, und weil ich keine Ahnung hatte, worüber ich ein Buch schreiben könnte, und ich glaubte auch nicht, das Durchhaltevermögen für ein so großes Projekt zu besitzen. Je länger ich darüber nachdachte, desto mehr kam ich zu der Überzeugung, dass es quälerisch und verzweifelt wäre, auch nur in Erwägung zu ziehen, ein Buch zu schreiben, denn woher sollten die intellektuelle Tiefe oder die originellen Ideen kommen, und warum würde ich das überhaupt wollen – nur um es getan zu haben? Oder zu glauben, ich wäre dir ebenbürtig? Es tut mir leid, wenn das alles so klingt, als würdest du groß und bedrohlich über meinem Innenleben hängen. Das ist normalerweise nicht der Fall, und wenn, dann nur auf positive Weise. Jedenfalls habe ich am Ende nie auf die Mail der Agentin geantwortet. Sie blieb in meinem Posteingang, und ich fühlte mich schlechter und schlechter, bis ich sie irgendwann löschte. Ich hätte mich wenigstens bei ihr bedanken und ihr absagen können, aber das tat ich nicht, oder ich konnte es nicht, keine Ahnung, warum. Wahrscheinlich ist es jetzt egal. Das Dumme daran ist nur, dass es mir wirklich Spaß gemacht hat, diesen Essay zu schreiben, und ich wollte wirklich noch einen schreiben, aber nachdem ich diese Mail bekommen hatte, ging es nicht mehr. Wenn ich wirklich Talent hätte, dann hätte ich mittlerweile auch etwas mit meinem Leben angestellt – ich mache mir nichts vor, was das angeht. Ich würde scheitern, wenn ich es versuchte, und deshalb habe ich es nie versucht.

In einer Mail vor ein paar Monaten hast du geschrieben, dass Aidan und ich nie zusammen glücklich waren. Das stimmt nicht ganz, wir waren es am Anfang eine ganze Weile, aber ich weiß, was du meinst. Und ich frage mich, warum ich so viel Zeit damit verbracht habe, mit dem Ende von etwas zu hadern, was ohnehin nicht gut lief. Vermutlich hat es mit dem schwierigen Gefühl zu tun, dreißig zu werden, ohne auch nur eine glückliche Beziehung gehabt zu haben. Ich denke, ich wäre oberflächlich betrachtet vielleicht unglücklicher, aber weniger gebrochen, wenn ich einfach nur eine Trennung betrauern könnte und nicht meine lebenslange Unfähigkeit, bedeutsame Beziehungen aufrechtzuerhalten. Aber vielleicht geht es auch gar nicht darum. Wenn ich daran denke, wie oft ich darüber nachgedacht und sogar darüber gesprochen habe, mit Aidan Schluss zu machen – warum habe ich es eigentlich nie getan? Ich glaube nicht, dass es daran lag, dass ich ihn geliebt habe, auch wenn ich das tat, und ich glaube auch nicht, dass ich dachte, ich würde ihn vermissen, das kam mir erst gar nicht in den Sinn, und wenn ich ehrlich bin, habe ich ihn auch nie vermisst. Manchmal denke ich, ich hatte vielleicht Angst, dass mein Leben ohne ihn einfach genauso wäre oder sogar schlimmer und dass ich mir eingestehen müsste, dass es an mir lag. Dass es leichter und sicherer war, in der schlechten Situation zu verbleiben, als die Verantwortung dafür zu übernehmen, ihr zu entkommen. Vielleicht, vielleicht, ich weiß es nicht. Ich rede mir ein, dass ich glücklich sein will und dass die Umstände dafür einfach noch nicht eingetreten sind. Aber was, wenn das nicht stimmt? Was, wenn ich mein Glück nicht zulasse, weil ich Angst habe oder mich lieber im Selbstmitleid suhle oder nicht glaube, etwas Gutes verdient zu haben? Immer, wenn etwas Gutes in meinem Leben geschieht, ertappe ich mich bei dem Gedanken: Wie lange wird es wohl dauern, bis es sich als schlecht herausstellt? Und dann will ich beinahe, dass es passiert, möglichst schnell, lieber früher als später und am besten sofort, dann muss ich wenigstens keine Angst mehr davor haben.

Falls ich, was ich mittlerweile für nicht unwahrscheinlich halte, niemals Kinder haben oder ein Buch schreiben sollte, dann hinterlasse ich nichts auf dieser Welt, das an mich erinnert. Und vielleicht ist das besser so. Es gibt mir das Gefühl, ich sollte meine Energie nutzen, um zu leben und glücklich zu sein, anstatt mich über den Zustand der Welt zu sorgen und zu beklagen, was ohnehin niemandem hilft. Wenn ich versuche, mir vorzustellen, wie ein glückliches Leben für mich aussehen könnte, dann hat sich diese Vorstellung seit meiner Kindheit nicht wirklich verändert – ein Haus umgeben von Blumen und Bäumen, mit einem Fluss in der Nähe und einem Zimmer voller Bücher und jemandem, der mich liebt, das ist alles. Ein Zuhause und die Möglichkeit, mich um meine Eltern zu kümmern, wenn sie älter werden. Niemals umziehen müssen, niemals mehr ein Flugzeug besteigen müssen, einfach nur in Ruhe leben und dann in der Erde begraben sein. Welchen anderen Sinn sollte das Leben haben? Aber selbst das scheint so weit weg zu sein, dass es wie ein Traum wirkt, ohne Bezug zu irgendetwas in der Realität. Und ja, was mich und Simon angeht, bitte zwei Schlafzimmer. Alles Liebe, immer. E.

21

Am folgenden Abend, einem Mittwoch, traf sich Alice mit Felix und einigen seiner Freunde in einer Bar namens The Sailor's Friend an einer Straßenecke nahe dem Pier. Sie kam gegen neun an, vom Spaziergang errötet; sie trug einen grauen Rollkragenpullover und eine Keilhose. In der Bar war es warm und laut, eine lange dunkle Theke erstreckte sich über die linke Seite, und dahinter, über den Flaschen mit dem hochprozentigen Alkohol, befand sich eine Sammlung bunter Postkarten. Vor einem offenen Kamin schlief ein Lurcher, sein Kopf ruhte auf den Pfoten. Felix und seine Freunde saßen hinten bei einem Fenster und diskutierten gerade gut gelaunt über das Marketing von Onlineglücksspielen. Als Felix sah, dass Alice sich näherte, stand er auf, begrüßte sie, berührte ihre Taille und fragte, was sie trinken wolle. Dann deutete er auf seine Freunde und fügte hinzu: Du kennst die Meute, ihr seid euch schon begegnet. Setz dich, ich geh und hol dir was. Sie setzte sich zu seinen Freunden, während er zur Bar ging. Eine Frau namens Siobhán erzählte von einem Bekannten, der einen Kredit über sechzigtausend Euro aufnehmen musste, um Spielschulden zu begleichen. Alice schien diese Geschichte sehr interessant zu finden und stellte ein paar konkrete Fragen. Als Felix mit dem Wodka Tonic zurückkam, setzte er sich neben sie und legte seine Hand auf ihren unteren Rücken, strich mit den Fingern über die Wolle ihres Pullovers.

Um Mitternacht gingen sie zusammen von der Bar zu ihm.

Im Bett in seinem Schlafzimmer in der oberen Etage legte sich Alice flach auf den Rücken, Felix lag auf ihr. Ihre Augenlider flatterten, und sie atmete heftig, laut. Er verlagerte sein Gewicht auf einen Ellbogen, drückte ihr rechtes Bein gegen ihre Brust. Hast du an mich gedacht, als du weg warst?, fragte er. Mit gepresster Stimme antwortete sie: Ich denke jede Nacht an dich, und er schloss die Augen. Ihr Atem schien in Wellen über sie zu kommen, sich in ihre Lunge und durch den offenen Mund wieder herauszudrängen. Seine Augen waren immer noch geschlossen. Alice, sagte er, kann ich kommen, ist das okay? Sie schlang ihre Arme um ihn.

Am Morgen setzte er sie auf dem Weg zur Arbeit zu Hause ab. Bevor sie aus dem Auto stieg, fragte sie ihn, ob sie sich zum Abendessen treffen würden, und er sagte Ja. Denken deine Freunde, dass wir zusammen sind?, fragte sie. Er lächelte darüber. Na ja, wir sind jetzt schon eine Weile befreundet, antwortete er. Ich bezweifle, dass sie nachts wach liegen und darüber nachdenken, aber ja, sie nehmen es vermutlich an. Er zögerte und fügte hinzu: Und die Leute im Ort reden darüber. Mir ist es egal, ich sag es dir nur, damit du es weißt. Alice fragte ihn, was genau die Leute im Ort sagen würden, und Felix zog die Augenbrauen zusammen. Ach, eigentlich nichts weiter, sagte er. Diese Schriftstellerin, die oben im Pfarrhaus wohnt, hängt mit dem Brady-Jungen rum. So was in der Art. Alice sagte, sie würden ja tatsächlich miteinander »rumhängen«, und Felix stimmte ihr zu. Das sorgt möglicherweise für etwas Stirnrunzeln, fügte er hinzu, aber das kann dir egal sein. Sie fragte ihn, warum irgendjemand bei der Vorstellung von zwei jungen Singles, die zusammen rumhängen, die Stirn runzeln sollte, und er rieb nachdenklich mit der Hand über die Gangschaltung. Lass es mich so sagen: Ich gelte nicht unbedingt als gute Partie, sagte er. Nicht als der zuverlässigste Mensch, den es so gibt. Und um ganz ehrlich zu sein, schulde ich ein paar Leuten im Ort auch noch etwas Geld. Er räusperte sich. Aber hör zu, wenn du mich magst, dann ist das nur deine Sache, sagte er. Und ich werde mir kein Geld von dir leihen, keine Sorge. Jetzt raus, oder ich komme zu spät, gute Frau. Sie schnallte sich ab. Ich mag dich wirklich, sagte sie. Ich weiß, erwiderte er. Na los, geh schon.

An diesem Morgen, während Felix bei der Arbeit war, telefonierte Alice mit ihrer Agentin, besprach Einladungen, die sie von Literaturfestivals und Universitäten bekommen hatte. Zur gleichen Zeit verwendete Felix einen Handscanner, um Pakete zu identifizieren und auf beschriftete Rollbehälter zu sortieren, die dann von anderen Arbeitern abgeholt und weggerollt wurden. Einige dieser Arbeiter grüßten Felix, wenn sie kamen, um die Behälter abzuholen, andere nicht. Er trug eine schwarze Trainingsjacke mit Reißverschluss, den er ganz hochgezogen hatte, und manchmal schob er das Kinn unter den hochgestellten Kragen, weil ihm offensichtlich kalt war. Während sie mit ihrer Agentin sprach, machte sich Alice auf ihrem Laptop Notizen in einem Mail-Entwurf mit dem Betreff »Buchtermine Sommer«. Nach dem Anruf schloss sie die Mail und öffnete ein Textdokument mit Notizen für eine Buchrezension, die sie für ein Londoner Literaturmagazin verfasste. Im Warenlager schob Felix einen der hohen Rollbehälter durch einen von weißen Leuchtstoffröhren erhellten Gang mit Regalen. Gelegentlich blieb er stehen, schaute prüfend auf ein Etikett, checkte seinen Scanner und scannte dann den Posten ein und legte ihn auf seinen Rollbehälter. Alice aß zwei Stück Butterbrot von einem kleinen Teller, schnitt sich einen Apfel auf, machte sich eine Tasse Kaffee und öffnete einen Mail-Entwurf an Eileen.

Felix beendete seine Schicht um sieben Uhr abends, während Alice kochte. Auf dem Weg aus der Lagerhalle schrieb er ihr.

Felix: Hey sorry aber ich komme doch nicht zum Abendessen
Felix: Ich mach was mit ein paar Leuten v d Arbeit
Felix: Ich wär eh keine gute Gesellschaft weil mies gelaunt
Felix: Seh dich vllt morgen je nachdem wie kaputt ich bin

Alice: oh
Alice: das ist schade

Felix: Nicht wie ich grad drauf bin glaub mir

Alice: ich mag dich, ganz egal, wie du drauf bist

Felix: Kannst mir ja hier nen Liebesbrief schreiben während ich mich wegsaufe
Felix: Und ich les ihn wenn ich zu Hause bin

Alice legte ihr Telefon weg und starrte ein paar Sekunden lang ausdruckslos in das leere Spülbecken. Felix sagte seinem Freund Brian, er könne ihn bis zu Mulroy's mitnehmen, und dann würde er das Auto zu Hause abstellen und zu Fuß hinkommen. Alice verbrachte die nächsten paar Stunden damit, eine Pastasoße vorzubereiten, Wasser zu kochen, den Tisch zu decken und zu essen. Felix fuhr nach Hause, fütterte seine Hündin, duschte kurz, zog sich um, ging auf Tinder und lief dann in den Ort, um sich mit seinen Arbeitskollegen zu treffen. Zwischen acht Uhr abends und Mitternacht trank er sechs

Pints dänisches Lagerbier. Alice wusch nach dem Essen ab und las im Internet einen Artikel über Annie Ernaux. Gegen zwölf nahmen sich Felix und seine Freunde ein Großraumtaxi zu einem Nachtclub außerhalb der Stadt und sangen auf dem Weg dorthin einige Strophen von »Come Out Ye Black and Tans«. Alice saß auf der Wohnzimmercouch und schrieb eine Mail an eine Freundin, die jetzt in Stockholm wohnte, erkundigte sich nach ihrem Job und ihrer neuen Beziehung. Im Club nahm Felix zwei Pillen, trank einen Wodka und ging aufs Klo. Er öffnete wieder Tinder, wischte bei mehreren Profilen nach links, checkte seine Nachrichten, sah sich die BBC-Sports-Homepage an und ging dann zurück in den Club. Gegen ein Uhr trank Alice einen Pfefferminztee und arbeitete an ihrer Rezension, während Felix mit zwei Freunden und zwei Personen, die er noch nie zuvor gesehen hatte, auf der Tanzfläche war. Er hatte einen ungezwungenen und natürlichen Tanzstil, als strenge es ihn nicht im Geringsten an, ganz leicht bewegte er seinen Körper im und gegen den Rhythmus. Nach einem weiteren Drink ging er raus und übergab sich hinter einer Mülltonne. Alice lag im Bett, las die Nachrichten, die Felix zuvor geschickt hatte, und das Display ihres Handys warf ein bläulich graues Licht auf ihr Gesicht. Im selben Moment nahm Felix sein Telefon raus und öffnete das Chatprogramm.

Felix: Hey
Felix: Noch wach?

Alice: im bett aber wach
Alice: hast du spaß?

Felix: ganz ehrlich alice
Felix: Ich bin sturzbtrunken

Felix: Und hab grad gekotzt
Felix: Aber ja so weit ganz lustig

Alice: freut mich

Felix: Was macsht du im Bett
Felix: Hast du nohc was an oder?
Felix: Erzäjl

Alice: ich trage ein weißes nachthemd
Alice: hoffentlich sehen wir uns morgen

Felix: Jaaaaaa oder
Felix: Ich knn ein tTaxi zu dir nehmen
Felix: Ich meine jettz
Felix: Jetzt

Alice: klar, wenn du willst

Felix: Ja bist du sicher?

Alice: ich bin sowieso wach, schon in ordnung

Felix: Cool
Felix: Bis gleich

Sie stand auf, zog ihren Morgenmantel über, schaltete eine Nachttischlampe ein und betrachtete sich im Spiegel. Felix rief ein Taxi, ging wieder rein, holte seine Jacke, bestellte noch einen Wodka, spülte ihn im Mund herum, schluckte ihn runter, fand Brian und sagte ihm, er solle den anderen sagen, dass er abhaue, dann ging er zum Taxi. Alice öffnete sein Profil auf der Dating-App, über die sie sich kennengelernt hatten, und las noch einmal seine Kurzbio. Auf dem Weg zu ihr hatte Felix eine komplizierte Unterhaltung mit dem Taxifahrer über die Vor- und Nachteile des aktuellen Mayo-GAA-Teams. Als Felix ihn zum Haus gelotst hatte, fragte der Fahrer, ob seine Eltern dort lebten.

Nee, meine Freundin, sagte Felix.

Der Fahrer erwiderte in einem amüsierten Tonfall: Muss ja eine reiche Dame sein.

Jo, und berühmt. Du kannst sie googeln. Sie schreibt Bücher.

Ach echt? Dann sieh zu, dass du sie behältst.

Keine Sorge, sie steht total auf mich, sagte Felix.

Sie fuhren in die Einfahrt. Der Fahrer drehte sich zu ihm um und sagte: Das muss sie auch, wenn sie dich um zwei Uhr morgens noch anklopfen lässt. In dem Zustand. Würde mich nicht überraschen, wenn du mich in ein paar Minuten wieder anrufst, nachdem sie dich gesehen hat. Zehn Euro achtzig, bitte.

Felix reichte ihm das Geld.

Soll ich warten?, fragte der Fahrer.

Nicht eifersüchtig werden, guter Mann. Fahr mal weiter und gönn dir 'ne Runde Lyric FM.

Er stieg aus und klopfte. Alice kam runter, um zu öffnen, als das Taxi gerade durchs Tor fuhr. Felix ging hinein, kickte die Tür zu und warf die Arme um Alice, hob sie ein wenig hoch und drückte sie mit dem Rücken an die Wand. Sie küssten sich eine Weile, und dann öffnete er den Gürtel ihres Morgenmantels. Sie hielt ihn mit einer Hand zu.

Oh, du bist betrunken, sagte sie.

Ich weiß, ja. Das hab ich dir geschrieben.

Er versuchte wieder, ihren Morgenmantel zu öffnen, und sie verschränkte fest die Arme, um ihn davon abzuhalten.

Hör mal, was ist das Problem?, fragte er. Hast du deine Tage oder was? Das stört mich nicht, ich bin erwachsen.

Alice band entschlossen ihren Morgenmantel zu und sagte: Du versuchst, mich in Verlegenheit zu bringen.

Nein, nein. Ich frag mich nur, was los ist. Ich versuch gar nichts. Ich freu mich, hier zu sein. Der Taxifahrer war sehr beeindruckt, dass ich eine Freundin habe, die in so einem großen Haus wohnt.

Alice musterte ihn und sagte schließlich: Bist du auf Drogen?

O Gott ja, sagte er. Das wär kein guter Abend gewesen, wenn nicht.

Sie stand mit verschränkten Armen da. Ich weiß nicht, sagte sie. Finden andere es okay, wenn du dich so benimmst? Andere Frauen oder Männer, mit denen du zusammen warst. Ist das normal? Du gehst mit Freunden aus und schießt dich ab und tauchst dann mitten in der Nacht auf und willst Sex?

Er schien darüber nachzudenken, stützte einen Arm an der Wand neben ihrem Kopf ab. Ich hab das ziemlich oft versucht, ja, sagte er. Nicht alle stehen drauf, klar.

Gut. Das heißt, du hältst mich für eine absolute Vollidiotin.

Nein, ich denke, du bist hochintelligent. Das ist nicht gut für dich, auf mehreren Ebenen. Wärst du ein bisschen dümmer, hättest du ein einfacheres Leben.

Er stellte sich aufrecht hin und legte seine Hände auf ihre Hüften, auf eine Art, die Zuneigung und sogar Reue vermitteln sollte.

Der Taxifahrer hat mir gesagt, du würdest mir die Hölle heiß machen, sagte Felix. Er hat mir gesagt, auf keinen Fall lässt sie dich um die Uhrzeit rein, so wie du aussiehst. Ich hab keine Ahnung, wie ich aussehe, ich hab mich nicht gesehen. Aber wohl nicht gut, kann ich mir vorstellen.

Einfach nur betrunken.

Ach, echt? Keine Ahnung, wahrscheinlich hätte ich dir nicht schreiben sollen. Das Dumme ist nur, ich hatte eigentlich einen echt guten Abend, abgesehen davon. Und du hattest es wahrscheinlich auch ganz nett, so im Bett und so. Also ich hätte dir echt nicht schreiben sollen.

Stimmt, aber du wolltest ja Sex, sagte sie.

Ich bin auch nur ein Mensch. Aber nee, wenn es nur das gewesen wäre, hätte ich auch woanders hingehen können, oder? Kein Grund, dich nur deshalb zu nerven.

Sie schloss die Augen und sagte mit leiser, ausdrucksloser Stimme: Ich bin mir sicher, dass das stimmt.

Alice, hör auf, so ernst zu schauen, sagte er. Ich hatte nichts mit jemand anderem. Natürlich könnte ich, wenn ich wollte, du aber auch. Hör zu, es tut mir leid, wenn ich dich verärgert hab, okay?

Einen Moment lang sagte sie nichts.

Und wahrscheinlich stehst du eh nicht so wirklich auf betrunkene Leute, sagte er.

Nein.

Nein, warum solltest du? Ich vermute mal, du hattest davon als Kind mehr als genug.

Sie starrte ihn an, und er behielt die Hände auf ihren Hüften, hielt sie an die Wand gedrückt.

Ja, sagte sie.

Wenn du willst, dass ich nach Hause gehe, sag's einfach.

Sie schüttelte den Kopf. Er küsste sie wieder. Sie gingen zusammen nach oben, Alice hielt Felix' Hand und folgte ihm. In ihrem Zimmer zog er ihr den Morgenmantel und das Nachthemd aus. Sie legte sich wieder aufs Bett, und er leckte sie. Ihr Körper wirkte kompakt, androgyn. Sie presste sich die Hand flach auf den Mund. Dann brach er ab, um sich auszuziehen und die Armbanduhr abzunehmen. Während er auf sie herabsah, wie sie ausgestreckt und nackt auf der Matratze lag, sagte er lächelnd: Weißt du, wie du aussiehst? Wie eine dieser Statuen, die wir in Rom gesehen haben.

Sie lachte und bedeckte ihr Gesicht.

Ist das nicht nett?, fragte er. Ich meinte das nett.

Sie sagte, das sei es. Er legte sich neben sie, den Kopf auf die Kissen gestützt, mit der Hand müßig an ihrer kleinen weichen Brust spielend.

Ich hab heute bei der Arbeit an dich gedacht, sagte er. Mir geht es dann erst mal eine Weile etwas besser, aber dann fühle ich mich sogar noch schlechter als vorher, weil du den ganzen Tag hier herumliegst und ich in einer Lagerhalle feststecke und Kisten packe. Nicht dass ich deshalb sauer auf dich wäre. Ich kann das nicht richtig erklären, aber der Unterschied zwischen dem, was wir jetzt machen, und was ich den ganzen Tag tue - ich kann es wirklich nicht beschreiben. Ich sag es mal so, es ist schwer zu glauben, dass ich denselben Körper für beides benutze. Und es fühlt sich nicht so an, als wäre es derselbe. Diese Hände, die dich jetzt berühren, benutze ich, um Kisten zu packen? Ich weiß nicht. Bei der Arbeit sind meine Hände die ganze Zeit scheißkalt. Und im Grunde taub. Sogar wenn man Handschuhe trägt, werden sie irgendwann taub, das sagen alle. Manchmal schneide ich mich irgendwo oder schürfe mich auf oder so, und ich merke es nicht mal, bis ich sehe, dass es blutet. Und das sind dieselben Hände, die dich berühren? Ich weiß nicht, du denkst wahrscheinlich, dass ich verrückt bin, weil ich so rede. Aber du bist sehr, sehr weich, und es ist schön, dich anzufassen, das ist alles. Und warm. Wenn du mich in dir kommen lässt, fühl ich mich so gut, ich kann es nicht mal beschreiben. Ich habe bei der Arbeit daran gedacht und wollte es so sehr, dass ich total genervt war. Also, genervt, ja, angepisst. Das ist die andere Sache, die ich über die Arbeit erzählen muss, deine Gefühle werden dir da total versaut. Du hast den Eindruck, dass du nichts mehr so richtig kapierst. Ich hätte mich eigentlich total auf dich freuen sollen, aber ich war wirklich angepisst. Und dann wollte ich dich überhaupt nicht mehr sehen. Es hat keinen Zweck, das zu erklären, weil es gar keinen Sinn ergibt, ich sag einfach nur, wie ich mich gefühlt hab. Tut mir leid.

Sie sagte, es sei okay. Einen Moment lang küsste er sie und sagte nichts. Dann fragte er, ob sie sich auf ihn setzen würde, weil er müde sei, und sie sagte Ja. Sobald er in ihr war, blieb sie für ein paar Sekunden lang still und atmete schwer. Okay?, fragte er. Sie nickte. Er schien bereit zu warten. Du hast so eine perfekte Möse, sagte er. Ein Schauer durchlief sie, vom Kopf bis zu ihrem Beckenknochen. Sie legte eine Hand auf seine Schulter. Sie fickten für ein paar Minuten langsam, während er sie berührte. Mit hoher, unsteter Stimme sagte sie: O Gott, ich bin verliebt in dich, wirklich. Er sah zu ihr auf. Bist du das, sagte er. Das ist gut. Sag es noch mal. Bebend und außer Atem beugte sie den Kopf herunter und sagte: Ich liebe dich, ich liebe dich. Er legte seine Hände um ihre Taille, seine Finger drückten sich in ihr Fleisch auf dem Rücken, und er zog sie fest an sich, immer wieder, schnell, und sie zuckte, fast so, als hätte sie Schmerzen.

Hinterher lagen sie eine Weile still, ihre Körper aufeinander ruhend. Dann stieg sie von ihm runter, setzte sich an den Rand der Matratze und nahm einen Schluck aus der Wasserflasche von ihrem Nachttisch. Er lag mit dem Kopf an die Kissen geschmiegt, betrachtete sie. Reich mir das, wenn du fertig bist, sagte er. Sie gab ihm die Flasche, und er trank, ohne seinen Kopf zu heben.

Während er ihr die Flasche zurückgab, sagte er: Hör mal, ich wollte dich was fragen. Du sagst doch immer, dass du reich bist. Was meinst du damit, bist du Millionärin oder so?

Sie schraubte die Flasche wieder zu. So in etwa, sagte sie.

Er betrachtete sie schweigend. Eine Million, sagte er. Das ist viel Geld.

Das ist es.

Alles nur von den Büchern?

Sie nickte.

Und das liegt einfach so auf deinem Konto rum, oder hast du es fest angelegt?, fragte er.

Sie rieb sich die Augen und sagte, das meiste liege einfach auf ihrem Konto. Er betrachtete sie immer noch, sein Blick glitt schnell und diskret über ihr Gesicht, ihre Arme, ihre Schultern. Nach einer Weile sagte er: Komm her und sag mir noch mal, dass du mich liebst. Ich könnte mich daran gewöhnen. Mit schweren, müden Bewegungen legte sie sich wieder neben ihn.

Ich liebe dich, sagte sie.

Und wann ist dir das klar geworden? War es so Liebe auf den ersten Blick oder nicht?

Nein, ich glaube nicht.

Später also, sagte er. In Rom?

Sie wandte sich ihm zu, und er legte seinen Arm über ihren Körper. Ihre Augen waren halb geschlossen. Seine Miene war nachdenklich, aufmerksam.

Ich denke schon, sagte sie.

Das ist ziemlich schnell, um sich in jemanden zu verlieben. Wie lang war das, vielleicht drei Wochen?

Während ihr die Augen zufielen, sagte sie: Ungefähr.

Ist das typisch für dich?

Ich weiß es nicht. Ich verliebe mich nicht sehr oft.

Er lag da und betrachtete sie ein oder zwei Sekunden lang. Und umgekehrt vermutlich, sagte er.

Sie lächelte leicht und sagte: Du meinst, man verliebt sich nicht sehr oft in mich? Nein, das stimmt.

Und du scheinst auch nicht sehr viele Freunde zu haben, sagte er.

Daraufhin hörte sie auf zu lächeln. Einige Sekunden lang sah sie Felix schweigend an, während jeder Ausdruck aus ihrem Gesicht verschwand. Dann sagte sie schlicht: Nein, wahrscheinlich nicht.

Weil, dich hat doch auch noch niemand besucht, seit du hierhergezogen bist, oder? Deine Familie nicht. Und deine Freundin Eileen, du redest viel über sie, aber sie hat sich auch noch nicht herbemüht. Und du bist bestimmt schon einige Monate hier.

Alice starrte ihn an und sagte nichts. Er schien es als Erlaubnis aufzufassen, fortzufahren, und schob nachdenklich seinen Arm unter das Kissen.

Ich habe in Italien darüber nachgedacht, sagte er. Als ich dir dabei zugesehen habe, wie du gelesen und Autogramme gegeben hast und all das. Ich würde nicht so weit gehen und sagen, dass du hart arbeitest, weil dein Job im Vergleich zu meinem lächerlich ist. Aber es gibt viele Leute, die was von dir wollen. Und ich denke einfach, auch wenn sie so ein Theater um dich veranstalten, interessieren sie sich doch in Wirklichkeit kein Stück für dich. Ich weiß nicht, ob irgendjemand das tut.

Sie sahen sich für ein paar lange Sekunden an. Während Felix sie betrachtete, verwandelte sich seine Selbstsicherheit, sein fast sadistischer Triumph langsam in etwas anderes, so als bemerkte er seinen Irrtum zu spät.

Du musst mich wirklich hassen, sagte sie kühl.

Nein, erwiderte er. Aber ich liebe dich auch nicht.

Natürlich nicht. Warum solltest du auch? Ich habe mir da nichts vorgemacht.

Sie drehte sich ruhig um und schaltete die Lampe auf ihrem Nachttisch aus. Die Dunkelheit ließ ihre Gesichter verschwinden, und nur die Umrisse ihrer Körper waren unter den Decken zu erkennen. Keiner von ihnen bewegte sich, und jede Linie, jeder Schatten im Raum war still.

Du kannst gehen, wenn du möchtest, sagte sie. Aber du kannst auch gern bleiben. Du darfst dir was drauf einbilden, dass du mir sehr wehgetan hast, aber ich kann dir versprechen, dass ich schon Schlimmeres erlebt habe.

Er lag schweigend da, antwortete nicht.

Und als ich sagte, dass ich dich liebe, war das die Wahrheit, fügte sie hinzu.

Er machte ein Geräusch, das wie ein ersticktes Lachen klang, und sagte dann: Deine Art ist schon beeindruckend, das muss ich dir lassen. Es ist nicht leicht, bei dir die Oberhand zu gewinnen, was? Mir gelingt es offensichtlich nicht. Schon lustig, du tust nämlich so, als würdest du dich von mir schikanieren lassen, beantwortest meine Nachrichten um zwei Uhr morgens und sagst mir dann, du bist in mich verliebt, bla bla bla. Aber das ist nur deine Art zu sagen: Fang mich doch, du schaffst es nicht. Und ich schaffe es tatsächlich nicht. Du gönnst es mir nicht eine Minute lang. Ich wette, dass fast alle auf deine Art reinfallen. Dass sie ganz stolz auf sich sind und denken, dass sie dich voll im Griff haben. So läuft das, aber ich bin kein Idiot. Du lässt es nur zu, dass ich mich schlecht benehme, weil du dadurch über mir stehst, und da willst du sein. Oben, über den Dingen. Und ich nehme es übrigens nicht persönlich, ich glaube nicht, dass du irgendjemanden an dich ranlässt. Ich respektiere das sogar. Du passt auf dich auf, und du hast sicherlich deine Gründe. Es tut mir leid, dass ich gemein zu dir war mit dem, was ich gesagt habe, du hast nämlich recht, ich habe nur versucht, dir wehzutun. Und ich habe dir wahrscheinlich wehgetan, sehr sogar. Jeder kann jedem wehtun, wenn er sich anstrengt. Aber anstatt richtig sauer auf mich zu sein, sagst du einfach, dass ich gern bleiben kann und dass du mich immer noch liebst und so weiter. Weil du perfekt sein musst, hab ich recht? Du hast wirklich was an dir, muss ich sagen. Und es tut mir leid, okay? Ich werde nicht versuchen, dir noch mal eins reinzuwürgen. Lektion gelernt. Aber von jetzt an musst du nicht mehr so tun, als hätte ich irgendeine Macht über dich, weil wir beide wissen, dass ich nicht mal an dich rankomme. In Ordnung?

Wieder folgte eine lange Stille. Ihre Gesichter waren in der Dunkelheit unsichtbar. Schließlich antwortete sie mit hoher, bemühter Stimme – bemüht vielleicht um eine Gelassenheit oder Leichtigkeit, die sie nicht erlangte: In Ordnung.

Wenn ich dich doch je zu fassen kriege, musst du es nicht aussprechen, sagte er. Ich weiß es dann schon selbst. Aber ich werde dir nicht zu sehr nachjagen. Ich bleibe einfach, wo ich bin, und warte ab, ob du zu mir kommst.

Ja, so machen das Jäger mit Wild, sagte sie. Bevor sie es töten.

22

Eileen, es tut mir leid, wenn dich meine letzte Mail beunruhigt hat. Ich hatte wirklich alle öffentlichen Verpflichtungen für ein paar Monate abgesagt, aber ich hatte auch immer vor, irgendwann wieder zu arbeiten. Du verstehst doch, dass das mein Job ist? Niemand findet diesen Umstand ermüdender und entwürdigender als ich, aber ich wollte nie, dass du denkst, ich hätte mich vollständig aus dem öffentlichen Leben zurückgezogen. Du hast nie länger als vier Tage am Stück auf der Arbeit gefehlt, wenn du mal krank warst, deshalb dachte ich, wenn ich mir vier Monate freinehme, müsste dir das wie eine ziemlich in die Länge gezogene Auszeit vorkommen. Und ja, ich bin von und nach Dublin geflogen, das eine Mal morgens um sieben, das andere Mal nachts um eins. Da du auch einen Job hast, bei dem es, soweit ich weiß, feste Bürozeiten gibt, hielt ich es nicht für besonders höflich, dich auf eine schnelle Tasse Tee zu wecken. Du kannst nicht wirklich glauben, dass ich dich nicht sehen will, schließlich bitte ich dich seit Monaten, mich zu besuchen, und ich wohne nur drei Stunden entfernt. Was die unbeantwortete Nachricht von Roisin angeht, bin ich verwirrt – schreibst du mir jetzt persönlich oder in deiner Funktion als Freundschaftsbotschafterin der Großregion Dublin? Du hast recht, ich habe ihr nicht geantwortet, weil ich beschäftigt war. Mit aller gebührenden Zuneigung und Liebe: Ich habe nicht vor, dir jedes Mal einen Bericht zu verfassen, wenn ich meiner Korrespondenz nicht rechtzeitig nachkomme.

Was den Rest deiner Nachricht angeht: Was genau meinst du, wenn du »Schönheit« sagst? Du hast geschrieben, es sei ein schwerwiegender Fehler, persönliche Eitelkeit mit ästhetischer Erfahrung zu verwechseln. Aber ist es nicht auch ein Fehler, und zwar einer, der damit vielleicht zusammenhängt, ästhetische Erfahrung überhaupt so ernst zu nehmen? Es ist zweifellos möglich, auf unbeteiligte, unpersönliche Weise von künstlerischer Schönheit oder der Schönheit der Natur bewegt zu sein. Ich glaube sogar, dass es möglich ist, das gute Aussehen anderer Menschen, ihrer Gesichter und Körper »rein ästhetisch« zu genießen, also ohne das Element des Begehrens. Ich persönlich finde viele Menschen schön anzusehen, ohne den Drang zu verspüren, irgendeine Beziehung zu ihnen aufzubauen – tatsächlich ist für mich Schönheit ohnehin kein Anlass für Begehren. Anders gesagt, ich unternehme keine Willensanstrengung, um Schönheit zu erkennen, und erlebe daher kein bewusstes Wollen. Das ist es vermutlich, was die Philosophen der Aufklärung als ästhetisches Urteil bezeichneten, und es entspricht durchaus der Erfahrung, die ich in der Begegnung mit bestimmten Werken der bildenden Kunst, Musikpassagen, Landschaften und so weiter gemacht habe. Ich finde sie schön, und ihre Schönheit berührt mich und gibt mir ein angenehmes Gefühl. Ich finde das Spektakel des Massenkonsumismus, das als »Schönheit« vermarktet wird, genauso entsetzlich wie du, es bereitet mir nicht denselben ästhetischen Genuss wie beispielsweise Sonnenlicht, das durch Blätter fällt, oder die »Demoiselles d'Avignon« oder *Kind of Blue*. Aber ich frage mich auch: Wen interessiert's? Selbst wenn wir annehmen, dass die Schönheit von *Kind of Blue* irgendwie objektiv der Schönheit einer Chanel-Handtasche überlegen ist, wofür man rein philosophisch betrachtet einige Zugeständnisse machen müsste, was spielt das für eine Rolle? Du scheinst davon auszugehen, dass ästhetische Erfahrung nicht allein genussvoll ist, sondern irgendwie auch wichtig. Und das ist es, was ich mich frage: inwiefern wichtig?

Ich bin aus gutem Grund keine Malerin oder Musikerin, aber ich bin Schriftstellerin, und ich versuche wirklich, die Gattung Roman ernst zu nehmen – zum Teil, weil ich mir des außerordentlichen Privilegs bewusst bin, mit etwas meinen Lebensunterhalt zu verdienen, das gemeinhin als brotlose Kunst betrachtet wird. Aber würde ich versuchen, meine Erfahrung beim Lesen großer Romane zu beschreiben, würde sie nicht entfernt der oben umrissenen ästhetischen Erfahrung ähneln, die keine Willensanstrengung erfordert und keine Begehrlichkeiten weckt. Ich persönlich muss sehr bewusst handeln, wenn ich lese und verstehen will, was ich lese, und mir alles lange genug merken will, um im Verlauf des Buchs den Sinn des Ganzen zu erschließen. Keineswegs fühlt es sich wie ein passiver Prozess an, bei dem sich mir Schönheit ohne mein Zutun vermittelt; es ist vielmehr eine konstruktive Leistung, deren Ergebnis die Erfahrung von Schönheit ist. Aber vielleicht noch wichtiger: Große Romane beanspruchen mein Mitgefühl und wecken in mir Begehren. Wenn ich mir die »Demoiselles d'Avignon« ansehe, dann »will« ich nichts davon. Die Freude liegt darin, das Bild zu sehen, wie es ist. Aber wenn ich Bücher lese, sehne ich mich nach etwas: Ich will, dass Isabel Archer glücklich ist, ich will, dass es für Anna und Wronskij gut ausgeht, ich will sogar, dass Jesus anstelle von Barabbas freigelassen wird. Gut möglich, dass ich eine engstirnige und eher geistlose Leserin bin, die sich gefühlsduselig nur das Beste für alle (außer für Barabbas) wünscht. Aber wenn ich mir das Gegenteil wünschen würde, also dass Isabels Ehe sie unglücklich macht, dass Anna sich vor den Zug wirft, dann wäre es doch nur die Variation derselben Erfahrung.

Mein Mitgefühl wird beansprucht, ich bin eben nicht unbeteiligt – darum geht es.

Hast du mal mit Simon über diese Dinge gesprochen? Ich kann mir gut vorstellen, dass er eine schlüssigere Sicht darauf bieten kann als ich, weil seine Weltauffassung eine Kohärenz hat, die meiner abgeht. Soweit ich weiß, erkennt die katholische Doktrin Schönheit, Wahrheit und Güte als Daseinseigenschaften, die eins sind mit Gott. Gott »ist« buchstäblich Schönheit (und Wahrheit, ich bin mir nicht sicher, ob es das ist, was Keats meinte). Die Menschen streben danach, diese Eigenschaften zu besitzen und zu verstehen, um Gott nahe zu sein und sein Wesen selbst zu verstehen: Das Schöne weist uns den Weg zur Betrachtung des Göttlichen. Als Kritikerinnen streiten wir vielleicht darüber, was schön ist und was nicht, weil wir nur Menschen sind und Gottes Wille uns nicht vollkommen zugänglich ist, aber wir alle können uns auf die überragende Wichtigkeit von Schönheit als solcher einigen. Das klingt alles ganz gut und in sich schlüssig, oder? Ich könnte das noch weiter entfalten, um zu erklären, warum große Romane mein Mitgefühl ansprechen: Gott hat uns so erschaffen, wie wir sind, als komplexe menschliche Wesen mit Sehnsüchten und Impulsen, und eine mitfühlende Bindung an rein fiktionale Figuren – von denen wir natürlich keine materielle Befriedigung oder Vorteile erwarten können – ist eine Möglichkeit, die tiefe Komplexität des Menschseins zu verstehen und damit auch die Komplexität von Gottes Liebe für uns. Und ich kann es noch weiterführen: In seinem Leben und Sterben betonte Jesus die Notwendigkeit, andere ohne Rücksicht auf unsere eigenen Interessen zu lieben. Wenn wir also fiktionale Charaktere lieben und wissen, dass sie uns niemals zurücklieben werden, praktizieren wir dann nicht im Kleinen jene selbstlose Liebe, zu der Jesus uns aufruft? Worauf ich hinauswill, ist eine Form des Begehrens, die ein Objekt hat, aber kein Subjekt – ein Verlangen ohne Verlangen. Ich wünsche mir für andere nicht das, *was* ich selbst will, sondern *wie* ich es will.

Was ich damit sagen will, ist eigentlich nur, dass dem Spaß kein Ende gesetzt ist, sobald man die christlichen Denkmuster angenommen hat. Dir und mir fällt es schwer, weil wir offenbar die Überzeugung nicht abschütteln können, dass letztlich nichts zählt, dass Leben zufällig ist, dass unsere aufrichtigsten Gefühle sich auf chemische Reaktionen reduzieren lassen und dass kein objektives Moralgesetz das Universum strukturiert. Es ist natürlich möglich, mit diesen Überzeugungen zu leben – aber können wir dann zugleich an das glauben, worauf wir beharren zu glauben? Dass eine Erfahrung von Schönheit ernst zu nehmen ist, eine andere dagegen trivial. Dass richtig und falsch unterscheidbar sind. Auf welchen Maßstab berufen wir uns? Vor welchem Gericht vertreten wir unseren Fall? Ich versuche übrigens nicht, zu zerpflücken, was du schreibst – ich vermute, dass meine Position exakt deine ist. So glaube ich nicht, dass der Unterschied zwischen richtig und falsch einfach nur eine Frage des Geschmacks oder der Vorliebe ist, aber es gelingt mir ebenso wenig, an eine absolute Moral zu glauben, also an Gott. In die eine oder andere Richtung fehlt es meinen Überzeugungen an Mut, und so bleibe ich in einem philosophischen Niemandsland zurück. Ich werde nie das befriedigende Gefühl haben, Gott zu dienen, indem ich richtig handle, zugleich widert mich die Vorstellung an, falsch zu handeln. Und um es auf den Punkt zu bringen: Ich empfinde meine Arbeit als moralisch und politisch belanglos, und doch widme ich ihr mein Leben, und es gibt nichts, was ich sonst tun will.

Als ich jünger war, wollte ich die Welt bereisen und ein glamouröses Leben führen, für meine Arbeit gefeiert werden, einen großen Intellektuellen heiraten, alles zurückweisen, womit ich aufgewachsen bin, mich aus der Enge lösen. Jetzt ist mir das alles sehr peinlich, aber ich war einsam und unglücklich, und ich wusste nicht, dass diese Empfindungen normal waren, dass nichts an meiner Einsamkeit, meinem Unglück einzigartig war. Wenn ich das damals auch nur ansatzweise so begriffen hätte, wie ich es jetzt zu begreifen glaube, dann hätte ich vielleicht niemals diese Bücher geschrieben und wäre nie dieser Mensch geworden. Ich weiß es nicht. Ich weiß, dass ich sie nicht noch einmal schreiben könnte oder mich wieder so fühlen könnte wie zu der Zeit. Damals war es mir wichtig zu beweisen, dass ich ein besonderer Mensch bin. Und durch den Versuch, es zu beweisen, machte ich es wahr. Erst hinterher, als ich Geld und Anerkennung hatte, all das, wovon ich angenommen hatte, es stünde mir zu, begriff ich, dass es niemandem zustehen kann, aber da war es schon zu spät. Ich war bereits der Mensch geworden, der ich einst so sehnlichst sein wollte und den ich jetzt energisch verachte. Ich sage das nicht, um meine Arbeit geringzuschätzen. Aber warum sollte irgendjemand reich und berühmt sein, während andere Menschen in schrecklicher Armut leben?

Als ich das letzte Mal verliebt war, endete es schlecht, wie du weißt, und hinterher schrieb ich zwei Romane. Während ich verliebt war, versuchte ich, hier und da ein wenig zu schreiben, aber meine Gedanken kehrten immer wieder zum Objekt meiner Zuneigung zurück, meine Gefühle rannten unaufhaltsam zu ihr zurück, sodass meine Arbeit nie eine eigene Substanz entwickeln konnte und ich keinen sinnvollen Platz dafür in meinem Leben fand. Wir waren glücklich, und dann waren wir unglücklich, und nach einigem Kummer und Schuldzuweisungen machten wir Schluss – und erst dann konnte ich mich ernsthaft meiner Arbeit hingeben. Es war, als hätte ich einen Platz in mir freigeräumt und müsste ihn irgendwie füllen, und so kam es, dass ich mich hinsetzte und schrieb. Ich musste mein Leben erst ausleeren, um anfangen zu können. Wenn ich jetzt an die Zeit zurückdenke, in der ich diese Bücher schrieb, glaube ich, es war eine gute Zeit; ich hatte eine Arbeit, die mir wichtig war, und ich brachte sie zu Ende. Ich war permanent pleite und einsam und hatte Geldsorgen, aber da war immer noch diese andere Sache, dieser verborgene, geschützte Teil meines Lebens, um den meine Gedanken und Gefühle pausenlos kreisten und der ganz und gar mir gehörte. Ein bisschen wie eine Liebesbeziehung oder eine Schwärmerei, nur dass ich allein betroffen war und alles kontrollieren konnte. (Also doch das Gegenteil einer Liebesbeziehung.) Bei aller Frustration und allen Schwierigkeiten, die das Schreiben eines Romans bedeutet, wusste ich doch von Anfang an, dass mir etwas sehr Wichtiges zuteilwurde, eine besondere Gabe, eine Gnade. Es war, als hätte Gott seine Hand auf meinen Kopf gelegt und mich mit dem stärksten Verlangen erfüllt, das ich je verspürt hatte, kein Verlangen nach einer anderen Person, sondern das Verlangen, etwas zu erschaffen, das noch nie existierte. Wenn ich an die Jahre zurückdenke, überkommt mich Rührung und fast schon Schmerz angesichts der Einfachheit meines damaligen Lebens: Ich wusste, was zu tun war, und ich tat es, und das war alles.

Abgesehen von ein paar Rezensionen und einigen sehr langen Mails habe ich jetzt seit fast zwei Jahren nichts mehr geschrieben. Und ich denke, der Platz in meinem Leben ist mittlerweile geräumt, er ist leer, und vielleicht ist es deshalb an der Zeit, dass ich mich wieder verliebe. Ich brauche das Gefühl, dass mein Leben einen Mittelpunkt hat, zu dem meine Gedanken zurückkehren, an dem sie verharren können. Ich weiß übrigens, dass die meisten Menschen so etwas nicht brauchen, was viel gesünder ist. Felix hat nicht das Bedürfnis, sein Leben auf einen zentralen Gedanken hin auszurichten, und du, glaube ich, auch nicht. Simon schon, aber er hat Gott. Als Lebensmittelpunkt scheint mir Gott eine gute Option zu sein – besser jedenfalls, als sich Geschichten über Menschen auszudenken, die nicht existieren, oder sich in Menschen zu verlieben, die mich hassen. Aber so ist es nun mal. Es ist trotzdem besser, etwas zu lieben, als nichts zu lieben, und jemanden zu lieben, als niemanden zu lieben, und ich bin auf der Welt und wünsche mir nicht eine Sekunde lang, ich wäre es nicht. Ist das nicht an sich schon eine besondere Gabe, eine Gnade, etwas sehr Wichtiges? Eileen, es tut mir leid, und ich vermisse dich. Wenn wir uns nach all diesen Mails wiedersehen, werde ich ganz schüchtern sein und den Kopf unter meinem Flügel verstecken wie ein Vögelchen. Richte deiner Schwester und ihrem Bräutigam die besten Wünsche für das Wochenende aus – und dann, wenn es nicht zu viele Umstände bereitet, komm bitte her.

23

Am Morgen der Hochzeit saß Eileen auf dem Bett in der Hochzeitssuite und Lola am Frisiertisch. Mit einem Finger berührte Lola ihr Gesicht und sagte: Ich glaube, sie hat es bei den Augen übertrieben. Sie trug ein weißes Hochzeitskleid, schulterfrei, schlicht in der Form. Du siehst schön aus, sagte Eileen. Ihre Blicke trafen sich im Spiegel, und Lola verzog das Gesicht, stand auf, ging zum Fenster. Draußen war der frühe Nachmittag in weißes, dünnes, wässriges Licht getaucht, aber Lola stand mit dem Rücken zur Scheibe, musterte Eileen, die auf der üppigen Matratze saß. Eine Weile sahen sie einander an, gekränkt, schuldvoll, misstrauisch, zerknirscht. Schließlich sagte Lola: Und? Eileen warf einen Blick auf die dünne goldene Armbanduhr an ihrem linken Handgelenk. Es ist erst zehn vor, sagte sie. Sie trug ein seladongrünes Kleid, ihr Haar war zurückgesteckt, sie dachte jetzt an etwas anderes, sie beide dachten an etwas anderes. Lola erinnerte sich daran, wie sie in Strandhill, oder war es Rosses Point oder Enniscrone, auf dem Meer paddelten. An die grobkörnige Struktur des Sands unter ihren Fingernägeln und auf der Kopfhaut, und den Geschmack von Salz. Dann war sie gefallen und hatte Meerwasser geschluckt, es schmerzte in Nase und Rachen, ein Durcheinander von Licht und Eindrücken, sie erinnerte sich, dass sie weinte und in den Armen ihres Vaters zum Strand getragen wurde. Ein rot-orangefarbenes Handtuch. Später dann die Fahrt zurück nach Sligo, sie war hinten angeschnallt, das Radio krächzte, in der Ferne stecknadelkopfgroße Lichter. Am Straßenrand in der Dunkelheit ein Imbisswagen, der Würstchen und Pommes verkaufte, die Klappe offen, stechender Essiggeruch. Sie schlief in jener Nacht bei einer Cousine, mit anderen Büchern im Regal, die Möbel im Licht eines fremden Fensters warfen andere Schatten. Um Mitternacht die Glocken der Kathedrale. Unten sprachen die Erwachsenen, dort brannten die Lichter, und es gab Bier. Eileen dachte ebenfalls an die Kindheit, an eins von Lolas Fantasiespielen, ein verborgenes Königreich, Paläste, Herzöge und Bauern, verzauberte Flüsse, Wälder, Lichter am Himmel. All die Wendungen längst vergessen, die erfundenen Namen in Zaubersprachen, die Loyalitäten und Betrügereien. Was blieb, waren die echten Orte, über die sie die fiktive Welt gelegt hatten: der Kuhstall hinter dem Haus, die überwucherten Ecken des Gartens, die Räume hinter den Hecken, das feuchte Schiefergestein, das zum Fluss hinunterführte. Und im Haus: der Speicher, die Treppe, der Schrank mit den Mänteln. Diese Orte gaben Eileen noch immer ein besonderes Gefühl, oder zumindest konnte sie sich, wenn sie wollte, in das besondere Gefühl hineinversetzen, das in ihnen lag, eine ästhetische Frequenz. Sie erfüllten sie mit Freude, mit einem Schauer der Aufregung. So wie gutes Briefpapier, schwere Stifte oder unliniertes Papier waren sie Repräsentanten der Möglichkeit von Imagination, und die Möglichkeit an sich war so viel subtiler und zerbrechlicher als alles, was sie sich je tatsächlich vorgestellt hatte. Denn ihre Vorstellungskraft ließ sie im Stich. Manche hatten sie einfach, andere wollten sie ohnehin nicht. Eileen wollte sie und hatte sie nicht. Wie Alice mit ihrer Moralphilosophie war sie zwischen zwei Positionen gefangen. Vielleicht ging es allen Menschen so, bei allem, was zählte. Als es an der Tür klopfte, sahen sie beide auf, und ihre Mutter Mary kam herein in ihrem blauen Kleid und ihren Lackschuhen, eine baumelnde Feder im Haar. Und dann fingen sie alle gleichzeitig an zu plappern, sich Vorhaltungen zu machen, zu lachen, sich zu beschweren, sich gegenseitig die Kleidung zu richten, und das Geschehen im Raum war hastig und lärmend wie bei Vögeln. Lola wollte Eileens Haar neu stecken, um es hinten lockerer zu machen, Mary wollte in letzter Minute ein anderes Paar Schuhe anprobieren, Eileen mit ihren dünnen weißen Armen, die wie Schilf waren, wie Zweige, löste ihr Haar, legte Mary ein Schultertuch um, wischte eine verirrte Wimper von Lolas gepudertem Wangenknochen, lachte, sprach mit schneller, hoher Stimme und brach erneut in Lachen aus. Mary dachte ebenfalls an ihre Kindheit, das kleine Reihenhaus mit dem Laden nebenan, Eiscremescheibchen zwischen Waffeln, kariertes Wachstuch auf dem Küchentisch, gemustertes Geschirr hinter Glas. Kalte, helle Sommertage, die Luft so klar wie kaltes Wasser, und der Ginster wie eine gelbe Glut. Die aufsteigenden Bilder gaben ihr ein seltsam mulmiges Gefühl, weil es einst das wirkliche Leben gewesen war, und jetzt war es etwas anderes. Die alten Leute waren gestorben, die Babys alt geworden. So würde es auch Eileen und Lola gehen, die jetzt jung und schön waren, sich liebten und hassten, mit ihren weißen Zähnen lachten, nach Parfum dufteten. Wieder klopfte es an der Tür, und sie wurden still und sahen sich um. Ihr Vater Pat kam herein. Wie geht's den Frauen, sagte er. Es war jetzt an der Zeit, in die Kirche zu gehen, der Wagen wartete, Pat trug seinen Anzug. Er dachte an seine Frau, an Mary, dass sie ihm wie eine Fremde vorgekommen war, als sie das erste Mal schwanger war, dass etwas über sie gekommen war, eine Ernsthaftigkeit, ein eigenartiger Vorsatz, der in allem lag, ihren Worten, ihren Bewegungen, und er hatte sich unwohl gefühlt, er hatte lachen wollen, ohne zu wissen, warum. Sie veränderte sich, wandte sich von ihm ab, einer neuen Erfahrung zu. Nach einer Weile ging es vorbei, Lola wurde geboren, Gott sei Dank gesund, und er dachte, sie würden das nicht noch einmal durchmachen. Zu viel Fremdheit für ein Leben. Wie üblich, lag er falsch. Draußen raschelte die Luft durch die Bäume, wehte ihren kühlen Atem über ihre Gesichter. Sie stiegen gemeinsam in den Wagen. Lola drückte ihre Nase ans Fenster und hinterließ einen kleinen Puderkreis auf dem Glas. Die Kirche war gedrungen und grau, mit hohen, schmalen Buntglasfenstern, rot und blau und bernsteinfarben. Als sie hineingingen, spielte die elektrische Orgel, der Geruch von Weihrauch, klamm und wohlriechend, berührte sie, und das Rascheln von Stoff, das Knarren der Bänke, als alle aufstanden und ihnen zusahen, wie sie gemeinsam über den polierten Boden des Kirchenschiffs schritten, Lola würdevoll und prächtig in Weiß, strahlend in der Gewissheit der Verwirklichung lang gehegter Pläne, gelassen die Blicke aufnehmend, die sich ihr anboten, nicht gebeugt, sondern aufrecht, Pat in seinem Anzug, ehrfürchtig und zärtlich in seiner Unbeholfenheit, Mary lächelnd, nervös, Eileens Hand mit feuchtem Griff umklammernd, und Eileen selbst schlank und blass in Grün, das dunkle Haar hinten lose hochgesteckt, die Arme nackt, der Kopf auf dem langen Hals aufrecht wie eine Blume, und ihr Blick, der zaghaft nach ihm suchte, ihn aber nicht fand. Matthew wartete am Altar, ängstlich und froh, der Priester sprach, die Eheversprechen wurden ausgetauscht. *Meine Taube in den Felsklüften, im Versteck der Felswand, zeige mir deine Gestalt, lass mich hören deine Stimme; denn deine Stimme ist süß, und deine Gestalt ist lieblich.* Hinterher, auf dem Kies vor der Kirche, das weiße Tageslicht, die Kälte des Windes, spindeldürres Blätterwerk, alle lachten, schüttelten Hände, umarmten einander. Die Angehörigen der Braut standen zusammen unter einem

Baum und ließen Fotos von sich machen, rückten näher zusammen und weiter auseinander, murmelten sich mit starrem Lächeln zu. Erst da bemerkte Eileen ihn, Simon, er stand an der Kirchentür, betrachtete sie. Sie sahen sich lange an, ohne Regung oder ein Wort, und die Tiefe dieses Blicks barg viele Jahre. Er erinnerte sich an ihre Geburt, das neue Baby der Lydons, das erste Mal, als er sie sehen durfte, das rote, runzlige Gesicht mehr wie das einer alten Kreatur als etwas Neues, Baby Eileen, und seine Eltern sagten, danach hätte er immer eine Schwester gewollt, nicht einfach nur ein Geschwisterchen, sondern eine Schwester, so wie Lola eine hatte. Auch sie erinnerte sich, der ältere Junge, der auf eine andere Schule ging, aufgeweckt, intelligent, mit diesen komischen Anfällen, ein Objekt des Mitleids unter den Erwachsenen, was ihn, obwohl er ein hübsches Kind war, irgendwie absonderlich erscheinen ließ. Ihre Mutter, die immer sagte, was für wunderbare Manieren er habe, ein kleiner Gentleman. Und sie war der Teenager aus seinen Erinnerungen, dünn und sommersprossig an der Küchentheke, die Beine umeinandergeschlungen, fünfzehn Jahre alt, ohne Freundinnen, immer stirnrunzelnd und meistens stumm, und wenn sie sprach, dann unvermittelt und zu viel. Ihre schlechten Launen und die freimütigen Blicke, die sie ihm zuwarf, rot im Gesicht und fast schon verärgert. Und er war jener Zwanzigjährige, der im Sommer auf dem Bauernhof half, den sie beobachtet hatte, wie er unendlich zärtlich ein Lämmchen mit der Flasche fütterte, eine Woche lang litt sie Höllenqualen wegen eines Blickes von ihm, ihr Atem stockte, wenn sie einen Raum betrat, in dem er war. Der Tag, an dem sie zu dritt in die Wälder radelten und die Räder auf einer Lichtung ließen. Dunkle Wolken surreal hinter Baumwipfeln, die von der Sonne hell angestrahlt wurden. Lola, die eine lange, ausgeschmückte Geschichte über jemanden erzählte, die im Wald ermordet worden war, und Simon, der etwas murmelte, hm, ich weiß nicht und oje, ein bisschen grausig, oder? Eileen, die versunken einen Kieselstein vor sich herkickte und gelegentlich zu Simon aufsah, um sein Gesicht zu betrachten. So oft zugestochen, sie wurde fast geköpft, sagte Lola. Himmel, sagte Simon, das will ich mir lieber nicht vorstellen. Lola lachte und sagte, er sei ein Mäuschen. Also bei so was schon, sagte er. Es fing an zu regnen, und Lola nahm die Jacke ab, die sie sich um die Hüften gebunden hatte. Du bist wie Eileen, sagte sie, und er sah zu Eileen und sagte: Ich wäre gern mehr wie sie. Lola sagte, Eileen sei ein Baby. Und Eileen, mit schneller, aufgebrachter, seltsam lauter Stimme: Stell dir mal vor, jemand hätte das zu dir gesagt, als du so alt warst wie ich. Lola, die sich mitleidig nach ihr umsah. Ganz ehrlich, sagte sie, als ich so alt war wie du, war ich um einiges reifer. Simon sagte, er fände Eileen sehr reif. Lola sah ihn düster an und sagte: Sei nicht so eklig. Simons Ohren wurden rot, und seine Stimme klang anders. Ich meinte intellektuell, sagte er. Danach sagte er nichts mehr, und Lola auch nicht, aber keiner von ihnen war froh. Lola zog sich die Kapuze über und ging durch den Regen voran. Mit schnellen, langen Schritten marschierte sie um eine Wegbiegung und war nicht mehr zu sehen. Eileen sah auf den Weg hinab, der eben noch trockene Erde gewesen war und sich jetzt in Schlamm verwandelte, kleine Bächlein liefen zwischen den Steinen entlang. Der Regen wurde stärker, hinterließ ein Muster aus dunklen Punkten auf der Vorderseite ihrer Jeans, durchnässte ihr Haar. Als sie um die Biegung kamen, war Lola immer noch nicht zu sehen. Entweder war sie weit voraus oder einen anderen Weg gegangen. Weißt du, wo wir sind?, fragte Eileen. Simon lächelte und sagte, er glaube schon. Wir verlaufen uns nicht, sagte er, mach dir keine Sorgen. Wir ertrinken höchstens. Eileen wischte sich mit dem Ärmel über die Stirn. Hoffentlich kommt niemand und sticht achtunddreißig Mal auf uns ein, sagte sie. Simon lachte. Die Opfer in solchen Geschichten sind ja anscheinend immer allein, sagte er. Es kann uns also nichts passieren. Schön und gut, sagte Eileen, aber was, wenn du der Mörder bist? Er lachte wieder. Nein, nein, sagte er. Du bist bei mir in Sicherheit. Sie sah wieder zu ihm auf, schüchtern. So fühle ich mich auch, sagte sie. Er drehte sich nach ihr um und fragte: Hm? Sie schüttelte den Kopf, wischte sich wieder mit dem Ärmel über das Gesicht, schluckte. Ich merke, dass ich in Sicherheit bin, sagte sie, wenn du bei mir bist. Ein paar Sekunden lang war Simon still, dann sagte er: Das ist schön. Das freut mich zu hören. Sie betrachtete ihn, dann blieb sie ohne Vorwarnung stehen und stellte sich unter einen Baum. Ihr Gesicht und ihr Haar waren tropfnass. Als Simon merkte, dass sie nicht mehr neben ihm herging, drehte er sich um. Hallo, sagte er. Was machst du denn da? Sie sah ihn unverwandt an, konzentriert. Kannst du kurz herkommen?, fragte sie. Er machte ein paar Schritte auf sie zu. Sehr leise, aber aufgeregt sagte sie: Nein, ich meinte hierher. Wo ich stehe. Er zögerte. Aber warum?, fragte er. Anstatt zu antworten, sah sie ihn einfach weiter mit flehender, verzweifelter Miene an. Er kam zu ihr, und sie legte ihre Hand auf seinen Unterarm und hielt ihn fest. Der Stoff seines Hemds war feucht. Sie zog ihn heran, bis ihre Körper sich fast berührten, ihre Lippen waren feucht, Regen lief ihr über Wangen und Nase. Er riss sich nicht los, sondern blieb so stehen, sein Mund ganz nah an ihrem Ohr. Sie sagte nichts, ihr Atem ging schnell und flach. Leise sagte er: Eileen, ich weiß. Ich verstehe. Aber so darf es nicht sein, okay? Sie zitterte, und ihre Lippen waren bleich. Es tut mir leid, sagte sie. Er riss sich nicht los, er stand da und ließ zu, dass sie seinen Arm hielt. Es muss dir nicht leidtun, sagte er. Du hast nichts falsch gemacht. Ich verstehe es, okay? Du musst dich für nichts entschuldigen. Meinst du, wir können jetzt weitergehen? Sie gingen weiter, Eileen starrte auf ihre Füße. Auf der Lichtung hinter dem Gatter wartete Lola und hielt ihr Fahrrad fest. Als sie die beiden sah, trat sie ungeduldig gegen ein Pedal, sodass es sich drehte. Wo wart ihr?, rief sie, als sie näher kamen. Du bist doch vorgerannt, sagte Eileen. Simon richtete Eileens Fahrrad auf und hielt es für sie, dann bückte er sich nach seinem. Ich bin ja wohl kaum gerannt, sagte Lola. Mit einem seltsamen Ausdruck streckte sie die Hand aus und wuschelte durch Eileens nasses Haar. Du siehst aus wie eine abgesoffene Ratte, sagte sie. Lasst uns weitergehen. Er ließ die beiden ein Stück vorgehen. Still, den Blick auf seinen Vorderreifen gerichtet, betete er: Lieber Gott, lass sie ein glückliches Leben haben. Ich will alles tun, alles, bitte, bitte. Als sie einundzwanzig war, besuchte sie ihn in Paris, wo er den Sommer in einem alten Haus mit einem mechanischen Aufzug verbrachte. Sie waren damals befreundet, schrieben sich amüsante Postkarten mit berühmten Aktgemälden darauf. Als sie gemeinsam die Champs-Élysées entlanggingen, drehten sich Frauen nach ihm um, er war so groß und schön, so ernst, und nie erwiderte er ihre Blicke. Am Abend ihrer Ankunft erzählte sie ihm, wie sie ihre Jungfräulichkeit verloren hatte, es war nur wenige Wochen zuvor passiert, und während sie sprach, war ihr Gesicht so heiß, dass es schmerzte, und die Geschichte war so furchtbar schlimm und peinlich, aber irgendwie gefiel es ihr doch, ihm davon zu erzählen, und sie mochte den lustigen, unerschütterlichen Ton, den er bei ihr anschlug. Er brachte sie sogar zum Lachen. Sie lagen eng beieinander, ihre Schultern berührten sich fast, und das war das erste Mal. In seinen Armen zu liegen und zu spüren, wie er sich in ihr bewegte, dieser Mann, der sich von allen anderen fernhielt, zu spüren, wie er nachgab, bei ihr Trost fand, das war ihre Vorstellung von Sexualität, und sie blieb es. Und er fühlte sich fast schuldig, so unschuldig und nervös war sie, am ganzen Leib zitternd und sich dessen, was sie ihm gab, anscheinend so unbewusst. Aber es konnte nicht falsch sein mit ihr, ganz egal, was sie zusammen machten, weil sie nichts Böses in sich hatte, und er würde sein Leben dafür geben, sie glücklich zu machen. Sein Leben, was auch immer das war. Und die Jahre danach, mit Natalie in Paris, seine Jugend, die vorbei war und nie mehr wiederkehren würde. Mit dir zusammenzuleben, ist, wie mit einer Depression zu leben, hatte Natalie ihm gesagt. Er wollte sie glücklich machen, er versuchte es und vermochte es nicht. Die Zeit danach, er allein, der sein Geschirr nach dem Abendessen abwusch, den einen Teller, die eine Gabel auf dem Abtropfbrett. Und nicht mal mehr wirklich jung. Auch für Eileen waren diese Jahre irgendwie vergangen, sie hatte auf Dielenböden gesessen und Möbel zur Selbstmontage ausgepackt, fluchend und warmen Weißwein aus Plastikbechern trinkend. Dann sah sie all ihre Freunde wegziehen, weiterziehen, nach New York, nach Paris, während sie in dem immergleichen kleinen Büro arbeitete und die immergleichen vier Auseinandersetzungen mit demselben Mann hatte. Was es auch war, was sie einst von ihrem Leben erwartet hatte, sie konnte sich nicht daran erinnern. Gab es nicht eine Zeit, als es ihr etwas bedeutete, am Leben zu sein, zu leben? Aber was genau? An einem Wochenende im vergangenen Jahr waren sie beide zu Hause gewesen, und Simon hatte sich das Auto seiner Eltern geliehen, um mit ihr nach Galway zu fahren. Sie trug eine rote Tweedjacke mit einer Brosche am Aufschlag, das Haar hing ihr lose um die Schultern, dunkel und weich, ihre Hände lagen wie kleine weiße Tauben in ihrem Schoß. Sie sprachen über ihre Familien, über ihre Mutter, über seine Mutter. Sie wohnte damals noch mit ihrem Freund zusammen. Als sie nachts zurückfuhren, der Halbmond schief und golden wie eine erhobene Champagnerschale, die obersten Knöpfe ihrer Bluse geöffnet, sie schob ihre Hand hinein, berührte ihr Brustbein, da sprachen sie über Kinder, sie hatte früher nie welche gewollt, aber in letzter Zeit dachte sie darüber nach, und es war unmöglich für ihn, nicht daran zu denken, er spürte einen festen, tiefen Schmerz in sich, lass es mich sein, wollte er sagen, ich habe Geld, ich werde mich um alles kümmern. Herr im Himmel. Was ist mit dir, fragte sie, willst du Kinder? Ja, sehr, sagte er. Das tote Krachen, als sie die Autotür hinter sich schloss. In der Nacht dachte er wieder daran, er stellte sich vor, dass sie es zulassen würde, dass sie es mit ihm wollen würde, und hinterher fühlte er sich leer und schämte sich. Ein paar Wochen später sah er sie auf der O'Connell Street, es war August, sie war mit einer Freundin unterwegs, die er nicht kannte, und er sah, wie sie hinunter zum Fluss gingen, Eileen in einem weißen Kleid, es war ein heißer Tag. Wie elegant sie in der Menge wirkte, seine Augen folgten ihr, ihrem langen schönen Hals, ihren Schultern, die im Sonnenlicht schimmerten. Es war, als würde er zusehen, wie sein Leben davonlief. Eines Abends kurz vor Weihnachten sah sie ihn durch das Busfenster, er lief über die Straße, wahrscheinlich auf dem Weg nach Hause von der Arbeit, groß und golden unter dem Straßenlicht, er trug seinen langen Wintermantel, es war eine schreckliche Zeit, Alice im Krankenhaus und Aidan, der sagte, er brauche Zeit, um nachzudenken, und dort, vor dem Busfenster, war Simon, der über die Straße ging. Es war so friedvoll, ihm zuzusehen, seine schöne Gestalt auf ihrem Weg durch die tiefblaue, flüssige Dezemberdunkelheit, die stille Einsamkeit, die ihn umgab, seine Unabhängigkeit, und sie war so glücklich, so dankbar, dass sie in derselben

Stadt lebten, wo sie ihm sogar unbeabsichtigt begegnen konnte, wo er einfach so vor ihr auftauchen konnte, wenn sie ihn gerade am dringendsten sehen musste, ein Mensch, den sie ihr Leben lang geliebt hatte. All das. Und ihre Telefonate, die Nachrichten, die sie einander schrieben, ihre Eifersüchteleien, die Jahre der Blicke und unterdrückten Lächeln, das Tagebuch der kleinen Berührungen, an dem sie schrieben. All die Geschichten, die sie übereinander erzählt hatten und über sich selbst. All das lag in ihrem Blick und teilte sich mit. Alle mal herschauen, bitte, sagte der Fotograf. Simon neigte den Kopf, sodass sie sich wegdrehen konnte, und als der Fotograf fertig war, verteilte sich die Gesellschaft auf dem Kiesweg, unterhielt sich, winkte, und sie ging zu ihm, er stand auf den Stufen. Du siehst sehr schön aus, sagte er. Sie wurde rot, sie hielt einen Blumenstrauß in den Armen. Schon rief wieder jemand nach ihr, wollte etwas. Simon, sagte sie. Zärtlich, fast schon schmerzlich lächelten sie sich an, sie sagten nichts, und ihre Fragen waren dieselben, denkst du an mich, warst du glücklich, als wir miteinander schliefen, habe ich dir wehgetan, liebst du mich, wirst du mich immer lieben. Ihre Mutter rief von der Kirchentür aus ihren Namen. Eileen berührte Simons Hand und sagte: Ich bin gleich wieder zurück. Er nickte, lächelte. Keine Sorge, sagte er. Ich bin da.

24

Liebste Alice – nur kurz die Nachricht, dass die Hochzeit sehr schön war und wir im Zug nach Ballina sitzen. Ich vergesse immer, dass Simon im Grunde (auch wenn er es abstreitet) Politiker ist und deshalb buchstäblich jeden in diesem Land kennt. Er befindet sich gerade in einem langen Gespräch mit einem Mann, den ich noch nie im Leben gesehen habe, während ich hier sitze und diese Mail tippe. Ich muss daran denken, was du in deiner letzten Mail über Schönheit geschrieben hast, und wie schwierig es ist, Schönheit für wichtig oder bedeutsam zu halten, wenn sie doch nur zufällig ist. Aber sie bringt etwas Freude ins Leben, nicht wahr? Man muss nicht religiös sein, um sie würdigen zu können, glaube ich. Schon komisch, dass ich nur zwei beste Freunde auf der Welt habe, und keiner von beiden ähnelt mir auch nur annähernd. Tatsächlich ist die Person, die mir am ähnlichsten ist, meine Schwester – weil sie vollkommen verrückt ist, genau wie ich, und weil sie mich so wütend macht, ebenfalls so wie ich. Sie sah übrigens wunderschön aus gestern, obwohl ihr Kleid schulterlos war, und ich weiß, dass du von denen nichts hältst. Der unbekannte Mann, der sich mit Simon unterhält, sitzt jetzt an unserem Tisch und zeigt ihm etwas auf seinem Handy. Ich glaube, es könnten Bilder von einem Vogel sein? Vielleicht ist der Mann so eine Art Vogelliebhaber? Ich weiß es nicht, ich habe nicht zugehört. Jedenfalls freue ich mich sehr darauf, dich zu sehen. Mir ging gerade etwas durch den Kopf, vielleicht über Schönheit oder die Hochzeit oder darüber, dass Simon und du so anders seid als ich, aber jetzt fällt es mir nicht mehr ein. Weißt du noch, als ich vor fast zehn Jahren das erste Mal mit Simon geschlafen habe? Manchmal denke ich, es wäre ein gutes Leben geworden, wenn er damals die christliche Nummer durchgezogen und mich gefragt hätte, ob ich ihn heirate. Wir könnten mittlerweile mehrere Kinder haben, die wahrscheinlich genau jetzt mit uns in diesem Zug sitzen und ihrem Vater dabei zuhören würden, wie er sich mit einem Vogelliebhaber unterhält. Ich habe das Gefühl, es wäre für mich viel besser gewesen, wenn Simon mich früher im Leben unter seine Fittiche genommen hätte. Und vielleicht wäre es sogar für ihn besser gewesen, jemanden zu haben, für den er da sein und dem er sich jederzeit anvertrauen kann. So wie alles gelaufen ist, ist es jetzt allerdings zu spät dafür, fürchte ich. Der Prozess unseres Werdens ist abgeschlossen, wir sind mehr oder weniger so geworden, wie wir eben sind. Unsere Eltern werden älter, Lola ist verheiratet, ich werde vermutlich weiterhin schlechte Lebensentscheidungen treffen und ab und zu depressive Phasen durchleiden, und Simon wird ein hoch kompetenter und gutmütiger, aber emotional unzugänglicher Mensch bleiben. Aber vielleicht sollte es einfach so sein, und es gab nie etwas, was wir dagegen hätten tun können. Ich muss gerade an den Tag denken, an dem ich dich das erste Mal gesehen habe, und ich erinnere mich an die grüne Strickjacke, die ich trug, und den Haarreif auf deinem Kopf. Ich meine, das Leben, das wir seitdem geführt haben, gemeinsam und getrennt voneinander – ob es wohl an dem Tag schon da war? In Wahrheit liebe ich Lola und meine Mutter, und ich glaube, dass sie mich ebenfalls lieben, auch wenn es so aussieht, als würden wir einfach nicht miteinander auskommen, was vielleicht immer so sein wird. Vielleicht ist es ja auf eine seltsame Art gar nicht so wichtig, miteinander auszukommen, solange man sich trotzdem einfach liebt. Ich weiß, ich weiß – kaum war sie ein paar Mal bei der Messe, hat sie plötzlich alle lieb. Und jetzt sind wir schon in Athlone, ich sollte also ohnehin langsam aufhören zu schreiben. Erinnere mich daran, dass ich eine Idee für einen Essay über *Die goldene Schale* habe, die ich mit dir diskutieren möchte. Hast du jemals so einen schlüpfrigen Roman gelesen??? Ich habe ihn quer durchs Zimmer geworfen, als ich damit fertig war. Ich kann es kaum erwarten, dich zu sehen. Alles, alles, alles Liebe. Eileen.

25

Auf einem Bahnsteig, am späten Vormittag, Anfang Juni: Zwei Frauen umarmen sich nach mehrmonatiger Trennung. Hinter ihnen steigt ein großer blonder Mann mit zwei Koffern aus dem Zug. Die Frauen sagen nichts, ihre Augen sind fest geschlossen, sie halten einander umschlungen, für eine Sekunde, zwei Sekunden, drei. War ihnen bewusst, dass dieses Tableau etwas leicht Lächerliches hatte, etwas fast schon Skurriles – ihre intensive Umarmung, während neben ihnen jemand heftig in ein zerknülltes Taschentuch nieste; während eine dreckige Plastikflasche vom Wind über den Bahnsteig gerollt wurde; während die automatische Werbetafel an der Wand des Bahnhofsgebäudes von einer Werbung für Haarprodukte zu einer Werbung für eine Autoversicherung wechselte; während sich das Leben in seiner Alltäglichkeit, seiner hässlichen Gewöhnlichkeit allem um sie herum aufzwang? Oder war es ihnen in diesem Augenblick nicht bewusst, waren sie vielleicht sogar irgendwie gefeit dagegen, unberührt von Gewöhnlichem und Hässlichem – nahmen sie für einen Moment etwas Tieferes, etwas unter der Oberfläche des Lebens Schlummerndes wahr, nichts Irreales, sondern eine verborgene Realität: die immerwährende, allgegenwärtige Präsenz einer schönen Welt?

/

Als Felix an jenem Abend nach der Arbeit vor Alice' Haus hielt, brannte Licht hinter den Fenstern. Es war sieben Uhr durch, noch hell, aber schon kühl, und hinter den Bäumen zeigte sich das Meer grün und silbern. Mit einem Rucksack über der Schulter sprang er die Stufen zur Haustür hinauf, ließ in rascher Abfolge zweimal den Türklopfer gegen die Messingplatte prallen. Frostige Meeresluft streifte ihn, und seine Hände waren kalt. Als sich die Tür öffnete, stand dort nicht Alice, sondern eine andere Frau im gleichen Alter, größer, mit dunkleren Haaren, dunklen Augen. Hallo, sagte sie. Du musst Felix sein, ich bin Eileen. Komm rein. Er trat ein und ließ sie die Tür hinter ihm schließen. Er lächelte abwesend. Ja, sagte er. Eileen, ich hab schon von dir gehört. Mit einem Blick auf ihn sagte sie: Nur Gutes, hoffe ich. Sie sagte, Alice koche gerade was zum Abendessen, und er folgte ihr den Flur entlang, betrachtete ihren Hinterkopf und ihre eleganten schmalen Schultern, die sich vor ihm auf die Küchentür zubewegten. Drinnen saß ein Mann am Tisch, und Alice stand am Herd, mit einer dreckigen weißen Schürze um die Hüfte. Hallo, sagte sie. Ich habe gerade die Nudeln abgegossen. Eileen kennst du jetzt, das ist Simon. Felix nickte, befühlte den Riemen seines Rucksacks, als Simon ihn begrüßte. Es war etwas trüb in der Küche, nur das Arbeitslicht war eingeschaltet, und auf dem Tisch standen Kerzen. Das Fenster war beschlagen, das Glas samtig und blau. Kann ich dir mit irgendwas helfen?, fragte Felix. Alice tupfte sich mit dem Handgelenk die Stirn, wie um sich abzukühlen. Ich denke, ich habe alles im Griff, sagte sie. Aber danke. Eileen hat uns gerade von der Hochzeit ihrer Schwester erzählt. Felix zögerte einen Moment, dann setzte er sich an den Tisch. Die war am Wochenende, oder?, fragte er. Mit erfreuter Miene wandte sie ihm ihre Aufmerksamkeit zu. Eileen fing an, über die Hochzeit zu reden. Sie war witzig und sprach viel mit den Händen, ab und zu forderte sie einen Beitrag von Simon ein, der mit entspannter Stimme sprach und alles amüsant zu finden schien. Auch er schenkte Felix viel Aufmerksamkeit, suchte immer wieder seinen Blick und lächelte vage verschwörerisch, als freue er sich über die Anwesenheit eines anderen Mannes oder als erfreue er sich der Gegenwart der Frauen und wolle diese Freude mit Felix teilen und würdigen. Er war gut aussehend, trug ein Leinenhemd, bedankte sich bei Alice auf ruhige, unangestrengte Art, wenn sie ihm Wein nachschenkte. Der Tisch war mit kleinen, gemusterten Beilagentellern, Silberbesteck und weißen Stoffservietten gedeckt. Eine große gelbe Salatschüssel, die Blätter darin ölig und glänzend. Alice brachte einen Teller mit Pasta zum Tisch und stellte ihn vor Eileen. Felix, du bekommst als Letzter, sagte sie, weil die beiden meine Ehrengäste sind. Ihre Blicke trafen sich. Er lächelte sie an, ein wenig nervös, und sagte: Schon in Ordnung, ich kenne meinen Platz. Sie schnitt eine sarkastische Grimasse und ging zurück zum Herd. Er sah ihr zu.

/

Als sie mit dem Essen fertig waren, stand Alice auf, um den Tisch abzudecken. Das Rasseln und Schaben des Bestecks, das Geräusch des Wasserhahns. Simon fragte Felix nach dessen Arbeit. Müde und zufrieden saß Eileen mit halb geschlossenen Augen still da. Ein Apfel-Crumble wurde im Ofen erwärmt. Auf dem Tisch die Reste der Mahlzeit, eine schmutzige Serviette, durchnässte Salatblätter in der Schüssel, weiche, bläulich weiße Wachstropfen auf der Tischdecke. Alice fragte, ob jemand Kaffee mochte. Für mich, bitte, sagte Simon. In einer Schachtel auf der Theke schmolz langsam Eiscreme, an der Seite liefen kleine Rinnsale herab. Alice schraubte den unteren Teil einer silbernen Kaffeekanne ab. Und was machst du beruflich?, fragte Felix. Alice hat erzählt, du bist in der Politik oder so. In der Spüle eine schmutzige Kasserole, ein Schneidebrett aus Holz. Dann das Zischen und Zünden des Gasherds, und Alice sagte: Trinkst du ihn immer noch schwarz? Eileen öffnete die Augen und sah zu, wie sich Simon halb zu Alice wandte, die an der Gasflamme stand, und über die Schulter sagte: Ja, vielen Dank. Ich brauch keinen Zucker, danke. Seine Aufmerksamkeit kehrte zu Felix zurück, ließ sich nieder, und Eileens Augen fast geschlossen, die Lider zuckend. Das Weiß seiner Kehle. Wenn er über ihr bebte, errötete, murmelte, ist das okay, tut mir leid. Das Klirren der Ofentür, der Duft von Butter und Äpfeln. Alice' weiße Schürze, die über eine Stuhllehne geworfen wurde, baumelnde Schnüre. Genau, wir haben letztes Jahr mit ihm an etwas gearbeitet, sagte Simon gerade. Ich kenne ihn nicht gut, aber seine Mitarbeiter sprechen in den höchsten Tönen von ihm. Und das Haus um sie herum leise und zuverlässig mit seinen festgenagelten Dielen, seinen hellen, polierten Kacheln im Kerzenschein. Und der Garten dämmrig und still. Draußen atmete das Meer friedlich, hauchte seine salzige Luft durch die Fenster. Der Gedanke, dass Alice hier lebte. Allein oder nicht allein. Sie stand an der Küchentheke, verteilte Crumble in Schälchen, Löffel. Alles an einem Ort. Das ganze Leben für eine Nacht in diesem Haus, verknotet wie eine Halskette am Boden einer Schublade.

/

Nach dem Abendessen ging Felix zum Rauchen vor die Tür, und Eileen ging hoch, um zu telefonieren. In der Küche wuschen Simon und Alice zusammen das Geschirr ab. Durch das Fenster über der Spüle die schlanke Gestalt von Felix, der im dunkler werdenden Garten umherschlenderte. Die brennende Spitze seiner Zigarette. Alice hielt nach ihm Ausschau, während sie die Teller mit einem karierten Geschirrtuch abtrocknete und in den Schrank stellte. Als Simon fragte, wie ihre Arbeit voranging, schüttelte sie den Kopf. Oh, ich kann darüber nicht reden, sagte sie. Es ist geheim. Nein, ich bin in Rente. Ich schreibe keine Bücher mehr. Er reichte ihr die feuchte, tropfende Salatschüssel, und sie tupfte sie mit dem Geschirrtuch ab. Das ist schwer zu glauben, sagte er. Felix war nicht mehr zu sehen, er war um das Haus herum zur anderen Seite gegangen oder weiter nach hinten zwischen die Bäume. Du musst es mir glauben, sagte sie. Ich bin ausgebrannt. Ich hatte nur zwei gute Ideen. Nein, es war ohnehin zu schmerzlich. Und jetzt bin ich reich. Ich glaube, ich bin reicher als du. Simon ließ die Salatzange auf dem Abtropfgestell neben der Spüle liegen und sagte: Da kannst du drauf wetten. Alice stellte die Schüssel weg und schloss die Schranktür wieder. Ich habe letztes Jahr die Hypothek meiner Mutter abbezahlt, sagte sie. Hab ich dir das erzählt? Ich habe so viel Geld, dass ich einfach nach Belieben irgendwas tun kann. Ich will noch andere Sachen machen, ich habe Pläne, aber ich bin schlecht organisiert. Simon sah sie an, aber sie wandte den Blick ab, nahm die Salatzange vom Abtropfgestell und wickelte sie in das Geschirrtuch, um sie zu trocknen. Das war sehr großzügig von dir, sagte er. Es war ihr peinlich. Ja, ach, ich erzähl es dir nur, damit du denkst, ich sei ein guter Mensch, sagte sie. Du weißt, dass ich mich nach deiner Anerkennung sehne. Sie ließ die Zange in die Besteckschublade fallen. Du hast meine ganze Anerkennung, sagte er. Ihre Schultern schnellten hoch, und halb im Scherz entgegnete sie: Oh nein, man sollte mich nicht ganz anerkennen. Aber ein wenig Anerkennung geht schon. Einen Moment lang war er still, wusch einen Bräter mit dem Schwamm ab. Unruhig warf sie einen Blick aus dem Fenster und sah nichts. Das Licht schwand. Die Umrisse der Bäume. Jedenfalls, sie redet nicht mehr mit mir, sagte sie. Keiner von ihnen. Simon hielt inne, dann legte er den Bräter auf das Gestell. Deine Mutter und dein Bruder, sagte er. Sie nahm den Bräter und tupfte ihn mit dem Geschirrtuch ab, kleine feste schnelle Tupfer, und sagte: Oder ich nicht mehr mit ihnen, ich erinnere mich nicht genau. Wir haben uns gestritten, als ich im Krankenhaus war. Weißt du, sie wohnen wieder zusammen. Er hatte den Schwamm im Spülwasser auf den Grund des Beckens sinken lassen. Das tut mir leid, sagte er. Es klingt furchtbar. Sie lachte rau auf, sodass es im Hals kratzte, und tupfte weiter den Bräter ab. Das Traurige daran ist, dass ich mich besser fühle, wenn ich sie nicht sehen muss, sagte sie. Ich weiß, das ist nicht sehr christlich. Ich hoffe, sie sind glücklich. Aber ich bin lieber mit Leuten zusammen, die ich mag. Sie konnte seinen Blick spüren, als sie sich hinabbeugte und den Bräter geräuschvoll nach ganz hinten in einen Schrank bugsierte. Ich finde nicht, dass das unchristlich ist, sagte er. Sie lachte wieder bebend auf. Das ist nett, dass du das sagst, erwiderte sie. Danke. Ich fühle mich gleich viel besser. Er holte den Schwamm vom Boden des Spülbeckens. Und wie geht es dir?, fragte sie. Er lächelte auf das Spülwasser, ein resigniertes Lächeln. Ganz okay, sagte er. Sie betrachtete ihn weiter. Mit einem Blick auf sie fragte er heiter: Was? Sie zog unschuldig die Augenbrauen hoch. Ich weiß nicht, was genau los ist, sagte sie. Ich meine mit dir und Eileen. Daraufhin wandte er seine Aufmerksamkeit wieder dem Spülbecken zu. Willkommen im Club, sagte er. Sie zwirbelte das Geschirrtuch nachdenklich mit den Händen. Aber jetzt seid ihr nur Freunde, sagte sie. Er nickte, ließ einen Pfannenwender auf das Abtropfgestell fallen, antwortete mit Ja. Und du bist glücklich, fuhr sie fort, und nun lachte er. So weit würde ich nicht gehen, sagte er. Das alte Leben stiller Verzweiflung, fürchte ich. Die Hintertür ging auf, und Felix kam herein, streifte die Schuhe auf der Matte ab, schloss hinter sich die Tür. Schöner Abend da draußen, sagte er. Über ihnen knarrten Schritte, Eileens weicher Gang die Treppe hinab. Alice faltete das feuchte, schlaffe Geschirrtuch. Sie alle waren gekommen, um sie zu sehen. Aus diesem Grund waren sie alle in ihrem Haus, aus keinem anderen Grund, und jetzt, da sie hier waren, war es egal, was sie taten oder sagten. Felix, der Simon fragte, ob er je geraucht habe. Nein, ich glaube nicht. Er sieht zu gesund aus. Und ich würde sagen, du trinkst auch viel Wasser, oder? Gespräche und Gelächter, aneinandergereihte Geräusche, durch die Luft wirbelnd, angenehm. Eileen im Türrahmen und Alice, die aufstand, um ihr ein Glas Wein einzuschenken, sich nach ihrer Arbeit zu erkundigen. Sie war gekommen, um sie zu sehen, sie waren wieder zusammen, es war nicht so wichtig, was sie sagten oder taten.

/

Kurz nach ein Uhr gingen sie zum Schlafen nach oben. Lichter wurden an- und wieder ausgeschaltet, das Geräusch von laufenden Wasserhähnen, sich füllenden Wasserbehältern, Türen, die auf- und zugingen. Alice ließ die Jalousie in ihrem Zimmer runter, Felix saß auf der Bettkante. Sie kam zu ihm, und er fing an, ihr Kleid aufzuknöpfen. Es tut mir leid, sagte er. Sie legte ihre Hand auf seinen Kopf, strich sein Haar zurück. Warum sagst du das?, fragte sie. Weil wir uns gestritten haben? Er atmete langsam aus, und einen Moment lang sagte er nichts. Das war aber kein richtiger Streit, oder?, fragte er. Egal, nenn es, wie du willst. Es wird nicht mehr passieren, was es auch war. Traurig sah sie ein wenig länger zu ihm hinunter, dann wandte sie sich ab und knöpfte ihr Kleid ganz auf. Schreibst du mich jetzt ab?, fragte sie. Er sah zu, wie sie ihr Kleid von den Schultern gleiten ließ und es in den Wäschekorb warf. Oh nein, sagte er. Ich werde nur versuchen, eine Weile nett zu dir zu sein. Mit einem hohen Lachen öffnete sie ihren BH. Vielleicht gefällt mir das nicht, erwiderte sie. Er legte sich ins Bett, lächelte für sich. Nein, das dachte ich mir, sagte er. Aber du kannst nicht immer bekommen, was du willst. Sie legte sich neben ihn ins Bett. Er streichelte ihre Brust und sagte: Du freust dich sehr, dass sie hier ist, oder? Deine Freundin. Nach einem Moment sagte Alice Ja. Schon süß, wie ihr beide euch so gernhabt, sagte er. Mädchen sind so. Ihr solltet etwas Zeit für euch haben, solange sie hier ist, lasst euch nicht von den Jungs belagern. Alice lächelte. Wir waren zu lange getrennt, sagte sie. Wir sind jetzt ganz schüchtern miteinander. Er drehte sich auf den Rücken und sah an die Decke. Das wird nicht lange dauern, sagte er. Und ich mag sie übrigens. Alice strich langsam über seine Schulter, seinen Arm. Willst du morgen etwas Zeit mit uns verbringen?, fragte sie. Er zuckte leicht mit den Schultern. Klar, warum nicht, sagte er. Dann schloss er die Augen, dachte noch einmal nach und fügte hinzu: Das würde ich gern.

/

Langsam sog das Meer das Wasser von der Küste ein, glatt und schimmernd blieb der Sand unter den Sternen zurück. Der Seetang feucht, schmutzig, mit Insekten überzogen. Die Dünen dicht gedrängt und still, das Dünengras zurückgebogen vom kühlen Wind. Der asphaltierte Fußweg vom Strand hinauf jetzt stumm unter einer Schicht aus weißem Sand, die gekrümmten Dächer der Wohnwagen matt schimmernd, geparkte Autos dunkel kauernd auf dem Gras. Dann die Buden und Geschäfte, der Eiskiosk mit den geschlossenen Rollläden, die Straße zum Ort, vorbei an der Post, dem Hotel, dem Restaurant. Das Sailor's Friend mit seinen geschlossenen Türen, die Aufkleber an den Fenstern unleserlich. Die vorbeistreifenden Scheinwerfer eines einzelnen Autos. Rücklichter rot glühend wie Kohle. Weiter die Straße hinauf eine Häuserreihe, Fenster, die leer die Straßenlichter reflektieren, Mülltonnen draußen aufgereiht, und dann die Küstenstraße aus dem Ort heraus, still, leer, Bäume, die sich in der Dunkelheit erheben. Das Meer im Westen, eine dunkle Stoffbahn. Und in Richtung Osten, hoch durch das Tor, das alte Pfarrhaus, blau wie Milch. Darin vier Körper, schlafend, wachend, wieder schlafend. Auf der Seite, auf dem Rücken liegend, die Decken von sich getreten, still durch Träume hindurchgehend. Und hinter dem Haus schon die aufgehende Sonne. Über die hintere Wand des Hauses und durch die Äste der Bäume, durch die farbigen Blätter der Bäume und das feuchtgrüne Gras sickerte das Licht der Dämmerung. Ein Sommermorgen. Kaltes klares Wasser in einer hohlen Hand.

26

Um neun Uhr frühstückten sie gemeinsam in der Küche, mit Dampfwolken vom Wasserkocher, klappernden Tellern und Tassen, dem Sonnenlicht, das durch das Fenster zum Meer fiel. Danach Schritte die Treppe rauf und runter, und rufende Stimmen. Felix lehnte an der Motorhaube des Wagens, und Alice warf einen Strohkorb mit Strandtüchern in den Kofferraum, ihr feuchtes Haar mit der Sonnenbrille aus dem Gesicht geschoben. Er ging zu ihr und legte von hinten seine Arme um sie, küsste ihren Nacken, sagte ihr etwas ins Ohr, und sie lachte. Dann die Fahrt zu viert, die Fenster offen, der Geruch von heißem Plastik und schalem Zigarettenrauch, Thin Lizzy im Radio, statisches Rauschen. Simon auf dem Rücksitz, der zu Alice sagte: O Gott nein, ich habe seit Ewigkeiten nichts mehr von ihr gehört. Eileens Gesicht am offenen Fenster, Wind, der durch ihr Haar peitschte. Als sie parkten, war der Strand vor ihnen weiß und funkelnd, gesprenkelt mit Badegästen, Menschen in Neoprenanzügen, Familien mit Sonnenschirmen und bunten Plastikeimern. Elf Uhr an einem Dienstag. Unten bei den Dünen breiteten Alice und Eileen die Strandtücher auf dem Sand aus, eins in Orange, das andere mit einem pinkgelben Muschelmuster. Simon zog die Schuhe aus und sagte, er würde nachsehen, wie das Wasser sei. Felix spielte mit der Kordel seiner Badehose, lächelte vor sich hin. Ich wusste, dass du das sagen würdest, meinte er. Na los, ich komme mit, warum auch nicht. Es war Ebbe, und der Sand unter ihren Füßen war dunkler, fester, verkrustet mit bunten Steinen und Muschelfragmenten, trockenem Seetang und gebleichten Krebsresten. Vor ihnen das Meer. Die Sonne brannte heiß auf ihre Nacken und Schultern. Neben Simon wirkte Felix klein und gedrungen, dunkelhaarig, flink. Simons langer Schatten auf dem flachen, feuchten Sand. Felix stellte ihm wieder Fragen nach seiner Arbeit, wollte wissen, was er eigentlich den ganzen Tag lang machte. Simon sagte, er nehme meistens an Meetings teil, manchmal mit Politikern, manchmal mit Aktivisten und Bürgergruppen. Salzwasser mild auf ihren Füßen, dann kalt an den Knöcheln, kälter noch bis zu den Knien hinauf. Während der letzten paar Monate hätten sie viel mit Geflüchteten-Organisationen zusammengearbeitet, sagte Simon. Um zu helfen, sagte Felix. Um es zu versuchen, sagte Simon. Ist das Wasser eigentlich immer so kalt? Felix lachte, seine Zähne klapperten. Ja, es ist immer schrecklich, antwortete er. Keine Ahnung, warum ich das mache, ich gehe sonst nie rein. Wohnst du in Dublin zur Miete, oder hast du was Eigenes? Er hatte die Arme um seine Brust geschlungen, während er sprach, seine Schultern zitterten. Ich habe eine Wohnung, sagte Simon. Beziehungsweise eine Hypothek. Felix tauchte die Hand müßig ins Wasser, spritzte etwas weiße Gischt in Simons Richtung. Ohne den Blick zu heben, sagte er: Ja, meine Mutter ist letztes Jahr gestorben, und sie hat uns das Haus vererbt. Aber da sind auch noch zehn Jahre Hypothek drauf. Er rieb sich den Nacken mit den nassen Fingerspitzen. Ich wohne nicht mehr dort, fügte er hinzu. Mein Bruder ist gerade dabei, es zu verkaufen. Simon hörte schweigend zu, watete weiter, um Schritt zu halten, das Wasser jetzt hüfthoch. Behutsam sagte er, es tue ihm leid zu hören, dass Felix seine Mutter verloren habe. Felix sah ihn an, kniff ein Auge zu, sah dann wieder aufs Wasser. Ja, sagte er. Simon fragte ihn, wie es ihm mit dem Hausverkauf gehe, und er stieß ein seltsames, schroffes Lachen aus. Schon komisch, antwortete er. Ich gehe meinem Bruder seit sechs Wochen aus dem Weg, um nichts zu unterschreiben. Ist das nicht Wahnsinn? Keine Ahnung, warum ich das mache. Schließlich will ich gar nicht dort wohnen. Und ich brauche das Geld wirklich. Aber so bin ich nun mal, ich kann es mir einfach nicht leicht machen. Er ließ die Hand wieder ziellos durchs Wasser gleiten. Es ist gut, dass du dieses Zeug machst, von dem du erzählt hast, das mit den Asylsuchenden, sagte er. Gott steh ihnen bei. Simon schien einen Moment darüber nachzudenken, und dann sagte er, dass ihn seine Arbeit zunehmend frustriere, weil er immer nur zu Meetings gehe und Berichte schreibe, die nie jemand las. Aber wenigstens kümmert es dich, sagte Felix. Vielen Leuten ist es egal. Simon sagte, theoretisch kümmere es ihn natürlich, aber praktisch sei es egal, ob es ihn kümmere oder nicht. Eigentlich lebe ich mein Leben so, als gäbe es das alles gar nicht, fügte er hinzu. Ich meine, ich treffe diese Menschen, die Dinge durchgemacht haben, die ich nicht einmal im Ansatz verstehen werde. Und sosehr ich prinzipiell auch auf ihrer Seite bin und jeden Tag zur Arbeit gehe und meinen Job mache, verbringe ich in Wirklichkeit doch die meiste Zeit in Gedanken bei – ach, keine Ahnung. Felix deutete in Richtung der Küste, auf die kleiner werdenden Gestalten von Alice und Eileen. Ihresgleichen, sagte er. Simon lächelte jetzt, wandte den Blick ab und sagte Ja, ihresgleichen. Felix beobachtete ihn sorgfältig. Du bist religiös, stimmt's?, fragte er. Simon zögerte einen Moment, bevor er ihn ansah. Hat Alice dir das gesagt, fragte er, oder hast du einfach geraten? Felix lachte fröhlich auf. Das katholische schlechte Gewissen hat dich verraten, antwortete er. Nein, sie hat es mir gesagt. Ein paar Sekunden lang waren sie still, gingen weiter. Ruhig sagte Simon, dass er einmal darüber nachgedacht hatte, Priester zu werden. Felix beobachtete ihn, sanft, interessiert. Und warum bist du keiner geworden, wenn ich fragen darf? Simon sah hinab auf das kalte, trübe Wasser, die hier und da von Fragmenten reflektierten Lichts durchbrochene Oberfläche. Dann antwortete er: Ich würde gerne sagen, ich dachte, Politik würde mehr bewirken. Aber in Wahrheit wollte ich nicht allein sein. Felix grinste vor sich hin. Das ist dein Problem, sagte er, du bestrafst dich dafür, nicht wie Jesus zu sein. Du solltest es so machen wie ich, ein Arschloch sein und dein Leben genießen. Simon sah lächelnd auf. Du kommst mir nicht wie ein Arschloch vor, sagte er. Aber gut zu wissen, dass du dein Leben genießt. Felix watete ein Stück weiter ins Wasser. Ohne sich umzudrehen, sagte er laut: Ich habe definitiv einiges getan, was ich nicht hätte tun sollen. Aber was bringt es, darüber zu jammern? Ich meine, vielleicht jammere ich ja manchmal doch ein bisschen, aber ich versuche, es zu lassen. Simon sah ihn noch ein, zwei Sekunden lang an, das Wasser schwappte um seinen schlanken weißen Körper. Wir sind alle Sünder, sagte er. Felix wandte sich um und sah ihn an. Oh ja, sagte er. Wieder fing er an zu lachen. Ich habe glatt vergessen, dass dein Verein das glaubt, fügte er hinzu. Totale Spinner, nichts für ungut. Komm schon, wir werden heute gar nicht mehr zum Schwimmen kommen, wenn du da stehen bleibst. Er ging ein paar Schritte weiter, dann tauchte er mit dem ganzen Körper unter die Wasseroberfläche und verschwand.

Eileen saß im Schneidersitz am Strand und blätterte durch eine Kurzgeschichtensammlung. Alice lag auf einem Badetuch neben ihr, das Sonnenlicht schimmerte auf ihren feuchten Augenlidern. Ein Windhauch erfasste eine Seite von Eileens Buch, und sie glättete sie ungeduldig mit der Hand. Ohne die Augen zu öffnen, sagte Alice: Also, wie ist die Lage? Eileen antwortete zuerst nicht, hob nicht einmal den Kopf. Dann sagte sie: Du meinst mit Simon. Ich weiß nicht, wie die Lage ist. Weißt du, ich glaube, wir sind sehr verschiedene Menschen. Alice' Augen waren jetzt offen, sie schirmte sie mit der flachen Hand ab, sah zu ihr auf. Was soll das heißen?, fragte sie. Eileen blickte düster auf eine Seite mit dichter schwarzer Schrift und klappte dann das Buch zu. Er ist mit einer anderen zusammen, sagte sie. Aber ich weiß sowieso nicht, ob es mit uns geklappt hätte. Weißt du, wir sind einfach sehr verschieden. Alice beschattete immer noch die Augen mit der Hand. Das hast du schon gesagt, aber was soll das heißen?, fragte sie. Eileen legte ihr Buch weg und trank einen Schluck Wasser aus ihrer Flasche. Als sie runtergeschluckt hatte, sagte sie: Du bist aufdringlich. Alice ließ die Hand sinken und schloss wieder die Augen. Tut mir leid, sagte sie. Eileen schraubte die Flasche zu und sagte: Das ist ein schwieriges Thema. Ein kleines Insekt landete auf Alice' Handtuch, surrte dann weiter durch die Luft. Verständlich, sagte Alice. Eileen sah zum Horizont, zwei Gestalten tauchten gerade unter die Wasseroberfläche, und als sie wieder auftauchten, hatten sie ihre Standorte vertauscht. Wenn es nicht klappen würde, wäre es zu deprimierend, merkte sie an. Alice stützte sich auf ihre Ellbogen, grub zwei kleine Mulden in den weichen Sand. Aber wenn es klappen würde, sagte Alice. Das ist Glücksspielermentalität, entgegnete Eileen. Alice nickte, ihr Blick wanderte über die sitzende Gestalt ihrer besten Freundin. Die dünnen schwarzen Träger ihres Badeanzugs. Das ist Risikovermeidung, sagte Alice. Eileen lächelte halb. Also Selbstsabotage, erwiderte Eileen. Alice lächelte ebenfalls, legte den Kopf schief. Das kann man so oder so sehen, sagte sie. Er liebt dich aber wirklich. Eileen drehte sich zu ihr und sagte: Was, hat er das so zu dir gesagt? Alice schüttelte den Kopf. Nein, ich meine nur, es ist offensichtlich, antwortete sie. Eileen beugte den Kopf über ihre gekreuzten Beine, stemmte die Hände vor sich auf das raue, pinkfarben gemusterte Handtuch, die Wirbel auf ihrem Rücken zeichneten sich durch den dünnen synthetischen Stoff ihres Badeanzugs ab. Ja, auf eine Art liebt er mich, sagte sie. Weil ich eine kleine Idiotin bin, die nichts selbst hinbekommt, das ist sein großes Ding. Sie setzte sich wieder aufrecht und rieb sich die Augen. Anfang des Jahres, im Januar oder Februar, bekam ich wirklich schlimme Kopfschmerzen, sagte sie. Und eines Abends bin ich im Kaninchenbau verschwunden und habe so lange online die Symptome recherchiert, bis ich davon überzeugt war, einen Hirntumor zu haben. Eine völlig dämliche Geschichte übrigens. Jedenfalls rief ich nachts um eins Simon an, um ihm zu erzählen, dass ich Angst vor einem Hirntumor hatte, und er nahm ein Taxi zu meiner Wohnung und ließ sich von mir eine Stunde lang vollheulen. Er schien nicht mal genervt, er war einfach nur völlig entspannt. Natürlich hätte ich nicht gewollt, dass er genervt ist. Aber würde ich das jemals für ihn tun? Wenn er mich mitten in der Nacht anrufen und sagen würde, hey, Eileen, wie geht's dir, ich bin unvernünftigerweise davon überzeugt, dass ich eine seltene Krebsart habe, würdest du vielleicht vorbeikommen und mir beim Weinen zuschauen, bis ich erschöpft bin und einschlafe? Es hat gar keinen Zweck, mir auch nur vorzustellen, wie ich reagieren würde, weil er so etwas nie tun würde. Ehrlich gesagt würde ich annehmen, dass wirklich etwas mit seinem Gehirn nicht stimmt, wenn er das täte. Alice lachte. Du erzählst immer diese ganzen hypochondrischen Geschichten von dir, sagte sie. Aber mir gegenüber kommst du nie so rüber. Eileen hatte ihre Sonnenbrille aus der Tasche genommen und putzte sie geistesabwesend mit einer Ecke ihres Pullovers, den sie ausgezogen hatte. Nein, das meine ich ja, sagte sie. Simon bekommt die absoluten Abgründe meiner Persönlichkeit ab. Ich weiß nicht, warum ich ihn kritisiere, ich sollte mich selbst kritisieren. Welche erwachsene Frau benimmt sich denn so? Es ist fürchterlich. Alice grub ihre Ellbogen nachdenklich in das Handtuch. Nach einem Moment sagte sie laut: Du meinst, dir gefällt nicht, wer du bist, wenn du mit ihm zusammen bist. Eileen runzelte die Stirn, betrachtete die Sonnenbrille im Licht. Nein, das ist es nicht, sagte sie. Ich habe nur den Eindruck, dass unsere Beziehung sehr einseitig ist. Als ob er immer alles für mich in Ordnung bringen würde und ich nie etwas für ihn. Ich meine, es ist toll, dass er so hilfsbereit ist. Und ich brauche das irgendwie. Aber er braucht nichts von mir. Nach einem kurzen Zögern fügte sie hinzu: Aber es ist sowieso egal. Er hat seine dreiundzwanzigjährige Freundin, die alle toll finden. Alice legte sich wieder aufs Badetuch. Simon und Felix waren von dort, wo Eileen saß, nicht mehr zu erkennen, da war nur ein gewaltiger Dunst aus Licht und Wasser, dünne Wellen, die wie Garn rissen. Hinter ihnen weiß schimmernd der Küstenort bis hin zum Leuchtturm, und zur Linken die leeren Sanddünen. Alice legte sich den Handrücken an die Stirn. Meinst du, du könntest wirklich hier leben?, fragte Eileen. Alice sah sie ohne Überraschung an. Ich lebe hier, sagte sie. Ein finsterer Ausdruck huschte über Eileens Gesicht und verschwand sofort wieder. Nein, das weiß ich ja, sagte sie. Aber ich meinte auf Dauer. Verhalten antwortete Alice: Ich weiß es nicht. Ich würde gern. Hinter ihnen kam eine junge Familie vom Campingpark herunter, zwei Kinder in identischen Latzhosen tappten voran. Warum?, fragte Eileen. Alice lächelte ihr zu. Warum nicht?, sagte sie. Es ist schön, oder? Mit leiser Stimme antwortete Eileen: Klar, natürlich. Sie senkte ihren Blick aufs Handtuch, glättete die Falten mit ihren langen Fingern, und Alice sah ihr zu. Du kannst immer herkommen und bei mir wohnen, sagte sie. Eileen schloss die Augen und öffnete sie wieder. Unglücklicherweise muss ich für meinen Lebensunterhalt arbeiten, sagte sie. Alice zögerte einen Moment, und dann entgegnete sie leichthin: Müssen wir das nicht alle. Und dann kamen die Männer aus dem Wasser, glänzend nass, das Sonnenlicht reflektierend, und sie unterhielten sich miteinander, zunächst noch kaum hörbar, ihre Schatten fielen hinter ihnen auf den Sand, der blau gesprenkelt war, und die Frauen verstummten und beobachteten sie.

/

Um zwei ging Felix zur Arbeit, und die anderen spazierten durch den Ort. Es war ein heißer Nachmittag, aufgeweichte schwarze Teerflicken auf den Straßen, herumtrödelnde Schulkinder in ihren Uniformen. Im Secondhandladen neben der Kirche kaufte sich Eileen eine grüne Seidenbluse für sechs Euro fünfzig. Währenddessen schob Felix einen hohen Rollbehälter durch die Gänge der Lagerhalle, lehnte seinen Körper auf eine bestimmte präzise Weise gegen den Rollwagen, um ihn um die Ecken zu manövrieren, platzierte dafür den linken Fuß gleich neben den Hinterrädern, während seine Hände die Haltegriffe lösten und dann wieder festmachten. Er vollführte diese Handlung immer wieder auf die gleiche Weise, schien nie darüber nachzudenken, außer wenn er sich verrechnet hatte und das Gewicht des Rollwagens kurz außer Kontrolle geriet. In Alice' Küche bereitete Simon das Abendessen, und Alice ermutigte Eileen, ein Buch zu schreiben. Aus irgendeinem Grund behielt Eileen die Seidenbluse, die sie am Nachmittag gekauft hatte, in ihrem Schoß. Während Alice sprach, strich sie gelegentlich gedankenverloren über die Bluse, als wäre sie ein Tier. Sie schien der Unterhaltung mit Alice einerseits tiefe und anhaltende Aufmerksamkeit zu schenken, andererseits wirkte sie, als würde sie ihr kaum zuhören. Sie sah auf die Fliesen, dachte offenbar nach, ihre Lippen bewegten sich manchmal leise, als formten sie Wörter, aber ohne etwas zu sagen.

Nach dem Abendessen gingen sie in den Ort, um Felix auf einen Drink zu treffen. Ein kühler Lichtstreifen, blau und schwachgelb, verblasste über dem Meer. Als sie eintrafen, stand Felix vor dem Sailor's Friend und telefonierte. Er winkte ihnen mit der freien Hand zu, sagte in sein Telefon: Mal sehen, ich frage. Hör zu, ich muss aufhören, okay? Sie gingen zusammen rein. Wenn das mal nicht der kühne Felix Brady ist, sagte der Barmann. Mein bester Kunde. Felix sagte zu den anderen: Er hält das für Humor. Die vier setzten sich in eine Nische nahe dem leeren Kamin, tranken und redeten über die Städte, in denen sie bisher gelebt hatten. Felix fragte Alice nach New York, und sie sagte, sie habe es stressig und verwirrend gefunden. Sie sagte, alle dort wohnten in wirklich seltsamen Gebäuden, mit Fluren und Treppen, die ins Nichts führten, und keine Tür schloss jemals richtig, nicht einmal die Badezimmertüren, auch nicht in den teuren Wohnungen. Felix sagte, er sei nach der Schule nach London gezogen und habe einige Zeit als Barmann gearbeitet, eine Weile auch in einem Stripclub, was der deprimierendste Job gewesen sei, den er je hatte. An Simon gewandt fragte er: Warst du schon mal in einem Stripclub? Höflich sagte Simon Nein. Fürchterlicher Ort, sagte Felix. Schau mal rein, wenn du das Gefühl hast, dass es auf der Welt gerade richtig gut läuft. Simon sagte, er habe nie in London gewohnt, aber während des Studiums etwas Zeit dort verbracht, danach habe er ein paar Jahre in Paris gelebt. Felix fragte ihn, ob er Französisch spreche, und Simon sagte Ja und fügte hinzu, dass seine Partnerin zu der Zeit Pariserin war und sie zu Hause Französisch gesprochen hätten.

Ihr habt zusammengelebt?, fragte Felix. Simon nahm einen Schluck aus seinem Glas. Er nickte. Wie lange?, fragte Felix. Entschuldige, ich interviewe dich gerade. Aber ich bin einfach neugierig. Simon sagte, es seien vier oder fünf Jahre gewesen. Mit hochgezogenen Augenbrauen sagte Felix: Okay, und jetzt bist du Single, oder? Simon grinste schief, und Felix lachte. Eileen flocht müßig eine Haarsträhne und betrachtete sie. Ja, ich bin Single, sagte Simon. Eileen ließ das halb fertige Zöpfchen los und warf ein: Moment, du bist doch mit jemandem zusammen. Diese Bemerkung schien Felix zu interessieren, und er wandte schnell seinen Blick zu Simon. Nein, im Moment nicht, antwortete Simon. Du meinst Caroline, wir sehen uns nicht mehr. Eileen trug ein überraschtes Gesicht zur Schau, öffnete den Mund in Form eines »O«s, und dann, vielleicht um ihre Überraschung zu verbergen, flocht sie weiter an ihrem Haar. So geheimnisvoll, sagte sie. Wolltest du mir das nicht erzählen? Zu Felix gewandt fügte sie hinzu: Er erzählt mir nie etwas. Simon betrachtete sie amüsiert. Ich wollte es dir sagen, meinte er. Ich habe nur auf einen günstigen Moment gewartet. Sie stieß ein kleines Lachen aus und errötete. Günstig in welchem Sinne?, fragte sie. Fröhlich stellte Felix sein Glas auf dem Tisch ab. Jetzt wird's lustig, sagte er.

Nach einem weiteren Drink und noch einem und noch einem verließen sie die Bar und gingen los, um Eis zu kaufen. Eileen und Alice lachten, sprachen über eine Person, die sie an der Uni nicht leiden konnten und die vor Kurzem jemanden geheiratet hatte, den sie ebenfalls nicht leiden konnten. Waren die beiden schon immer so gemein?, fragte Felix Simon. Belustigt antwortete Simon, dass Eileen eigentlich ein nettes Mädchen gewesen sei, bevor sie Alice kennengelernt habe, und Alice rief ihm zu: Ich wusste, dass du das sagen würdest. Der Minimarkt mit seinen automatischen Schiebetüren, den surrenden weißen Leuchten, den glänzenden Bodenfliesen. Bei den Obst- und Gemüsekisten eine Auswahl frischer Blumen. Soßenpulver, Backpapierrollen, identische Pflanzenölflaschen. Alice schob die Tür der Gefriertruhe auf, und sie suchten sich jeweils ein abgepacktes Eis aus. Dann fiel ihr ein, dass sie noch Milch und Sodabrot fürs Frühstück brauchten, und Küchenrollen, und Eileen wollte Zahnpasta. Als sie mit den Sachen zur Kasse gingen, nahm Alice ihr Portemonnaie aus der Tasche, und Simon sagte: Nein, nein, ich mach das. Eileen sah zu, wie er seine Brieftasche aus der Tasche fischte, eine dünne Lederbrieftasche, die er mit einer Hand aufklappte, um seine Karte rauszunehmen. Als er aufsah, begegneten sich ihre Blicke, und sie lächelte verlegen, griff sich ans Ohr, und er lächelte zurück. Still sah Felix zu, während Alice die Sachen in eine Stofftasche packte. Beim Rückweg entlang der Küstenstraße aßen sie ihr Eis und sprachen darüber, ob sie sich vorhin am Strand einen Sonnenbrand geholt hatten. Alice und Eileen ließen sich Arm in Arm zurückfallen und sprachen über Henry James. Ich weiß nie, was ich denken soll, bis ich mit dir rede, sagte Alice. Simon und Felix schritten vor ihnen den Hügel hinauf, Felix fragte Simon nach seiner Familie, wo er aufgewachsen sei, über frühere Beziehungen. Höflich und zugewandt beantwortete Simon die Fragen oder lächelte nur und sagte: Kein Kommentar. Felix nickte amüsiert, die Hände in den Taschen. Nur Mädchen also, sagte er. Simon sah ihn an. Bitte?, fragte er. Mit ruhiger Miene begegnete Felix seinem Blick. Du magst nur Mädchen, sagte er. Einen Moment lang sagte Simon nichts, und dann antwortete er leise und ungezwungen: Bislang. Felix' hohes Gelächter prallte an den Häuserfassaden ab. Sie gingen an der Zufahrt zum Campingplatz vorbei, an den stillen und einsamen Golfplätzen, dem Hotel mit seiner hellen Glaslobby.

Im Haus wünschten sie sich eine gute Nacht und gingen nach oben. Im Bad putzte sich Alice die Zähne, während Felix auf dem Bett saß und durch die Mitteilungen auf seinem Handy scrollte. Du kennst doch meine Freundin Dani, sagte er, sie hat ein paar Leute zu ihrem Geburtstag morgen eingeladen. Nichts Wildes, ihre Nichten und Neffen kommen auch und so. Ich würde da mal kurz reinschauen, ist das okay? Alice erschien in der Tür zum Bad, trocknete sich mit einem Handtuch die Hände. Natürlich, sagte sie. Er nickte, musterte sie. Du kannst mitkommen, wenn du willst, fügte er hinzu. Und die anderen beiden auch. Sie hängte das Handtuch auf und setzte sich aufs Bett, nahm die Halskette ab. Das könnte lustig werden, sagte sie. Und Dani macht das nichts aus? Er setzte sich auf, um ihr mit dem Verschluss zu helfen. Nein, überhaupt nicht, sagte er. Sie hat mir gesagt, ich soll dir Bescheid geben. Alice ließ die Halskette in ihre Hand gleiten und legte sie dann auf den Nachttisch. Er ist attraktiv, oder?, fügte Felix hinzu. Dein Freund. Simon. Alice lächelte katzengleich und legte sich ins Bett. Das habe ich dir doch gesagt, meinte sie. Felix schob seine Hand unter den Kopf und sah sie an. Er erinnert mich an dich, entgegnete er. Lässt sich nicht in die Karten schauen. Sie nahm ihr Kissen und schlug damit nach ihm. Leider vermute ich, er könnte hetero sein, sagte sie. Felix schob sich das Kissen unter den Kopf und erwiderte sanft: Ach ja? Wir werden sehen. Sie lachte, kletterte auf ihn. Du wirst mich aber nicht wegen ihm verlassen, oder?, fragte sie. Seine Hände glitten über ihre Hüften, über ihre Oberschenkel, er sagte: Dich verlassen? Ganz und gar nicht. Aber wir drei könnten doch ein bisschen Spaß zusammen haben, meinst du nicht? Sie schüttelte den Kopf. Und wo wäre Eileen in diesem Szenario?, fragte sie. Unten beim Stricken? Felix schürzte nachdenklich die Unterlippe, dann merkte er an: Ich würde sie da nicht ausschließen wollen. Alice fuhr mit einem Finger über eine seiner dunklen Augenbrauen. Das habe ich nun davon, dass meine Freunde so gut aussehen, sagte sie. Er lächelte. Du bist aber auch nicht schlecht, weißt du, sagte er. Komm her.

Währenddessen saß Eileen mit dem Handy auf ihrem Bett und scrollte durch Hochzeitsfotos, die ihre Mutter ihr geschickt hatte. Auf dem Boden eine abgelegte Strickjacke, ihr Badeanzug mit verhedderten Trägern, Sandalen mit offenen Schnallen. Auf dem Nachttisch eine Lampe mit einem plissierten rosafarbenen Schirm. Als ein leises Klopfen an der Tür zu hören war, sah sie auf und rief: Hallo? Simon öffnete die Tür einen Spalt. Sein Gesicht im Schatten, die Hand auf dem Türknauf. Ich lass deine Zahnpasta einfach im Bad liegen, sagte er. Schlaf gut. Sie bedeutete ihm mit dem Arm, dass er hereinkommen solle. Ich sehe mir Hochzeitsfotos an, sagte sie. Er schloss die Tür hinter sich und setzte sich auf die Bettkante. Das Foto auf ihrem Display zeigte Lola und Matthew, die zusammen vor der Kirche standen. Lola hielt einen Strauß mit rosafarbenen und weißen Blumen im Arm. Das ist schön, sagte Simon. Sie scrollte zum nächsten Bild, die Angehörigen der Braut standen zusammen. Eileen mit einem leichten Lächeln in ihrem hellgrünen Kleid. Oh, du siehst schön aus, sagte Simon. Sie rückte auf dem Bett zur Seite und klopfte auf die Matratze. Er setzte sich neben sie, ihre Rücken lehnten am Kopfteil, und sie scrollte weiter. Fotos vom Sektempfang. Lola, die mit offenem Mund lachte, in der Hand ein Glas. Gähnend schmiegte Eileen ihren Kopf an Simons Schulter, und er legte seinen Arm um sie, warm und schwer. Nach einer Minute oder zwei legte sie das Handy auf ihren Schoß und ließ die Augen zufallen. Heute hat Spaß gemacht, sagte sie. Seine Finger bewegten sich müßig über ihren Nacken, hinauf in ihr Haar, und sie gab ein weiches, genüssliches Seufzen von sich. Mmh, sagte er. Sie legte eine Hand auf seine Brust, die Augen halb offen. Also, was war mit Caroline?, fragte sie. Er sah auf ihre Hand und antwortete: Ich habe ihr gesagt, dass es eine andere gibt. Eileen zögerte, als wartete sie darauf, dass er fortfuhr. Dann sagte sie: Kenne ich sie? Seine Finger hinter ihrem Ohr, in ihrem Haar. Ach, nur die Frau, in die ich schon immer verliebt bin, sagte er. Ab und zu spielt sie gern mit meinen Gefühlen, um sicherzugehen, dass ich immer noch interessiert bin. Sie saugte an ihrer Unterlippe, ließ wieder davon ab. Herzlose Frau, sagte sie. Er lächelte vor sich hin. Na ja, es ist mein Fehler, ich habe sie verwöhnt, sagte er. Ich bin wirklich ein schrecklicher Dummkopf, was sie betrifft. Sie bewegte ihre Hand über seine Hemdknöpfe, hinab zu seiner Gürtelschnalle. Simon, sagte sie. Weißt du noch, als ich nachts zu dir kam, als du schon geschlafen hattest? Er sagte Ja. Als wir uns da ins Bett legten, fuhr sie fort, hast du dich einfach zur Seite gedreht, von mir weg. Erinnerst du dich? Mit einem verlegenen Lächeln sagte er, dass er sich erinnere. Sie fuhr mit den Fingern über seine Gürtelschnalle. Wolltest du mich da nicht berühren?, fragte sie. Er stieß so etwas wie ein Lachen aus, sah auf ihre kleine weiße Hand. Doch, natürlich, antwortete er. Aber als du die Treppe raufkamst, wirktest du aufgebracht über irgendetwas. Sie dachte einen Moment darüber nach. Das war ich auch, irgendwie, sagte sie. Wahrscheinlich dachte ich, es würde mir besser gehen, wenn wir miteinander schlafen. Tut mir leid, wenn du das schlimm findest. Aber als du dich von mir weggedreht hast, kam es mir vor, als würdest du mich am Ende doch nicht wollen. Er strich mit der Hand über ihren Nacken. Oh, sagte er. Auf den Gedanken bin ich gar nicht gekommen. Ich meine, ich hatte keine Ahnung, dass du mit mir schlafen wolltest, um dich aufzuheitern. Ich habe es getan, weil ich wollte, und du hast mich gelassen. Ich war mir nicht mal wirklich sicher, warum du mich gelassen hast, ehrlich gesagt. Ich dachte wohl, dass es vielleicht gut für dein Selbstvertrauen ist, mit jemandem ins Bett zu gehen, der dich so sehr begehrt. Ich kenne das Gefühl, es schmeichelt einem, das Objekt der Begierde zu sein, und vielleicht schmeichelt es einem so sehr, dass es auf eine Art sogar sexy ist. Aber es kam mir nie in den Sinn, dass du denken könntest, ich würde dich nicht wollen. Wahrscheinlich ist es bei mir so – ich meine, selbst wenn wir dann miteinander schlafen, habe ich manchmal das Gefühl, es ist etwas, was ich mit dir mache, weil ich es will. Und dass du vielleicht einen unschuldigen körperlichen Genuss daraus ziehen kannst, das hoffe ich jedenfalls, aber dass es anders ist als für mich. Ich weiß, du wirst gleich sagen, das ist sexistisch. Sie lachte, ihr Mund war geöffnet. Es ist sexistisch, sagte sie. Nicht dass es mir etwas ausmachen würde. Es schmeichelt mir, wie du schon sagst. Du hast dieses Urverlangen, mich zu unterwerfen und zu besitzen. Das ist sehr männlich, ich find es sexy. Er hob die Hand und berührte ihre Unterlippe mit dem Daumen. Das spüre ich, sagte er. Aber du musst es auch wollen. Sie sah ihn an, ihre Augen weit und dunkel. Das tue ich, sagte sie. Und er drehte sich zu ihr und küsste ihren Mund. Eine Zeit lang lagen sie so da, die Arme umeinandergeschlungen, seine Hand streichelte über ihren Hüftknochen, ihr Atem war heiß und feucht an seinem Hals. Als er seine Hand unter ihr Kleid schob, schloss sie die Augen und stieß einen tiefen Atemzug aus. Ah, murmelte er, du bist sehr brav. Sie gab einen Laut von sich wie von einem Tier und schüttelte den Kopf. O Gott, sagte sie. Bitte. Jetzt lachte er und fragte: Was meinst du mit »bitte«? Sie schüttelte weiter auf dem Kissen liegend den Kopf. Du weißt, was ich meine, antwortete sie. Er strich ihr eine Haarsträhne hinter das Ohr. Ich habe kein Kondom, sagte er. Sie sagte ihm, das sei okay. Dann fügte sie hinzu: Solange du keinen ungeschützten Sex mit einer anderen hast. Seine Ohren wurden rot, er lächelte. Nein, nein, sagte er. Nur mit dir. Darf ich dir das ausziehen? Sie setzte sich auf, und er zog ihr das Kleid über den Kopf. Darunter trug sie einen weichen weißen BH, und er umfasste sie, um ihn zu öffnen. Sie sah zu, wie er die Träger über ihre Schultern strich, und erbebte leicht. Dann legte sie sich auf den Rücken und zog ihre Unterhose aus. Simon, sagte sie. Er knöpfte sein Hemd auf, sah sie aufmerksam an. Machst du das mit all deinen Freundinnen?, fragte sie. Ich meine, so wie du mit mir redest, mir sagst, ich wäre brav. Machst du das oft? Nicht dass es mich etwas angehen würde, ich bin nur neugierig. Er lächelte scheu. Nein, wirklich nie, sagte er. Ich improvisiere. Ist das okay? Sie lachte, und er stimmte verlegen ein. Ich liebe es, sagte sie. Ich hab es mich nur nach dem letzten Mal gefragt. Weißt du, vielleicht ist das sein Ding, vielleicht macht er das mit allen anderen Frauen auch. Er legte seine Kleidung auf die Dielen. Es hat ohnehin nicht so viele Frauen gegeben, sagte er. Nicht dass ich dir jetzt deine Fantasie verderben will. Sie legte eine Hand über ihre Augen und lächelte. Wie viele, sagte sie. Er legte sich auf sie. Bitte nicht, sagte er. Mit ihren Armen um seinen Hals fragte sie: Weniger als zwanzig? Er schnitt eine komische Grimasse. Weniger, sagte er. Ja. Ist es das, was du denkst, zwanzig? Sie grinste, fuhr mit der Zunge über ihre Zähne. Weniger als zehn?, fragte sie. Er atmete geduldig ein, und dann antwortete er: Ich dachte, du wolltest brav sein. Sie biss sich auf die Lippe. Das bin ich, sagte sie. Als er in sie hineinglitt, gab sie einen kleinen, schweren Seufzer von sich und sagte nichts. Er schloss die Augen. Oh, ich liebe dich, murmelte er. Mit leiser, kindlicher Stimme fragte sie: Und bin ich die Einzige, die du liebst? Er küsste ihre Wange und sagte: Himmel, Gott, ja.

Hinterher drehte sie sich auf den Bauch, die Arme unter dem Kissen verschränkt, den Kopf zu ihm gedreht, und sah ihn an. Er zog die Decke ein Stück über sich und legte sich auf den Rücken, eine Hand hinter dem Kopf. Seine Augen waren geschlossen, er schwitzte. Manchmal wünsche ich mir, deine Ehefrau zu sein, sagte sie. Er lächelte, immer noch außer Atem. Sprich weiter, sagte er. Sie stützte ihr Kinn auf die Arme. Aber wenn ich daran denke, mit dir verheiratet zu sein, fuhr sie fort, stelle ich es mir zu sehr vor wie jetzt. Wir verbringen den ganzen Tag mit unseren Freunden, und nachts liegen wir zusammen im Bett und lieben uns. Im wahren Leben wärst du wahrscheinlich die ganze Zeit unterwegs auf Konferenzen. Hättest Affären mit den Sekretärinnen anderer Leute. Ohne die Augen zu öffnen, entgegnete er, dass er noch nie im Leben eine Affäre hatte. Aber du warst auch noch nie verheiratet, gab sie zu bedenken. Schau, deine Freundinnen sind immer im gleichen Alter. Und Ehefrauen werden älter. Er lachte. Was für eine Göre, sagte er. Wärst du meine Frau, würde ich dir Manieren beibringen. Sie betrachtete ihn eine Weile schweigend. Dann merkte sie an: Aber wenn ich deine Frau wäre, wären wir nicht mehr befreundet. Träge öffnete er ein Auge, um sie anzusehen. Wie meinst du das?, fragte er. Sie blickte auf ihre Arme, dünn, sommersprossig von der Sonne. Ich habe einfach darüber nachgedacht, sagte sie, über Menschen, die befreundet sind und eine Beziehung miteinander anfangen. Üblicherweise geht das nicht gut aus. Ich meine, natürlich geht es meistens nicht gut aus, wenn Menschen zusammenkommen. Aber normalerweise kann man einfach die Nummer der Person blocken und weitermachen. Während ich ehrlich gesagt ungern deine Nummer blocken möchte. Sie stützte sich auf die Ellbogen, sah zu ihm hinab. Weißt du noch, als ich vierzehn oder fünfzehn war, da hast du mir gesagt, wir würden für den Rest unseres Lebens befreundet sein. Wahrscheinlich erinnerst du dich nicht mehr daran, aber ich schon. Er lag ganz still da und hörte ihr zu. Aber ja, sagte er. Natürlich erinnere ich mich. Sie nickte ein paar Mal schnell hintereinander, setzte sich auf, schlang die Decke um ihren Körper. Und was ist damit?, fragte sie. Wenn wir zusammen sind und dann Schluss machen – es nur zu sagen ist schon so schmerzhaft, ich will nicht mal daran denken. So, wie alles ist – ich meine, Alice, die hier draußen in der Einöde lebt, und unsere Freunde, die ständig auswandern, und ich, ich muss illegal im Internet Antibiotika kaufen, wenn ich eine Harnwegsinfektion habe, weil ich zu arm bin, um zum Arzt zu gehen, und jedes Mal, wenn irgendwo auf der Welt Wahlen sind, ist es wie ein Schlag ins Gesicht. Und dich dann nicht in meinem Leben zu haben? Gott, ich weiß nicht. Ich kann mir nicht vorstellen, unter solchen Umständen weiterzumachen. Wenn wir hingegen einfach befreundet bleiben, okay, dann können wir nicht miteinander schlafen, aber wie wahrscheinlich ist es, dass wir jemals aus dem Leben des anderen verschwinden? Das kann ich mir nicht vorstellen, du etwa? Leise antwortete er: Nein. Ich verstehe, was du meinst. Sie rieb sich das Gesicht, schüttelte den Kopf. Vielleicht ist unsere Freundschaft wirklich einfach wichtiger, sagte sie. Ich weiß es nicht. Als ich mit Aidan zusammenlebte, dachte ich manchmal, es ist ein bisschen traurig, dass ich nie herausfinden werde, wie es mit Simon hätte sein können. Aber vielleicht ist es irgendwie besser, es nicht zu wissen. Wir werden einander immer haben, und wir werden immer dieses Gefühl füreinander haben, und das ist besser. Manchmal, wenn ich wirklich traurig und deprimiert bin, dann liege ich im Bett und denke an dich. Ich meine nicht auf sexuelle Weise. Ich denke einfach daran, was für ein guter Mensch du bist. Und da du mich magst oder liebst, muss ich auch ganz in Ordnung sein. Ich kann dieses Gefühl in mir spüren, selbst jetzt, da ich es dir beschreibe. Es ist so, wenn alles wirklich schlecht ist, dann ist da dieses kleine Gefühl, so groß wie eine Eichel, und es ist in mir drin, hier. Sie deutete auf ihr Brustbein, zwischen ihren Rippen. Und wenn ich mich über etwas ärgere, weiß ich, dass ich dich anrufen kann, und dass du irgendwas sagst, was mich beruhigt. Und wenn ich daran denke, muss ich dich meistens nicht einmal anrufen, weil ich es spüren kann, so wie ich es beschreibe. Ich spüre, dass du bei mir bist. Das klingt wahrscheinlich dämlich. Aber wenn wir zusammen sind und dann Schluss machen, könnte ich es womöglich nicht mehr spüren? Und was hätte ich dann stattdessen hier drin? Sie tippte wieder mit unruhigen Fingern auf ihr Brustbein. Nichts?, fragte sie. Er lag auf dem Bett, sah sie an, und ein paar Minuten lang war es still. Dann sagte er: Ich weiß es nicht. Das ist sehr schwer. Ich verstehe, was du sagst. Mit einem verzweifelten, fast ungläubigen Blick starrte sie ihn an. Aber gibt es denn gar nichts, was du mir dazu sagen willst, fragte sie. Er lächelte irgendwie selbstironisch, sah hinauf an die Decke. Es ist kompliziert, antwortete er. Vielleicht hast du recht, und es ist besser, einen Schlussstrich zu ziehen und uns alldem nicht mehr auszusetzen. Es fällt mir wirklich schwer, dich diese Dinge sagen zu hören. Weißt du, ich habe mich schrecklich gefühlt wegen der Situation mit Caroline, und ich wollte es in Ordnung bringen. Aber nach allem, was du jetzt sagst, ging es wahrscheinlich gar nicht wirklich darum, sondern um etwas anderes. Ich verstehe deine Gründe, aber wenn ich höre, was du sagst, klingt es für mich so, als wolltest du eigentlich gar nicht mit mir zusammen sein. Sie starrte ihn unverwandt an, ihre Hand immer noch gegen die Brust gepresst. Er rieb sich das Kinn und setzte sich an die Bettkante, die Füße auf dem Dielenboden. Wandte ihr den

Rücken zu. Ich lass dich jetzt schlafen, sagte er. Er sammelte seine Kleidung vom Boden auf und zog sich wieder an. Sie saß auf der Matratze, die Decke um sich gewickelt, sagte nichts. Endlich hatte er sein Hemd zugeknöpft und drehte sich zu ihr um. Als du in der Nacht zu mir kamst, sagte er, nachdem ich aus London zurück war, da war ich ganz aufgeregt, dich zu sehen. Ich weiß nicht, ob ich es dir gesagt habe, vielleicht habe ich das. Ehrlich gesagt, ich war nervös, weil ich so glücklich war. Sie war still, wischte sich mit den Fingern die Nase, und er nickte für sich, nahm ihr Schweigen an. Ich hoffe, du bereust es nicht, sagte er. Leise erwiderte sie: Nein. Er lächelte jetzt. Wenigstens etwas, sagte er. Da bin ich froh. Nach einem Moment fügte er hinzu: Und es tut mir leid, dass ich nicht der sein konnte, den du wolltest. Sie blieb einige Sekunden so sitzen, starrte ihn an, dann sagte sie: Aber das bist du doch. Er lachte, den Blick auf den Boden gerichtet. Das beruht auf Gegenseitigkeit, erwiderte er. Aber nein, ich verstehe schon. Wirklich. Ich halte dich jetzt nicht länger wach. Schlaf gut, ja? Er verließ das Zimmer. Eileen saß still auf dem Bett, die Schultern hochgezogen, die Arme verschränkt. Sie nahm ihr Telefon und ließ es wieder fallen, ohne es anzusehen, schob sich das Haar aus der Stirn, schloss die Augen. Erinnerte sich zerstreut an eine Gedichtzeile: *Geschafft, und ich bin froh, jetzt hab ich's hinter mir.* Ihre Unterarme kribbelnd nass, ihr Rücken schmerzend, die Schultern heiß und wund von der Sonne. Auf der anderen Seite des Flurs betritt Simon sein eigenes Zimmer und schließt die Tür hinter sich. Und wenn er sich in der Stille und Einsamkeit seines Zimmers auf die Dielen kniet, betet er? Und wofür? Frei zu sein von selbstsüchtigem Begehren – vielleicht. Oder denkt er nur, die Ellbogen auf der Matratze, die Hände vor sich gefaltet: Was willst du von mir? Bitte, Gott, zeige mir, was du willst.

27

Am Morgen um sechs Uhr fünfundvierzig klingelte Felix' Wecker, ein flaches, monotones Piepen. Im Raum war es trüb, durch die Jalousien des Fensters nach Westen drang nur wenig kühles weißes Licht. Wie spät ist es, murmelte Alice. Er stellte den Wecker aus und stand auf. Zeit für die Arbeit, sagte er. Schlaf weiter. Er duschte in dem kleinen Bad, das zum Zimmer gehörte, und kam mit einem Handtuch um die Schultern heraus, zog seine Unterhose an. Als er sich ganz angezogen hatte, ging er zum Bett und beugte sich über Alice, um ihre warme, feuchte Stirn zu küssen. Bis später, sagte er. Mit geschlossenen Augen entgegnete sie: Ich liebe dich. Er berührte ihre Stirn mit dem Handrücken, als wollte er ihre Temperatur messen. Das tust du, ja, sagte er. Er ging nach unten und in die Küche. Eileen lehnte an der Theke, schraubte den unteren Teil der Kaffeekanne ab. Ihre Augen waren geschwollen und rot. Guten Morgen, sagte sie. Von der Tür aus sah Felix sie an. Warum bist du schon auf?, fragte er. Sie lächelte müde und sagte, sie könne nicht schlafen. Felix musterte ihr Gesicht und erwiderte: Du siehst wirklich ein bisschen mitgenommen aus. Er öffnete den Kühlschrank und nahm einen Joghurt heraus, während sie den Kaffeesatz vom Vortag in die Spüle kippte. Er setzte sich an den Tisch und fragte: Und was machst du beruflich? Alice hat mir gesagt, du bist eine Journalistin oder so was. Eileen schüttelte den Kopf, füllte die Kanne mit Leitungswasser. Nein, nein, sagte sie. Ich arbeite nur für ein Magazin.

Ich bin Redakteurin, sozusagen. Felix rührte den Joghurt mit seinem Löffel. Ein Magazin?, fragte er. Ja, ein Literaturmagazin, sagte sie. Ah ja, sagte er. Ich weiß nicht genau, was das ist. Sie zündete gerade eine Flamme des Gasherds an. Wir haben auch nicht viele Leser, sagte sie. Wir veröffentlichen Gedichte und Essays und so was. Er fragte, wie das Magazin dann Umsatz mache. Oh, gar nicht, sagte sie. Es wird mit Fördergeldern finanziert. Felix wirkte interessiert. Du meinst also, vom Steuerzahler?, fragte er. Sie setzte sich ans andere Ende des Tischs und lächelte schwach. Ja, sagte sie. Hast du Einwände? Nachdem er heruntergeschluckt hatte, antwortete er: Ganz und gar nicht. Und du bekommst auch vom Steuerzahler dein Geld, oder? Sie sagte Ja. Allerdings nicht sehr viel, fügte sie hinzu. Er leckte über den Löffel. Was bedeutet nicht sehr viel für dich?, fragte er. Sie nahm sich eine Mandarine aus der Obstschale und fing an, sie zu schälen. Etwa zwanzigtausend im Jahr, sagte sie. Seine Augenbrauen schossen hoch, und er stellte den Joghurt ab. Nicht dein Ernst, sagte er. Nach Steuern? Sie sagte Nein, brutto. Er schüttelte den Kopf. Da bekomme ich ja mehr, sagte er. Sie legte eine lange, spiralförmige Schale auf den Tisch. Und warum auch nicht?, fragte sie. Er starrte sie an. Wie kannst du davon überhaupt leben?, fragte er. Sie brach die Mandarine in zwei Hälften. Das frage ich mich oft, antwortete sie. Er widmete sich wieder seinem Joghurt, murmelte in einem freundlichen Tonfall: Scheiße. Nachdem er einen weiteren Mundvoll heruntergeschluckt hatte, fügte er hinzu: Und dafür hast du studiert? Sie kaute. Nein, ich habe studiert, um etwas zu lernen, sagte sie. Er lachte. Na gut, erwiderte er. Wie auch immer, wahrscheinlich gefällt dir dein Job, oder? Sie wiegte unsicher den Kopf hin und her und sagte dann: Ich hasse ihn nicht. Er nickte, sah in seinen Joghurtbecher. Da unterscheiden wir uns, sagte er. Sie fragte ihn, wie lange er schon im Warenlager arbeite, und er antwortete, acht oder zehn Monate. Der Kaffee auf dem Herd fing an zu sprudeln, und sie stand auf, um in die Kanne zu sehen. Sie zog den Ärmel über die Hand, goss zwei Tassen ein und trug sie zum Tisch. Er sah ihr zu und sagte dann: Hör mal, kann ich dich was fragen? Sie setzte sich wieder an den Tisch und antwortete: Klar. Er runzelte die Stirn. Warum besuchst du sie erst jetzt?, fragte er. Ich meine, du wohnst in Dublin, das ist nicht so weit. Und sie ist schon ewig hier. Eileens Haltung wurde steif, während er sprach, aber sie sagte nichts, auch ihr Gesicht offenbarte nichts. Schweigend gab sie einen Löffel Zucker in ihren Kaffee. So, wie sie über dich spricht, fügte er hinzu, klingt es, als wärt ihr beste Freundinnen. Rasch und kühl erwiderte Eileen: Wir sind beste Freundinnen. Hinter ihr tropfte Regen gegen das Küchenfenster. Gut, und wie kommt es dann, dass du so lange gebraucht hast, um sie zu besuchen?, fragte er. Ich bin nur neugierig. Wenn sie deine beste Freundin ist, würde man doch denken, dass du sie schon früher hättest sehen wollen. Eileens Gesicht war weiß, ihre Nasenflügel waren weiß, sie atmete tief ein und wieder aus. Weißt du, ich arbeite, sagte sie. Er kniff ein Auge zu, runzelte die Stirn. Na ja, ich auch, sagte er. Aber du arbeitest wohl kaum am Wochenende, oder? Eileen verschränkte jetzt die Arme, ihre Hände umfassten durch die Ärmel ihres Morgenmantels die Oberarme. Und warum hat sie mich nicht besucht?, fragte sie. Wenn sie mich so dringend sehen will. Oder arbeitet sie am Wochenende? Felix schien diese Bemerkung seltsam zu finden, und er dachte einen Moment darüber nach, bevor er antwortete. Ich habe nicht gesagt, dass sie dich so dringend sehen wollte, sagte er. Vielleicht wolltet ihr euch gar nicht so dringend sehen, keine Ahnung. Deshalb frage ich. Eileen umklammerte ihre Arme noch fester und sagte: Nein, vielleicht nicht. Er nickte. Hattet ihr Streit oder so? Gereizt schob sie sich eine Haarsträhne aus dem Gesicht. Du kennst mich doch eigentlich gar nicht, sagte sie. Er ließ es auf sich wirken, und nach einem Moment entgegnete er: Du kennst mich auch nicht. Sie verschränkte wieder die Arme. Ja, deshalb verhöre ich dich auch nicht, sagte sie. Er lächelte. Du hast recht, erwiderte er. Er trank seinen Kaffee aus und stand auf, nahm seine Jacke von der Stuhllehne, wo er sie am Abend zuvor gelassen hatte. Meine Theorie wäre, dass Leute wie die beiden anders sind als du und ich, sagte er. Wenn du versuchst, sie zu was zu bringen, dann drehst du nur durch. Eileen betrachtete ihn ein paar Sekunden lang und entgegnete dann: Ich versuche, keinen der beiden zu irgendwas zu bringen. Felix hatte den Reißverschluss seines Rucksacks geöffnet und stopfte die Jacke hinein. Wenn sie dich dermaßen verrückt machen, sagte er, ist es die Mühe wert? Das solltest du dich fragen. Er warf sich den Rucksack über die Schulter. Es muss was mit dir zu tun haben, fuhr er fort. Wenn du das zulässt. Sie starrte in ihre Kaffeetasse und sagte ganz leise: Fick dich. Er lachte überrascht auf. Eileen, sagte er. Ich greif dich nicht an. Ich mag dich, okay? Sie sagte nichts. Vielleicht gehst du besser wieder ins Bett, fügte er hinzu. Du siehst müde aus. Ich bin jetzt eh weg, bis später. Draußen vor der Tür jetzt ein morgendlicher Sprühregen. Er setzte sich ins Auto, machte den CD-Player an und fuhr aus der Einfahrt. Achtete auf die Straße, pfiff die Melodie mit, fügte ihr ab und zu kleine Riffs und Variationen hinzu, während er an der Abzweigung zum Ort vorbeifuhr, die Küstenstraße entlang zum Industriegebiet.

/

Als Felix abends von der Arbeit nach Hause kam, schoss seine Hündin aus der Küche, jaulte ein paarmal schnell und schrill, ihre Krallen klickend auf dem Laminat. Sie sprang an ihm hoch, die Vorderpfoten gegen seine Beine gestemmt, die Zunge hing keuchend heraus. Er legte seine Hand auf ihren Kopf, kraulte ihre Ohren, und sie jaulte wieder auf. Pscht, sagte er. Ich hab dich auch vermisst. Ist jemand zu Hause? Sanft drückte er sie zu Boden, sie rannte im Kreis und nieste. Felix ging den Flur entlang, und sie trabte ihm hinterher. Die Küche war leer, das Licht aus, Frühstücksgeschirr weichte in der Spüle ein. Er ließ sich träge auf einen Küchenstuhl fallen und nahm sein Handy raus, während die Hündin vor ihm saß und ihren Kopf in seinen Schoß schmiegte. Er scrollte mit einer Hand durch seine Benachrichtigungen, kraulte mit der anderen ihren Hals. Alice hatte ihm getextet: Steht das mit Danielles Party heute Abend noch? Ich habe für alle Fälle einen Kuchen gebacken. Hoffe, die Arbeit war okay. Er öffnete die Nachricht und tippte eine schnelle Antwort: Ja steht noch. Hab gesagt wir kommen gegen 7 ist das okay? Erwarte nicht zu viel haha da sind wohl eh nur alte Leute und Kinder. Aber dani freut sich auf euch. Die Hündin stieß ein leises Winseln aus, und er legte seine Hand auf ihren Kopf und sagte: Ich war doch nur zwei Tage weg. Füttern sie dich ordentlich? Sie zog den Kopf zurück, um seine Hand zu lecken. Danke, sagte er. Das ist eklig. Sein Handy vibrierte, und er checkte es wieder. Alice fragte, ob er mit ihnen zu Abend essen wolle, und er schrieb, er habe bereits gegessen. Ich hol euch nachher ab, tippte er. Sie antwortete: Super. Eileen hat sehr seltsame Laune, nur damit du Bescheid weißt … Er hob die Augenbrauen und tippte zurück: Ahaha. Weiß ich eh, hab sie heut Morgen gesehen. Deine Freunde sind genauso schlimm wie du. Er stand auf, steckte sein Telefon in die Tasche und ging zur Spüle, drehte das warme Wasser auf. An seiner linken Hand, unterhalb des Knöchels am kleinen Finger, klebte ein blaues Pflaster. Während das Wasser lief, zog er es vorsichtig ab: Ein tiefer rosafarbener Schnitt zog sich um die Handkante herum bis zur Handinnenfläche. Die weiße Baumwollauflage des Pflasters war voller Blut, aber die Wunde selbst blutete nicht mehr. Er rollte das Pflaster zusammen und ließ es in den Mülleimer unter der Spüle fallen, dann wusch er sich die Hände mit Wasser und Seife, zuckte zusammen, als er den Schnitt säuberte. Immer noch am Fuße des Küchenstuhls sitzend, klopfte die Hündin mit ihrem Schwanz auf den Boden. Er drehte sich zu ihr um, während er sich die Hände sorgfältig mit einem sauberen Geschirrtuch abtrocknete, und fragte: Erinnerst du dich an Alice? Sie war ein paarmal hier, du hast sie kennengelernt. Die Hündin erhob sich und tapste zu ihm rüber. Ich weiß nicht, ob sie Hunde bei sich zu Hause haben darf, bemerkte er. Ich werde es für dich rausfinden. Er füllte ihren Napf mit Wasser auf. Während sie trank, ging er nach oben und zog sich um, stellte die schwarzen Turnschuhe, die er bei der Arbeit getragen hatte, unter sein Bett. Eine saubere schwarze Jogginghose, ein weißes T-Shirt, ein grauer Baumwollpullover. An seiner Zimmertür befand sich ein Ganzkörperspiegel, in dem er sein Aussehen überprüfte. Sein Blick wanderte über seine schlanke Gestalt, er schüttelte den Kopf, als erinnerte er sich an etwas Amüsantes. Im Flur setzte er sich auf die Treppe, um seine weißen Sneaker zuzubinden. Die Hündin kam aus der Küche, setzte sich vor ihn und stupste mit ihrer langen, zarten Schnauze gegen sein Knie. Du warst doch wohl nicht die ganze Zeit hier drin eingesperrt?, fragte er. Gavin hat gestern gesagt, er würde mit dir rausgehen. Sie versuchte wieder, seine Hand zu lecken, und er schob sie sanft weg. Jetzt machst du mir ein schlechtes Gewissen, sagte er. Sie winselte leise, legte ihren Kopf auf die unterste Stufe und sah zu ihm auf. Er erhob sich und sagte: Du hast viel mit ihr gemeinsam, weißt du das? Ihr seid beide in mich verliebt. Die Hündin folgte ihm zur Tür, winselte, und er tätschelte ihr noch einmal den Kopf, dann ging er hinaus, schloss die Haustür hinter sich und stieg ins Auto.

Ein warmer, stiller Abend, sanftes Blau zwischen weißen Wolken. Felix klopfte einmal an Alice' Haustür, dann öffnete er sie und rief: Hey, ich bin's. Drinnen waren die Lichter an. Von oben antwortete ihre Stimme: Wir sind hier oben. Er schloss die Tür hinter sich und sprang die Stufen hinauf. Am Ende des Flurs stand Simon in der offenen Tür zu Eileens Zimmer. Er drehte sich um, begrüßte Felix, und sie sahen sich einen Moment lang an, Simon mit resigniertem Blick, müde. Hallo, Schöner, sagte Felix. Simon lächelte, winkte ihn heran, sagte: Ich freu mich auch, dich zu sehen. Im Zimmer saß Eileen an der Frisierkommode, Alice lehnte sich dagegen und schraubte eine Tube mit Lipgloss auf. Felix setzte sich ans Bettende und sah zu, wie Eileen Make-up auflegte. Sein Blick wanderte über ihre Schultern, ihren Hinterkopf, ihr Spiegelbild, den leicht strengen Ausdruck ihres Gesichts, während Alice und Simon über etwas sprachen, das in den Nachrichten gekommen war. Eileens und Felix' Blick begegneten sich im Spiegel, sie hielt einen kleinen Plastikstab hoch und fragte: Möchtest du auch? Er stand auf und sah sich den Gegenstand an. Was ist das, fragte er, Mascara? Klar, warum nicht? Sie rückte auf der schmalen Bank ein Stück zur Seite, er setzte sich mit dem Rücken zum Spiegel neben sie, und Eileen sagte: Schau mal zur Decke. Er gehorchte. Sie strich die Bürste mit einer zarten Bewegung ihres Handgelenks über sein linkes unteres Lid.

Simon, was ist mit dir?, fragte Alice.

Vom Türrahmen aus antwortete Simon ruhig: Nein, danke.

Er ist schon hübsch genug, sagte Felix.

Alice schnalzte mit der Zunge und schraubte die Verschlusskappe auf den Lipgloss. Keine persönlichen Bemerkungen, sagte sie.

Mit der Hand in der Hosentasche sagte Simon: Hör nicht auf sie, Felix.

Eileen zog die Hand mit der Mascarabürste zurück, und Felix öffnete die Augen. Er drehte sich um, betrachtete gelassen sein Spiegelbild und stand dann auf. Kann eigentlich jemand von euch singen?, fragte er. Alle sahen ihn an. Manchmal wird bei diesen Sachen ein bisschen gesungen, sagte er. Ihr müsst natürlich nicht, wenn ihr nicht könnt. Alice sagte, dass Simon in Oxford in einem Chor gesungen hatte, und Simon sagte, er glaube nicht, dass irgendjemand auf der Party Lust auf die vierzehnminütige Basspartie von *Miserere mei* hätte. Was ist mit dir, Eileen?, fragte Felix. Kannst du singen? Sie schraubte den Mascara zu. Er sah zu ihr, aber sie mied seinen Blick. Nein, kann ich nicht, antwortete sie. Dann stand sie auf, strich mit den Händen über ihre Hüften. Ich könnte dann los, seid ihr so weit?

Im Wagen saß Alice vorn, in den Händen einen Teller mit einem in Frischhaltefolie eingepackten Biskuitkuchen. Eileen und Simon saßen hinten, zwischen ihnen der mittlere Sitz. Felix warf ihnen durch den Rückspiegel einen Blick zu und trommelte dann gut gelaunt mit den Fingern aufs Lenkrad. Und, was machst du so im Fitnessstudio?, fragte er. Rudergerät oder was? Simon erwiderte seinen Blick im Spiegel, und Alice wandte ihr Gesicht ab, lächelte oder versuchte nicht zu lachen. Ich mach ein bisschen was am Rudergerät, ja, antwortete Simon. Felix fragte ihn, ob er auch mit Hanteln trainiere, und Simon sagte, nicht sehr oft. Jetzt lachte Alice und tat so, als müsste sie husten. Was?, fragte Eileen. Nichts, antwortete sie. Felix blinkte, als sie an die Abzweigung von der Küstenstraße in den Ort kamen. Und wie groß bist du?, fragte er. Nur aus Neugier. Mit einem trägen Lächeln sah Simon aus dem Fenster. Wie dreist, sagte Alice. Ich weiß nicht, was du hast, sagte Eileen. Simon räusperte sich und antwortete leise: Eins neunzig. Felix grinste. Hab ich doch gesagt, nur eine Frage, sagte er. Eins neunzig. Und jetzt weiß ich es. Wieder trommelte er mit den Fingern aufs Lenkrad und fügte hinzu: Ich bin übrigens eins fünfundsiebzig. Nicht, dass es dich interessieren würde, aber ich sag's dir trotzdem. Vom Rücksitz aus sagte Eileen, sie sei auch einen Meter fünfundsiebzig groß. Felix warf einen Blick über die Schulter und sah dann wieder auf die Straße. Interessant, sagte er. Für eine Frau ist das 'ne gute Größe. Den Blick immer noch auf die vorbeiziehenden Fassaden der Sommerhäuser gerichtet, bemerkte Simon: Ich finde, das ist für jeden eine gute Größe. Felix lachte. Danke, Großer, sagte er. Sie fuhren die Hauptstraße entlang, vorbei an der Abzweigung zur Strandpromenade. Wir müssen auch nicht lange bleiben, sagte er. Bei der Party. Ich hab schon gesagt, dass ich nur kurz vorbeischaue. Er blinkte wieder und fügte hinzu: Und falls euch jemand dort irgendwas Schlechtes über mich erzählt – es ist gelogen. Simon lachte. Redet man denn hier schlecht über dich?, fragte Eileen. Felix warf ihr im Rückspiegel einen Blick zu, während er darauf wartete, rechts abbiegen zu können. Na ja, Eileen, es gibt fiese Leute, antwortete er. Und ich pass nun mal nicht allen, ehrlich gesagt. Er bog von der Hauptstraße ab, die Kirche blieb hinter ihnen zurück, und ein paar Minuten später hielt er an einem Bungalow, in dessen Auffahrt bereits einige Autos parkten. Als er den Motor ausmachte, sagte er: Und benehmt euch einfach ganz normal, okay? Besser, ihr redet nicht über Weltpolitik und solchen Scheiß. Sonst denken die Leute, ihr seid irre. Alice drehte sich auf ihrem Sitz um und sagte: Seine Freunde sind sehr nett, keine Sorge. Eileen sagte, sie wisse ohnehin nichts über Weltpolitik.

Felix klingelte, und Danielle öffnete die Tür. Sie trug ein kurzes blaues Sommerkleid, und ihr Haar hing lose um ihre Schultern. Im Haus hinter ihr war es hell und laut. Sie bat sie herein, und Felix gab ihr einen Kuss auf die Wange und sagte: Hey, herzlichen Glückwunsch. Du siehst toll aus. Sie winkte erfreut ab. Seit wann machst du denn Komplimente?, fragte sie. Alice stellte ihr Eileen und Simon vor, und Danielle sagte: Ihr seht alle so toll aus, ich bin neidisch. Kommt rein. Die Küche war ein gekachelter Raum hinter dem Eingangsbereich, über dem Tisch hing eine Deckenleuchte, eine Hintertür führte in den Garten. Sieben oder acht Personen waren im Raum, tranken aus Plastikbechern und redeten, aus dem Wohnzimmer nebenan kamen Musik und Gelächter. Auf dem Tisch waren diverse Dosen und Flaschen, leere und ungeöffnete, eine Schüssel Chips, ein Korkenzieher. Ein großer Mann stand neben dem Kühlschrank und sagte: Felix Brady, wo warst du die ganze Woche? Ein anderer Mann, der rauchend in der Hintertür stand, rief: Seine neue Freundin vögeln. Als der erste Mann mit dem Daumen auf Alice zeigte, machte der zweite ein entschuldigendes Gesicht, trat in die Küche und sagte: Tut mir echt leid, ich hab dich nicht gesehen. Alice lächelte und sagte, er solle sich keine Gedanken machen. Felix aß eine Handvoll Chips, nickte über seine Schulter und sagte: Das sind Freunde von ihr. Seid nett zu ihnen, sie sind ein klitzekleines bisschen schräg. Danielle sah Eileen an und schüttelte den Kopf. Wie ertragt ihr ihn nur?, fragte sie. Komm, ich hol dir was zu trinken. Alice hatte den Kuchen auf die Küchentheke gestellt und löste die Frischhaltefolie. Eine Frau kam aus dem Wohnzimmer, sie hielt ein kleines Kind in den Armen. Danielle, sagte die Frau, wir gehen mal, bevor der junge Mann uns einschläft. Danielle legte die Hand auf die Löckchen des Kindes und küsste seine Stirn. Eileen, sagte sie, das ist mein wundervoller Neffe Ethan. Ist er nicht ein Engel? Die Frau, die den Jungen hielt, fädelte einen ihrer Ohrringe aus seinen Fingern. Eileen fragte, wie alt er sei, und die Frau antwortete: Zwei Jahre, zwei Monate. Felix' Mitbewohner Gavin stand mit Alice an der Küchentheke und fragte sie, ob sie den Kuchen selbst gebacken habe. Felix nahm eine selbst gedrehte Zigarette aus seiner Brieftasche und sagte beiläufig zu Simon: Kommst du auf eine mit raus?

Hinten im Garten war es kühler und ruhiger. Ein kleines Stück den Rasen runter improvisierten eine Frau, ein Mann und ein kleines Mädchen ein Fußballspiel mit Sweatshirts als Torpfosten. Felix lehnte sich an die Gartenmauer, sah aufs Gras, zündete eine Zigarette an, und Simon stand neben ihm und beobachtete das Spiel. Hinter ihnen wurde die Rückseite des Hauses von der dunklen Masse der Garage verdeckt. Das kleine Mädchen rannte energiegeladen zwischen den beiden Erwachsenen hin und her, führte unbeholfen den Ball. Felix nahm einen Zug und sagte: Meinst du, Alice darf einen Hund im Haus haben? Simon sah ihn aufmerksam an. Na ja, wenn sie es kauft, kann sie machen, was sie will, sagte er. Warum, hast du einen Hund? Felix runzelte die Stirn. Überlegt sie, es zu kaufen?, fragte er. Simon zögerte. Keine Ahnung, sagte er. Ich dachte, sie hätte mal so etwas am Telefon gesagt, aber ich kann mich irren. Mit neugieriger Miene blickte Felix auf die glühende Zigarettenspitze, bevor er einen weiteren Zug nahm. Dann antwortete er: Ja, eine Hündin. Ich meine, sie gehört nicht wirklich mir. Die letzten Mieter in unserem Haus haben sie einfach dagelassen, als sie ausgezogen sind, also haben wir sie mehr so durch Zufall bekommen. Simon betrachtete ihn, während er sprach. Sie war echt dürr damals, fügte Felix hinzu. Also, überhaupt nicht gesund. Und sie hatte Angstzustände. Mochte nicht, dass irgendjemand sie anfasste oder so. Sie versteckte sich immer irgendwo, wenn man ihr Futter hinstellte, und wenn man weg war, kam sie raus und fraß es. Und sie hatte auch echt Aggressionsprobleme. Also, wenn man ihr zu nahekam und ihr das nicht gefiel, schnappte sie nach einem. Simon nickte langsam. Er fragte Felix, ob er glaubte, dass ihr in der Vergangenheit etwas Traumatisches zugestoßen sei. Schwer zu sagen, meinte Felix. Vielleicht wurde sie irgendwie vernachlässigt. Sie hatte definitiv Probleme, woher auch immer. Er tippte Asche von seiner Zigarette und ließ sie langsam ins Gras schweben. Mittlerweile hat sie sich etwas entspannt, sagte er. Hat gemerkt, dass sie regelmäßig gefüttert wird und ihr nichts Schlimmes passiert, und irgendwann fand sie es auch okay, wenn wir uns ihr genähert haben. Sie mag es immer noch nicht so sehr, wenn Fremde sie anfassen, aber bei mir schon. Simon lächelte. Das ist schön, sagte er. Freut mich. Felix blies wieder Rauch aus, das Gesicht verzogen. Aber es hat echt lang gedauert, antwortete er. Die anderen wollten sie eigentlich irgendwann mal loswerden, weil sie sich so schlimm aufführte und es nicht so aussah, als würde es besser werden. Ich will mich hier jetzt nicht als Held darstellen, aber ich war es, der gesagt hat, dass wir sie behalten. Mit einem Lachen sagte Simon: Du kannst ruhig der Held sein, das ist in Ordnung. Nachdenklich rauchte Felix weiter. Ich hab mich nur gefragt, ob ich sie wohl mit zu Alice nehmen kann, fügte er hinzu. Manche Vermieter erlauben das nicht. Aber wenn sie das Haus kaufen will, ist das was anderes. Ich wusste nicht, dass sie darüber nachdenkt. Hinten im Garten hatte es das kleine Mädchen geschafft, den Ball zwischen die Torpfosten zu schießen, und der Mann hob sie auf die Schultern und jubelte. Simon sah ihnen zu, sagte nichts. Felix drückte seinen Zigarettenstummel an der Mauer aus, dann ließ er ihn ins Gras fallen. Also, was ist letzte Nacht passiert?, fragte er. Simon sah ihn an. Was meinst du?, fragte er. Felix hustete kurz. Ich meine, zwischen dir und Eileen, sagte er. Du musst es mir nicht erzählen, aber vielleicht willst du ja. Das kleine Mädchen ging zum Haus, der Mann und die Frau folgten ihr und unterhielten sich. Als sie vorbeikamen, nickte der Mann und sagte: Wie läuft's, Brady? Felix antwortete: Ach, nicht schlecht, danke. Sie gingen hinein, zogen die Tür hinter sich zu. Der Garten war jetzt leer, abgesehen von Simon und Felix, die nebeneinander auf dem Rasen hinter der Garage standen. Nach langem Schweigen senkte Simon den Blick auf seine Füße und sagte: Ich weiß wirklich nicht, was geschehen ist. Felix musste lachen. Okay, sagte er. Ich helfe dir mal auf die Sprünge. Du bist zu ihr ins Zimmer gegangen, als wir zu Hause waren, ja? Etwas später bist du wieder in dein Zimmer gegangen, und heute seid ihr beide deprimiert. Mehr weiß ich nicht, den Rest musst du erzählen. Du hattest Sex mit ihr? Simon strich sich mit der Hand übers Gesicht, er sah müde aus. Ja, sagte er. Es folgte weiter nichts, und Felix soufflierte: Nicht zum ersten Mal, nehme ich an. Simon lächelte matt. Nein, bestätigte er. Nicht ganz. Felix schob die Hände in die Hosentaschen, betrachtete Simons Gesicht. Und was dann?, fragte er. Ihr habt euch gestritten. Ich hab euch übrigens nicht gehört, es muss ein echt leiser Streit gewesen sein, falls es einer war. Simon rieb sich den Nacken. Es war keiner. Wir haben nur geredet. Sie sagte, es wäre ihr lieber, wenn wir Freunde blieben. Das ist alles. Wir haben uns deshalb nicht gestritten. Mit hochgezogenen Augenbrauen starrte Felix ihn an. Verdammte Scheiße, sagte er. Das hat sie direkt nach dem Sex zu dir gesagt? Was ist das denn für 'ne Art? Simon lachte unbehaglich auf, ließ die Hand sinken, wandte den Blick ab. Na ja, wir alle tun Dinge, die wir nicht tun sollten, sagte er. Ich glaube, sie ist einfach nur unglücklich. Felix runzelte für ein oder zwei Sekunden die Stirn. Da hast du's, sagte er. Du versuchst schon wieder, wie Jesus zu sein. Simon lachte erneut angestrengt auf. Nein, erwiderte er. Jesus hat, soweit ich mich erinnere, der Versuchung widerstanden. Jetzt lächelte Felix, griff nach Simons Hand, und Simon ließ es zu. Langsam strich er mit der Rückseite seiner Finger über das Handgelenk, die Handinnenfläche. Ein paar Sekunden vergingen still. Leise sagte Simon: Sie ist eine sehr liebe Freundin. Alice. Felix fing an zu lachen und ließ seine Hand los. Süß, dass du das sagst, wie meinst du das?, fragte Felix. Simon stand da und wirkte ruhig, müde. Ich meine nur, dass ich sie wirklich gern mag, antwortete er. Ich bewundere sie. Felix hustete wieder, schüttelte den Kopf. Du meinst, wenn ich sie schlecht behandle, schlägst du mir den Schädel ein, sagte er. Simon berührte sein Handgelenk, wo Felix es zuvor berührt hatte, ließ es in seiner Hand kreisen, als würde es wehtun. Nein, sagte er. Das habe ich eigentlich gar nicht gemeint. Felix gähnte, streckte die Arme aus. Könntest du aber, sagte er. Wenn du wolltest. Mir den Schädel einschlagen. Ganz leicht. Er stellte sich aufrecht hin und sah sich im Garten um. Wenn sie so eine gute Freundin von dir ist, fragte er, wie kommt es dann, dass du sie während der ganzen Zeit, die sie hier wohnt, noch nicht besucht hast? Überrascht sagte Simon, er habe seit Februar versucht, etwas mit ihr zu vereinbaren, und sie habe ihm immer gesagt, sie sei unterwegs oder es passe ihr nicht. Ich habe sie auch zu mir eingeladen, fügte er hinzu. Aber sie sagte, sie sei beschäftigt. Ich hatte den Eindruck, dass sie mich nicht sehen wollte. Das meine ich nicht als Vorwurf, ich dachte, vielleicht braucht sie einfach eine Pause. Wir haben viel Zeit miteinander verbracht, bevor sie aus Dublin weggegangen ist. Felix nickte vor sich hin. Du meinst, als sie im Krankenhaus war?, fragte er. Simon sah ihn einen Moment lang an, dann antwortete er: Ja. Felix schob die Hände in die Taschen und ging ziellos ein paar Schritte durch den Garten, dann kam er zur Mauer zurück und sah Simon an. Das heißt, du hast die ganze Zeit gedrängelt, dass du sie besuchen willst, und sie hat gesagt, Nein, ich hab zu tun?, fragte er. Simon antwortete: Ja, aber wie gesagt, das ist völlig in Ordnung. Felix grinste. Du warst nicht beleidigt?, fragte er. Simon lächelte zurück. Nein, nein, antwortete er. Ich bin sehr erwachsen, was solche Dinge angeht. Felix trat mit der Schuhspitze gegen die Mauer und fragte: Wie ging es ihr im Krankenhaus? Ziemlich schlimm, oder? Simon schien über die Frage nachzudenken, dann antwortete er: Es scheint ihr jetzt sehr viel besser zu gehen. Wieder ging Felix ein paar Schritte fort, weit genug, um das Haus sehen zu können. Na ja, sagte er, wenn du sie drinnen siehst, sag ihr doch, dass ich mit ihr reden will. Simon nickte, und ein paar Sekunden lang sagte er nichts, tat nichts. Dann richtete er sich auf und ging rein.

Alice stand mit Danielle in der Küche und aß ein Stück Kuchen von einem Pappteller. Mit der Gabel kratzte sie über den Biskuitteig und sagte: Er ist nicht richtig aufgegangen, aber er schmeckt ganz gut. Simon schloss hinter sich die Tür und sagte, er sehe köstlich aus. Felix ist draußen, fügte er hinzu. Ich glaube, er möchte dich sprechen. Danielle lachte. Oh mein Gott, sagte sie. Ist er schon betrunken? Er wird immer so tiefsinnig und bedeutungsschwer, wenn er betrunken ist. Simon nahm sich ein Stück Kuchen und sagte: Nein, ich glaube, er ist nicht betrunken. Aber er wurde gerade ein wenig tiefsinnig und bedeutungsschwer. Alice stellte ihren Teller auf die Küchentheke. Das klingt verdächtig, sagte sie. Ich bin gleich wieder da. Als sie fort war, fragte Danielle Simon, was er beruflich mache, und er brachte sie zum Lachen, indem er vom Leinster House erzählte. Es ist schlimmer als in deiner schlimmsten Vorstellung, sagte er. Eileen war im Wohnzimmer und schaute durch den Spotify-Account, der mit den Lautsprechern verbunden war. Echte Musik, bitte, sagte ein Mann über ihre Schulter hinweg. Draußen schloss Alice die Tür hinter sich und rief in den Garten hinein: Felix? Er schaute hinter der Garage hervor. Hey, sagte er. Ich bin hier hinten. Mit verschränkten Armen ging sie über den Rasen. Er hatte ein Zigarettenpapier auf der Mauer ausgebreitet und nahm eine Prise Tabak aus einem kleinen Plastikbeutel. Weißt du, warum sie so mies drauf sind?, fragte er. Die anderen zwei? Sie waren zusammen im Bett, und dann hat sie sich umgedreht und gesagt, sie will nur mit ihm befreundet sein. Echt krass, das Drama in deinem Haus dort. Alice lehnte sich an die Mauer, sah ihm zu, wie er sich die Zigarette drehte. Hat Simon dir das erzählt?, fragte sie. Er leckte das Papier an und klebte es zu. Ja, sagte er. Warum, was hat sie dir gesagt? Während er sich die Zigarette anzündete, antwortete Alice: Nur, dass es ein Fehler gewesen sei. Aber sie hat keine Einzelheiten erzählt. Ich habe gemerkt, dass sie durcheinander war, ich wollte sie nicht drängen. Sie richtete den Blick auf ihre Fingernägel und fügte hinzu: Sie sagt, es sei unmöglich, mit ihm zu reden. Sie glaubt, dass er in einer emotional repressiven Familie aufgewachsen und deshalb im Arsch ist. Nicht in der Lage zu sagen, was er braucht. Felix fing an zu lachen, hustete. Himmel, sagte er. Das ist hart. Ich hätte das nicht so gesagt. Ich mag ihn. Ich habe sogar versucht, ein bisschen mit ihm anzubandeln, als er hier draußen war, und dann fing er an, mir zu erzählen, was für eine enge Freundin du bist und wie sehr er zu dir aufsieht. Er hat aber überlegt, das hab ich gemerkt. Ich war kurz davor zu sagen, entspann dich, sie hat kein Problem damit. Alice lachte jetzt auch. O Gott, er ist so duldsam, sagte sie. Glaubst du, er hat ein geringes Selbstwertgefühl? Felix runzelte die Stirn und antwortete: Nein. Könnte sein, dass er etwas die Lust am Leben verliert. Aber geringes Selbstwertgefühl, das glaube ich nicht. Und so duldsam ist er auch nicht. Er ist wie du. Sein Selbstwertgefühl ist in Ordnung, er hasst halt einfach sein Leben. Alice lächelte, strich sich Krümel vom Rockteil ihres Kleids. Ich hasse mein Leben nicht, entgegnete sie. Felix stieß eine Rauchwolke aus und wedelte sie müßig mit der Hand weg. Aber genau das hast du gesagt, sagte er. Das letzte Mal, als wir zum Rauchen rausgegangen sind. Erinnerst du dich? Bevor wir nach Rom gefahren sind. Da hast du selbst auch geraucht. Sie strich sich beschämt das Haar hinter die Ohren. Stimmt, sagte sie. Und da hab ich gesagt, dass ich mein Leben hasse? Felix sagte, er sei sich ziemlich sicher. Na ja, vielleicht damals, antwortete sie. Aber jetzt nicht. Er schwieg, sah auf seine Hand, während er rauchte. Dann sagte er: Hier, sieh mal, was mir heute bei der Arbeit passiert ist. Er streckte die Hand aus und zeigte ihr die tiefe Wunde, die unter dem Knöchel seines kleinen Fingers entlanglief. Der Schnitt selbst war jetzt dunkler, verheilte bereits, die umgebende Haut dagegen war rot und entzündet. Alice zuckte zusammen und schlug die Hände vors Gesicht. Felix drehte seine Hand, wie um die Wunde aus unterschiedlichen Blickwinkeln zu begutachten. Ich habe es nicht einmal bemerkt, bis ich anfing, alles vollzubluten, sagte er. Er sah sie an, nahm ihren Blick wahr und fügte hinzu: Solche Scheiße passiert da drin die ganze Zeit, es hat nicht mal besonders wehgetan oder so. Stumm nahm sie seine Hand und hob sie an ihre Wange. Er lachte unsicher auf. Oh, du bist ganz weich, sagte er. Es ist nur ein Kratzer, ich hätte es dir gar nicht zeigen sollen.

Tut es noch weh?, fragte sie.

Nein, nicht wirklich. Es zwickt etwas beim Händewaschen.

Das ist nicht fair, sagte sie.

Du denkst immer, dass alles unfair ist.

Die Tür hinter ihnen öffnete sich, und Alice ließ Felix' Hand von ihrer Wange sinken, hielt sie aber weiter. Nach einer Weile tauchte ein Mann auf dem Rasen in ihrer Nähe auf. Er war groß, hatte rötlich blondes Haar, trug ein eng geschnittenes, gemustertes Hemd. Als er sie sah, fing er an zu lachen, und Felix sagte nichts.

Stör ich gerade?, fragte der Mann.

Keine Sorge, sagte Felix. Wusste nicht, dass du hier bist.

Der Mann zog eine Packung Zigaretten aus seiner Tasche und zündete sich eine an. Das muss deine neue Freundin sein, sagte er. Alice, richtig? Da drin reden sie gerade über dich. Jemand hat einen Artikel über dich im Netz rausgesucht.

Sie sah Felix an, aber er erwiderte ihren Blick nicht. Ach je, sagte sie.

Du hast ein paar große Fans da im Internet, fügte der Mann hinzu.

Ja, stimmt, erwiderte sie. Und viele, die mich hassen und mir Schlechtes wünschen.

Der Mann schien dem ohne Wertung zuzustimmen. Davon hab ich nichts gesehen, sagte er, aber ich nehme an, die hat jeder. Wie läuft's bei dir, Felix?

Kann mich nicht beschweren.

Wie hast du dir so eine berühmte Freundin zugelegt?

Tinder, sagte er.

Der Mann blies den Rauch aus. Ach ja? Ich bin da ständig und sehe nie jemand Berühmtes. Stellst du uns jetzt mal vor oder was?

Alice warf Felix, der vollkommen entspannt wirkte, einen unsicheren Blick zu.

Alice, das ist mein Bruder, sagte er. Damian. Du musst ihm nicht die Hand schütteln, es reicht, wenn du ihm aus der Ferne zunickst.

Sie sah den Mann überrascht an. Oh, freut mich, dich kennenzulernen, sagte sie. Ihr seht euch gar nicht ähnlich.

Er lächelte zurück. Ich nehme das mal als Kompliment, sagte er. Ich hab gehört, ihr wart vor ein paar Wochen zusammen in Rom, stimmt's? Du musst ihn ganz schön umgehauen haben, Alice. Normalerweise ist er nicht der Typ für romantische Kurzurlaube.

Eigentlich hat er mir nur bei einer beruflichen Reise Gesellschaft geleistet, sagte sie.

Damian schien das ganze Gespräch zunehmend erheiternd zu finden. Er ist zu deinen Lesungen und so weiter mitgekommen?, fragte er.

Manchmal, sagte Alice.

Sieh an. Zu allem Überfluss hat er offenbar noch lesen gelernt, seit ich ihn das letzte Mal gesehen hab.

Ach was, sagte Felix. Wozu denn, sie kann mir die besten Stellen doch selbst erzählen.

Damian ging darüber hinweg und musterte Alice neugierig. Nach einem weiteren Zug an seiner Zigarette sagte er: Krasse letzte Jahre, die du hattest, oder?

Ich denke schon, sagte sie.

Ja, ich habe sogar eine Freundin, die ein Riesenfan von dir ist. Sie hat gesagt, dass dein Film bald rauskommen müsste, stimmt das?

Höflich antwortete Alice: Es ist nicht wirklich mein Film, er basiert nur auf einem meiner Bücher.

Felix legte seine Hand auf Alice' Rücken und sagte: Hör zu, du nervst sie mit deinem Gerede. Das mag sie nicht.

Damian nickte unbeeindruckt und lächelte vor sich hin.

Ach nein, sagte er. An Alice gewandt fuhr er fort: Er sagt das nicht, weil er nett ist, weißt du. Er hat ernsthaft nicht die beschissenste Ahnung, wer du bist. In seinem ganzen Leben hat er noch kein einziges Buch gelesen.

Sie wird vermutlich nicht nur Leute treffen wollen, die gern lesen, sagte Felix. Die lassen sie eh nicht in Ruhe.

Damian zog wieder an seiner Zigarette. Nach einem Moment sagte er zu Alice: Weißt du, dass er mir aus dem Weg geht?

Alice sah Felix an, der auf seine Füße starrte und den Kopf schüttelte.

Weißt du, als unsere Mam gestorben ist, fuhr Damian fort, hat sie uns beiden das Haus vererbt. Uns zusammen. Wir waren uns einig, dass wir es verkaufen würden. Kannst du mir folgen? Du bist eine kluge Frau, da bin ich mir sicher. Jedenfalls kann ich es ohne seine Unterschrift auf den ganzen Unterlagen nicht verkaufen. Und seit einigen Wochen ist er wie vom Erdboden verschwunden. Hat nicht auf Anrufe, Textnachrichten, irgendwas reagiert. Was glaubst du, woran das liegt?

Alice sagte ruhig, dass sie das nichts angehe.

Man sollte doch meinen, dass er froh darüber ist, an etwas Geld zu kommen, fuhr Damian fort. Er ist weiß Gott oft genug knapp bei Kasse.

Gibt's noch irgendwas, das du über mich ausplaudern willst, wenn du schon mal hier bist?, fragte Felix.

Ohne darauf einzugehen, sprach Damian nachdenklich weiter. Tom Heffernan hat ihm irgendwann mal richtig viel Geld gegeben. Ein alter Kerl, der mit seiner Frau hier im Ort wohnt. Ich frage mich, warum. Welchen Grund hatte er, weißt du das?

Felix schüttelte wieder den Kopf, schnippte die Zigarettenkippe auf den Rasen, und im dämmrigen Licht des östlichen Himmels war sein Gesicht errötet.

Hör mal, du scheinst eine echt nette Frau zu sein, sagte Damian. Vielleicht ein bisschen zu nett. Pass auf, dass er dich nicht zum Narren hält, das wäre mein Rat.

Kühl entgegnete Alice: Ich frage mich, warum du glaubst, ich hätte gute Ratschläge von dir nötig.

Felix fing ungestüm an zu lachen. Damian sagte einen Moment lang nichts, rauchte langsam weiter. Dann sagte er: Du glaubst auch, dass du schon alles weißt, oder?

Oh, ich denke, ich komm ganz gut klar, antwortete sie.

In versöhnlichem Ton und immer noch grinsend, sagte Felix: Pass auf, Damian, ich komm morgen früh vor der Arbeit vorbei und erledige das, okay? Und du kannst jetzt aufhören, mich zu nerven. Wie klingt das?

Den Blick weiter auf Alice gerichtet, antwortete Damian: Gut. Er ließ die Zigarette auf den Rasen fallen. Gott steh euch beiden bei, fügte er hinzu, drehte sich um und ging wieder rein. Die Tür fiel hinter ihm zu. Felix trat hinter der Garage hervor, wie um sich zu vergewissern, dass er wirklich fort war, dann verschränkte er die Hände hinter dem Kopf. Sie betrachtete ihn.

Tja, sagte er. Damian. Wir hassen uns übrigens, ich weiß nicht, ob ich dir das schon erzählt habe.

Hast du nicht.

Ah, okay. Tut mir leid.

Felix ließ die Hände sinken und seitlich am Körper herabhängen, er sah immer noch auf die Tür, durch die sein Bruder verschwunden war. Es war eine Holztür mit gelbem Glaseinsatz.

Wir waren nie sonderlich gute Kumpels, fügte er hinzu. Aber als unsere Mutter dann krank wurde, na ja. Ich will nicht ins Detail gehen, sonst stehe ich die ganze Nacht hier und texte dich zu. Jedenfalls sind wir in den letzten paar Jahren nicht sonderlich gut miteinander klargekommen. Hätte ich gewusst, dass wir ihm begegnen, hätte ich dir etwas mehr erzählt.

Sie sagte immer noch nichts. Er drehte sich zu ihr um, sah jetzt aufgebracht und unglücklich aus.

Ich kann übrigens lesen, sagte er. Ich weiß nicht, warum er jetzt behauptet, ich sei so was wie ein Analphabet. Ich kann es nicht besonders gut, aber ich kann es. Ich glaube eh nicht, dass es dir sonderlich viel ausmacht.

Natürlich nicht.

Ja, er war in der Schule besser als ich, wahrscheinlich reitet er deshalb gern vor anderen Leuten drauf rum. Er ist einer von den Typen, die andere runtermachen müssen, um sich selbst ganz groß fühlen zu können. Mam hat ihm das immer vorgehalten, und das hat ihm gar nicht gefallen. Ist ja auch egal. Das Dumme ist nur, dass es mich echt ärgert. Ich meine, ich ärgere mich jetzt echt.

Das tut mir leid.

Er sah sie wieder an. Du kannst nichts dafür, sagte er. Du warst super. Ich hätte stundenlang zusehen können, wie ihr beide das ausgetragen habt, den Teil fand ich lustig. Du kannst echt einschüchternd sein. Wenn du zu anderen Leuten so bist, macht es Spaß.

Sie senkte den Blick und sagte leise: Mir macht es keinen Spaß.

Echt nicht? Ein bisschen doch schon.

Nein.

Warum machst du's dann?, fragte er.

Leute einschüchtern? Das ist nicht meine Absicht.

Er runzelte die Stirn. Aber dir ist schon klar, was du da

machst, sagte er. Wie du Leute in Angst und Schrecken versetzt. Du weißt, was ich meine. Ich werf dir das jetzt nicht vor.

Du glaubst es mir vermutlich nicht, sagte sie, aber wenn ich Leuten begegne, versuche ich wirklich, nett zu sein.

Er lachte auf, und Alice seufzte, lehnte sich an die Mauer, legte eine Hand über die Augen.

Ist diese Vorstellung so lächerlich?, fragte sie.

Wenn du versuchst, nett zu sein, warum machst du dann die ganze Zeit sarkastische Bemerkungen?

Nicht die ganze Zeit.

Nein, aber du lässt sie raus, wann es dir passt, sagte er. Ich will damit nicht sagen, dass du ein gemeiner Mensch bist oder so. Nur, dass man es sich mit dir nicht verderben will.

Scharf erwiderte sie: Ja, ich habe verstanden.

Er hob die Augenbrauen, und für ein paar Sekunden herrschte Stille. Schließlich sagte er sanft: Herrje, heute Abend bekomme ich es aber von allen Seiten ab. Sie neigte den Kopf, als wäre sie niedergeschlagen oder müde, erwiderte aber nichts. Es ist nicht gerade leicht, mit dir klarzukommen, fügte er hinzu, aber das weißt du ja selbst.

Felix, ist es zu viel verlangt, dass du mich nicht dafür kritisierst, wie ich bin?, fragte sie. Du sollst mir nicht schmeicheln, du musst wirklich gar nichts über mich sagen. Aber diese negativen Sachen sind nicht besonders hilfreich.

Er sah sie verunsichert an. Okay, sagte er. Ich wollte dich nicht verärgern.

Sie sagte nichts. Ihr Schweigen schien ihn zu stören, und er schob die Hände in die Hosentaschen, dann nahm er sie wieder heraus.

Wahrscheinlich hat Damian recht. Du glaubst, dass ich dich nicht zu schätzen weiß. Na gut, vielleicht tu ich es auch nicht.

Sie schwieg noch immer und starrte auf ihre Füße. Er wirkte unruhig, nervös, angespannt.

Die Sache ist, du bist es gewohnt, anders behandelt zu werden, fuhr er fort. Von Leuten, die dich kennen und denken, dass du echt wichtig bist und alles. Und dann, wenn ich dich ganz normal behandle, reicht es dir nicht. Ganz ehrlich, ich glaube, du wirst jemanden finden, der dich mehr zu schätzen weiß, und dann bist du auch glücklicher.

Nach einer langen Pause sagte sie: Ich würde jetzt gern reingehen, wenn das in Ordnung ist.

Er sah zu Boden, runzelte die Stirn. Ich halte dich nicht davon ab, sagte er.

Sie ging über den Rasen zum Haus. Bevor sie die Tür erreichte, räusperte er sich und sagte laut: Weißt du was, als ich mir heute die Hand geschnitten habe, war mein erster Gedanke: Wetten, dass Alice nicht erfreut ist.

Sie drehte sich zu ihm um, bevor sie antwortete: Und das war ich nicht.

Ja, sagte er. Und es ist schön, jemanden zu haben, dem so etwas nicht egal ist. Mich zerlegt es da alle paar Wochen, und es ist nicht so, als hätte ich viele Leute, die dann sagen: Oh, das muss aber wehgetan haben, was ist passiert? Und schau mal, vielleicht gibt es da bestimmte Seiten an dir, die ich nicht zu schätzen weiß, und manchmal gefällt mir der Ton nicht, den du draufhast, das gebe ich ja zu. Aber sagen wir mal, du wärst da oben in deinem Haus, ganz allein, und es würde dir nicht gut gehen, oder du hättest dir wehgetan oder so was, dann würde ich das wissen wollen. Und wenn du wollen würdest, dass ich raufkomme und nach dir sehe, dann würde ich das tun. Und ich bin mir sicher, dass es umgekehrt auch so wäre. Reicht das denn nicht aus? Vielleicht reicht es dir nicht, aber mir schon.

Sie sahen einander an. Ich denke darüber nach, sagte Alice.

Eine Hummel war ins Wohnzimmer geflogen, und zwei von Danielles Freunden kreischten und lachten und versuchten, sie zum Fenster zurückzuscheuchen. Simon saß mit Danielles Cousine Gemma am Küchentisch, und das kleine Mädchen, das vorhin Fußball gespielt hatte, saß auf ihrem Schoß. Und gehst du lieber in die Schule, sagte Simon gerade, oder hast du lieber Ferien? Eileen stand an der Küchentheke und goss Wodka in Plastikbecher, während derselbe Mann, mit dem sie sich vorhin schon unterhalten hatte, sagte: So toll ist sie nicht, aber man kann sie sich anschauen. Felix und Alice kamen herein. Felix schnitt sich ein Stück von dem Geburtstagskuchen ab, Alice zog ihre Strickjacke über und sagte fröhlich: Der Garten ist wirklich schön, und so groß. Ohne nachzudenken, legte sie eine Hand liebevoll auf Simons Schulter, und er sah sie an, neugierig, halb lächelnd, und keiner von beiden sagte ein Wort.

Um zehn klopfte Danielle mit einem Löffel gegen ein Glas und sagte, sie würden jetzt ein paar Lieder singen. Nach und nach wurde es ruhig im Raum, Gespräche verstummten, aus dem Wohnzimmer kamen ein paar Leute, um zuzuhören. Eine Cousine von Danielle fing an mit »She Moved Through the Fair«. Einige, die den Text kannten, sangen mit, andere summten die Melodie. Vom Türrahmen aus betrachtete Eileen Simon, der neben Alice an den Kühlschrank gelehnt stand und ein Glas Wein in der Hand hielt. Dann bat Danielle Felix, etwas zu singen. »Carrickfergus«, sagte Gavin. Felix gähnte lässig. Ich singe »The Lass of Aughrim«, sagte er. Er stellte den Pappteller, den er in der Hand gehabt hatte, zur Seite, räusperte sich und fing an zu singen. Seine Stimme war klar und melodisch und hatte einen reinen Klang, sie füllte die Stille aus und wurde dann ganz leise, so leise, als wäre sie selbst schon

Stille. Vom anderen Ende des Raums sah Alice ihm zu. Er stand gegen die Theke gelehnt unter der Deckenleuchte, sodass sein Haar und Gesicht und die schlanke, geneigte Gestalt in Licht getaucht waren, und seine Augen wirkten dunkel, sein Mund ebenfalls. Vielleicht lag es an seiner tiefen, vollen Stimme oder an dem melancholischen Text, oder vielleicht rief die Melodie bestimmte Erinnerungen wach, jedenfalls stiegen Tränen in Alice' Augen. Für einen Moment fiel sein Blick auf sie, dann sah er weg. Seine Singstimme glich auf seltsame Weise seiner normalen Sprechstimme, die Aussprache war dieselbe, doch sie hallte auf eine tiefe, neue Weise wider. Tränen strömten aus Alice' Augen, und ihr lief die Nase. Sie lächelte, als wäre sie beschämt über ihre alberne Reaktion, aber die Tränen strömten trotzdem weiter, und sie wischte sich mit den Fingern über die Nase. Ihr Gesicht war gerötet und schimmerte nass. Das Lied war zu Ende, und in den kurzen Moment der Stille brach Jubel und Applaus. Gavin pfiff anerkennend mit den Fingern. Felix lehnte sich an die Spüle, sah zu Alice, und sie erwiderte seinen Blick, fast schulterzuckend, verlegen. Sie wischte sich die Wangen mit den Händen ab. Er lächelte. Du hast sie zum Weinen gebracht, sagte Gavin. Die Leute drehten sich zu Alice um, und sie lachte unbeholfen, und das Lachen schien ihr im Hals stecken zu bleiben. Wieder wischte sie sich über das Gesicht. Ihr geht's gut, sagte Felix. Danielle bat um ein weiteres Lied, aber niemand meldete sich freiwillig. Was soll danach noch kommen, sagte jemand. Danielles Cousine Gemma schlug »The Fields of Athenry« vor, und die Leute fingen an, sich miteinander zu unterhalten. Felix hatte sich hinter den Tisch gestellt und goss Wein in einen Plastikbecher. Er reichte ihn Alice und sagte: Du bist okay, oder? Sie nickte, und er rieb ihr tröstend den Rücken. Mach dir keine Gedanken, sagte er. Normalerweise weinen nur die älteren Damen bei dem Lied, aber wir sind da mal großzügig. Du wusstest nicht, dass ich singen kann, oder? Ich war mal viel besser, bevor ich mit der Raucherei angefangen habe. Er sagte es leichthin, fast schon nachlässig, und streichelte ihr den Rücken, als würde er sich selbst nicht zuhören. Schau mal, Simon weint nicht, sagte Felix. Ich habe ihn wohl nicht sehr beeindruckt. Lächelnd entgegnete Simon leise: Multitalent. Alice lachte wieder kurz auf, nippte an ihrem Becher. Frechheit, sagte Felix. Von der Wohnzimmertür aus beobachtete Eileen sie, sah, wie Felix seine Hand auf Alice' Rücken gelegt hatte, Simon auf der anderen Seite neben ihr stand, wie sie sich zu dritt unterhielten. Und vor dem Fenster dämmerte es noch immer, der Himmel verdunkelte sich, die gewaltige Erde drehte sich langsam um die eigene Achse.

28

Als sie bei Danielle aufbrachen, war es ohne Straßenbeleuchtung stockdunkel, und Eileen schaltete die Taschenlampe an ihrem Handy ein, damit sie den Weg zum Auto fanden. Sie stiegen ein, schlossen die Türen, es war still und warm im Wagen. Felix, du hast eine schöne Singstimme, sagte Eileen. Er schaltete die Scheinwerfer ein und fuhr los. Ja, das war für dich, sagte er. Also für euch beide, weil ihr dort aus der Gegend seid, Aughrim. Oder nicht? Ehrlich gesagt, ich weiß gar nicht so genau, worum es in dem Lied geht. Eigentlich singt ja ein Mann zu einer Frau, dachte ich, aber im Refrain singt dann glaube ich eine Frau, also dass ihr Kindlein kalt in ihren Armen liegt. Wahrscheinlich eins von diesen alten Liedern, bei denen verschiedene andere zusammengewürfelt wurden. Jedenfalls ist es was Trauriges, egal, worum es geht. Simon fragte ihn, ob er auch Instrumente spiele, und Felix antwortete: Ein wenig. Hauptsächlich die Fiddle. Wenn's sein muss, komme ich mit einer Gitarre klar. Paar Freunde von mir spielen bei Hochzeiten und so weiter, und manchmal hab ich auch bei Hochzeiten mitgemacht, aber was die Musik angeht, ist das nicht wirklich mein Ding. Den ganzen Abend Celine Dion und so Zeug. Alice sagte, sie habe gar nicht gewusst, dass er so musikalisch sei. Na ja, sagte er. Aber das sind alle hier in der Gegend. Unmusikalische Leute gibt's nur in Dublin. Nichts für ungut. Er warf Alice einen Blick zu, bevor er sich wieder auf die Straße konzentrierte und weitersprach: Du überlegst also, das Haus zu kaufen? Das wusste ich nicht. Auf dem Rücksitz sah Eileen auf. Entschuldigung, was?, fragte sie. Alice trug gerade Lippenbalsam auf, zufrieden, ein wenig betrunken. Ich denke drüber nach, sagte sie. Noch ist nichts entschieden. Eileen brach in Gelächter aus, und Alice drehte sich nach hinten, sah sie an. Nein, toll, sagte Eileen. Ich freu mich für dich. Du ziehst aufs Land. Alice runzelte verwundert die Stirn. Eileen, ich wohne bereits auf dem Land, sagte sie. Es geht um das Haus, in dem ich derzeit lebe. Eileen lächelte, schüttelte den Kopf. Nein, total, antwortete sie. Du bist hergekommen, um Urlaub zu machen, und jetzt bleibst du quasi für immer im Urlaub. Warum auch nicht? Simon betrachtete Eileen, aber Eileen lächelte immer noch Alice an. Im Ernst, fügte Eileen hinzu. Das ist toll. Das Haus ist wunderbar. So hohe Decken, wow. Alice nickte langsam. Alles klar, antwortete sie. Jedenfalls habe ich mich noch nicht entschieden. Sie steckte den Lippenbalsam wieder in ihre Handtasche. Ich verstehe nicht, warum du sagst, ich sei im Urlaub, fuhr sie fort. Immer, wenn ich irgendwo hinfahre, um zu arbeiten, schickst du mir eine missbilligende Mail, in der steht, ich sollte zu Hause bleiben. Eileen lachte wieder, ihr Gesicht hatte alle Farbe verloren. Tut mir leid, sagte sie. Ich habe die Situation falsch eingeschätzt. Das weiß ich jetzt. Simon betrachtete sie noch immer, und sie wandte sich ihm mit einem strahlenden, unaufrichtigen Lächeln zu, wie um zu sagen: Ja, was? Felix merkte an, dass Alice jemanden auf das Haus schauen lassen sollte, bevor sie es kaufte, und Alice sagte, man müsste zweifellos eine Menge Arbeit reinstecken. Sie fuhren am Hotel vorbei, den erleuchteten Fenstern der Lobby, und weiter die Küstenstraße entlang.

Zu Hause ging Eileen direkt nach oben in ihr Zimmer, die anderen blieben unten im Flur stehen. Als sie die Nachttischlampe einschaltete, waren ihre Lippen bleich, ihr Atem flach und unregelmäßig. Das dunkle Schlafzimmerfenster reflektierte die schwachgraue Ellipse ihres Gesichts, und sie zog die Vorhänge zu, die Haken ratterten über die Schiene. Von unten waren Stimmen zu hören, Alice sagte: Nein, nein, ich nicht. Simon erwiderte leise und unverständlich etwas, die anderen lachten, und ihr hohes Gelächter schwappte die Treppe hinauf. Eileen rieb sich die geschlossenen Augenlider. Das Geräusch der Kühlschranktür, die sich sanft öffnete, und ein klingendes Geräusch wie von Glas. Sie öffnete den Gürtel ihres Kleids, das Leinen war nach dem Tag zerknittert und weich und roch nach Sonnencreme und Deo. Von unten das Geräusch einer Tür, die geöffnet wurde. Sie zog sich das Kleid über die Schultern, atmete tief und fest durch die Nase ein und durch den Mund aus, und zog sich dann ein gestreiftes blaues Nachthemd über. Unten wurde es jetzt ruhiger, die Stimmen vermischten sich. Sie saß am Bettrand und löste ihr Haar. Jemand von den anderen ging pfeifend durch den Flur. Sie zog eine lange schwarze Haarnadel heraus und ließ sie mit einem sanften Klicken auf den Nachttisch fallen. Ihr Unterkiefer war angespannt, die Backenzähne rieben aufeinander. Von draußen war das Meer zu hören, leise, monoton, und die Luft fuhr sanft durch die schweren, vollen Blätter der Bäume. Sie ordnete ihr nun offenes Haar mit den Fingern, dann legte sie sich aufs Bett und schloss die Augen. Von unten drang ein scharfer, schnappender Laut wie von einem ploppenden Korken. Sie füllte ihre Lunge mit Atem, ballte die Hände zu Fäusten, öffnete sie wieder, streckte die Finger weit auf der Decke aus, zwei, drei Mal. Wieder Alice' Stimme. Und die anderen beiden lachten, die Männer lachten über das, was Alice gesagt hatte. Mit einer raschen, ruckartigen Bewegung sprang Eileen auf. Sie nahm einen gesteppten gelben Morgenmantel von einer Stuhllehne und zog ihn über. Auf dem Weg nach unten band sie den Gürtel locker über der Taille zusammen. Die Küchentür am Ende des Flurs war geschlossen, das Licht eingeschaltet, ein süßer, schwerer Geruch lag in der Luft. Sie legte die Hand auf den Türknauf. Von innen hörte sie Alice' Stimme sagen: Ach, keine Ahnung, seit Monaten nicht mehr. Eileen öffnete die Tür. In der Küche war es warm und dämmrig, Alice saß an einem Ende des Tischs, Felix und Simon lehnten gemeinsam an der Wand und teilten sich einen Joint. Alle sahen Eileen, die in ihrem Morgenmantel in der Tür stand, überrascht und mit einer gewissen Skepsis an. Tapfer lächelte sie. Darf ich?, fragte sie.

Aber ja, antwortete Alice.

Eileen zog einen Stuhl zurück, setzte sich und fragte: Worüber reden wir?

Felix reichte ihr den Joint über den Tisch. Alice hat uns gerade von ihren Eltern erzählt.

Eileen zog schnell daran und atmete aus, nickte, alles in ihrem Gesicht und ihrem Gebaren ein Ausdruck forcierter Unbeschwertheit.

Na ja, du weißt das ja schon, sagte Alice zu Eileen. Du hast sie ja kennengelernt.

Mhm, sagte Eileen. Das ist lange her. Aber sprich weiter.

An die anderen gewandt, fuhr Alice fort: Mit meiner Mutter ist es eigentlich weniger kompliziert, weil sie und mein Bruder aneinanderkleben. Und meine Mutter hatte mich ohnehin noch nie besonders gern.

Echt?, fragte Felix. Das ist lustig. Meine Mutter hat mich geliebt. Ich war ihr Goldjunge. Wirklich traurig, dass ich so ein Versager geworden bin. Aber sie war vernarrt in mich, weiß der Himmel, warum.

Du bist kein Versager, sagte Alice.

Zu Simon sagte Felix: Und du? Warst du Mamas Liebling?

Na ja, ich bin Einzelkind, antwortete Simon. Und meine Mutter hatte mich sehr lieb, ja. Ich meine, hat sie immer noch. Er drehte den Fuß seines Weinglases auf dem Tisch. Es ist nicht die einfachste Beziehung in meinem Leben, fügte er hinzu. Manchmal denke ich, sie ist ein bisschen perplex und frustriert, was mich betrifft. Meine Arbeit, die Entscheidungen, die ich getroffen habe. Sie hat Freundinnen, deren Kinder so alt sind wie ich und Ärzte und Anwälte sind und selbst Kinder haben. Und ich bin im Grunde immer noch ein parlamentarischer Mitarbeiter ohne feste Freundin. Ich meine, ich mache meiner Mutter keine Vorwürfe, ich weiß ja selbst nicht, was mit meinem Leben passiert ist.

Felix hustete kurz und fragte: Aber du hast doch einen ziemlich wichtigen Job, oder nicht?

Simon sah ihn an, als überraschte ihn die Frage, und antwortete: O Gott, nein. Überhaupt nicht. Ich glaube übrigens nicht, dass meine Mutter so viel Wert auf Status legt. Ich bin mir zwar sicher, sie hätte gern einen Arzt als Sohn gehabt, aber ich glaube nicht, dass sie von mir enttäuscht ist, weil ich das nicht wollte. Felix reichte ihm den Joint, und er nahm ihn. Wir führen keine ernsthaften Gespräche, fügte er hinzu. Die Sache ist, sie mag es nicht, wenn etwas zu ernst wird, sie will einfach nur, dass alle klarkommen. Ich denke, sie findet mich irgendwie einschüchternd. Und ich fühle mich schrecklich deswegen. Er nahm einen kurzen Zug, und nachdem er wieder ausgeatmet hatte, fügte er hinzu: Wann immer ich an meine Eltern denke, habe ich ein schlechtes Gewissen. Ich bin einfach der falsche Sohn für sie, dafür können sie nichts.

Aber du kannst auch nichts dafür, sagte Alice.

Aufmerksam beobachtete Eileen diesen Austausch, ihr Unterkiefer war angespannt, ihr halbes Lächeln starr.

Was ist mit dir, Eileen?, fragte Felix. Verstehst du dich mit deinen Eltern?

Die Frage schien sie zu überraschen. Oh, sagte sie. Dann, nach einem Zögern: Sie sind nicht übel. Ich habe eine verrückte Schwester, vor der sie beide Angst haben. Und sie hat mir das Leben zur Hölle gemacht, als wir noch Kinder waren. Aber ansonsten sind sie okay.

Die Schwester, die geheiratet hat, sagte Felix.

Ja, genau die, sagte sie. Lola. Sie ist nicht wirklich böse, nur chaotisch. Na ja, vielleicht ein bisschen böse, manchmal. In der Schule war sie sehr beliebt, und ich war die Außenseiterin. Ich meine, ich hatte buchstäblich keine einzige Freundin. Rückblickend ist es wohl ein Glück, dass ich mich nicht umgebracht habe, ich dachte nämlich ständig daran. Als ich ungefähr vierzehn, fünfzehn war. Ich habe damals versucht, mit meiner Mutter darüber zu reden, aber sie sagte, mit mir sei alles in Ordnung und ich übertreibe nur. Hier zögerte sie, sah auf die blanke Oberfläche des Tischs. Dann fuhr sie fort: Ich glaube wirklich, ich hätte es getan, aber als ich fünfzehn war, lernte ich jemanden kennen, der mit mir befreundet sein wollte. Und er rettete mein Leben.

Leise sagte Simon: Wenn das stimmt, bin ich froh.

Felix richtete sich überrascht auf: Was?, fragte er. Warst du das?

Eileens Lächeln war jetzt etwas natürlicher, sie war noch immer bleich und angespannt, genoss aber die Wiederholung einer vertrauten Geschichte. Du musst wissen, wir waren Nachbarn, als wir aufwuchsen, sagte sie. Und als Simon einmal während der Semesterferien im Sommer zu Hause war, half er meinem Dad auf dem Bauernhof. Ich weiß nicht, warum. Ich vermute, deine Eltern wollten das so.

Mit leiser, heiterer Stimme sagte Simon: Nein, ich glaube, zu der Zeit hatte ich gerade *Anna Karenina* zu Ende gelesen. Und ich wollte auf einem Bauernhof arbeiten, um so wie Levin sein zu können. Er hat doch diese tiefschürfenden Einsichten, während er mit einer Sense das Gras mäht oder so, und dadurch findet er zu seinem Glauben an Gott. Ich erinnere mich jetzt nicht mehr an die Details, aber das war der Grundgedanke.

Eileen lachte, fuhr sich mit den Händen durchs Haar. Du hast für Pat gearbeitet, weil du dachtest, es wäre wie bei *Anna Karenina*?, fragte sie. Das wusste ich gar nicht. Wenn du Levin warst, dann waren wir wohl die Muschiki. An die anderen gewandt, fuhr sie fort: Jedenfalls wurden Simon und ich damals Freunde. Ich war eins der kleinen Bauernmädchen, die in der Nähe des Anwesens seiner Eltern lebten. Milde murmelte Simon: Ganz so würde ich es nicht formulieren. Eileen ging über seinen Einwurf hinweg, indem sie abwinkte. Und unsere Eltern kannten sich natürlich, sagte sie. Meine Mutter hat tatsächlich einen Minderwertigkeitskomplex gegenüber Simons Mutter. Jedes Jahr an Heiligabend kommen Simon und seine Eltern auf einen Drink vorbei, und wir müssen das gesamte Haus von oben bis unten schrubben, bevor sie eintreffen. Und hängen die guten Handtücher im Bad auf, solche Sachen.

Felix rauchte jetzt wieder, den Rücken an die Wand gelehnt, und fragte: Und was halten sie von Alice?

Eileen sah ihn an. Wer, meine Eltern?, fragte sie. Er nickte. Ach, sagte sie. Sie sind sich nur ein paarmal begegnet. Sie kennen sich nicht so besonders gut.

Lächelnd sagte Alice: Sie halten nichts von mir.

Felix lachte: Wirklich?, fragte er.

Eileen schüttelte den Kopf. Nein, sagte sie. Es ist nicht so, dass sie nichts von dir halten. Sie kennen dich nur nicht besonders gut.

Es hat ihnen nie gepasst, dass wir während der Uni zusammengewohnt haben, fuhr Alice fort. Sie wollten, dass sich Eileen mit netten Mädchen aus der Mittelschicht anfreundet.

Eileen atmete mit einem rauen Lacher aus. Zu Felix sagte sie: Ich vermute, sie fanden Alice' Persönlichkeit ein wenig schwierig.

Und jetzt, da ich erfolgreich bin, hassen sie mich, fügte Alice hinzu.

Ich weiß nicht, wie du darauf kommst, sagte Eileen.

Na ja, sie wollten nicht, dass du mich im Krankenhaus besuchst, oder?

Eileen schüttelte wieder den Kopf, zog geistesabwesend an ihrem Ohrläppchen. Das hatte nichts mit deinem Erfolg zu tun, sagte sie.

Womit sonst?, fragte Alice.

Felix schien vergessen zu haben, dass er rauchte, und ließ den Joint zwischen seinen Fingern ausgehen. Den Blick auf ihn gerichtet, sagte Eileen: Als Alice aus New York zurückzog, hat sie mir nichts gesagt. Ich schrieb ihr all diese Mails und Nachrichten und hörte wochenlang nichts von ihr. Ich machte mir Sorgen, dass ihr etwas zugestoßen war, ich hatte wirklich Angst, dabei wohnte sie die ganze Zeit fünf Minuten von mir entfernt. Auf Simon deutend, fuhr sie fort: Er wusste Bescheid. Ich war die Einzige, die von nichts wusste. Und sie hatte ihn gebeten, mir nichts zu sagen, also musste er damit klarkommen, dass ich mich bei ihm darüber beklagte, nichts von ihr zu hören, obwohl er die ganze Zeit wusste, dass sie in der beschissenen Clanbrassil Street wohnte.

Mit verhaltener Stimme sagte Alice: Es war keine schöne Zeit für mich.

Eileen nickte, jetzt wieder so angestrengt strahlend lächelnd wie zuvor. Ja, sagte sie, für mich auch nicht, mich hatte nämlich gerade nach vier Jahren mein Freund verlassen, ich stand ohne Wohnung da, meine beste Freundin redete nicht mit mir, und mein bester Freund benahm sich total seltsam, weil er mir nichts sagen durfte.

Eileen, sagte Alice ruhig, mit Verlaub, ich hatte einen psychischen Zusammenbruch.

Ja, ich weiß. Ich erinnere mich, weil ich nämlich so ziemlich jeden Tag bei dir war, als du ins Krankenhaus gekommen bist.

Alice sagte nichts.

Der Grund, warum meine Eltern es nicht so gern sahen, dass ich dich besuche, hat nichts mit deinem Erfolg zu tun, fuhr Eileen fort. Sie finden einfach, dass du keine besonders gute Freundin bist. Weißt du noch, als du aus dem Krankenhaus kamst und mir gesagt hast, du müsstest mal für ein paar Wochen aus Dublin weg, um dich auszuruhen? Und jetzt stellt sich heraus, dass es nicht für ein paar Wochen war, sondern für immer. Was offenbar allen klar zu sein schien, nur mir nicht. Aber man muss mich ja nicht einweihen. Ich bin nur die Idiotin, die ihr Konto überzogen hat, damit sie sich die täglichen Busfahrten zu dir ins Krankenhaus leisten konnte. Weißt du, was meine Eltern wirklich sagen würden? Dass ich dir ziemlich egal bin.

Simon hatte den Kopf gesenkt, während Eileen sprach, aber Felix beobachtete sie beide. Alice starrte über den Tisch, ihre Wangen glühten.

Du hast keine Ahnung, was ich durchgemacht habe, sagte Alice.

Eileen lachte, es war ein hohes, sprödes Lachen. Könnte ich nicht genau dasselbe zu dir sagen?, fragte sie.

Alice schloss die Augen und machte sie wieder auf. Gut, sagte sie. Irgendein Typ, den du nicht mal wirklich mochtest, hat mit dir Schluss gemacht. Muss echt hart gewesen sein.

Vom anderen Ende des Tisches her sagte Simon: Alice.

Nein, fuhr Alice fort. Niemand von euch hat auch nur eine Ahnung. Also haltet mir keine Vorträge. Kein einziger von euch hat auch nur die geringste Vorstellung von meinem Leben.

Eileen sprang auf, ließ den Stuhl nach hinten auf den Boden kippen und knallte die Küchentür hinter sich zu. Simon richtete sich auf, sah ihr nach, und Alice warf ihm gelassen einen Blick zu. Geh schon, sagte sie. Sie braucht dich, ich nicht.

Simon drehte sich zu ihr um und sagte sanft: Aber das war nicht immer so, oder?

Fick dich, sagte Alice.

Er sah sie weiter an. Ich weiß, dass du wütend bist, sagte er. Aber ich denke, du weißt auch, dass das, was du sagst, nicht stimmt.

Du weißt nichts über mich, entgegnete sie.

Er starrte auf die Tischfläche und schien zu lächeln. Okay, sagte er. Dann stand er auf, verließ den Raum und schloss leise die Tür hinter sich. Alice legte kurz die Fingerspitzen auf die Schläfen, als hätte sie Kopfschmerzen, dann stand sie auf und ging zur Spüle, um ihr Glas abzuwaschen. Man kann Menschen nicht trauen, sagte sie. Jedes Mal, wenn man glaubt, man könne es doch, kriegt man es reingedrückt. Simon ist der Schlimmste von allen. Weißt du, was mit ihm nicht stimmt? Ich meine das ernst, es nennt sich Märtyrerkomplex. Er braucht nie irgendwas von anderen, und er glaubt, das macht ihn zu etwas Besserem. Aber in Wirklichkeit führt er einfach nur ein trauriges, steriles Leben, sitzt allein in seiner Wohnung und redet sich ein, was für ein guter Mensch er ist. Als ich so richtig krank war, habe ich ihn eines Abends angerufen, und er brachte mich ins Krankenhaus. Das ist alles. Und jetzt muss ich es mir jedes Mal von ihm anhören. Was hat er denn schon aus seinem Leben gemacht? Nichts. Wenigstens kann ich von mir behaupten, ich habe etwas zur Welt beigetragen. Und er glaubt, er ist mir überlegen, nur weil er einmal ans Telefon gegangen ist. Er rennt herum und freundet sich mit labilen Menschen an, nur damit er sich gut fühlt. Besonders Frauen, besonders jüngere Frauen. Und wenn sie kein Geld haben, umso besser. Er ist sechs Jahre älter als ich, und was hat er aus seinem Leben gemacht?

Felix, der schon länger nichts gesagt hatte, saß immer noch auf der Bank, den Rücken an die Wand gelehnt, und hielt sein Bier in den Händen. Nichts, antwortete er. Das hast du schon gesagt. Ich habe auch nichts aus meinem gemacht, deshalb weiß ich nicht, warum du glaubst, es würde mich interessieren. Alice stand mit dem Rücken zu ihm an der Küchentheke, betrachtete ihn in der Spiegelung des Küchenfensters. Er bemerkte es, und ihre Blicke trafen sich. Was denn?, fragte er. Ich habe keine Angst vor dir. Sie senkte den Blick. Das liegt vielleicht daran, dass du mich nicht besonders gut kennst, sagte sie. Er lachte auf. Sie sagte nichts. Er sah einige Sekunden weiter auf ihren Rücken. Ihr Gesicht war ganz weiß, sie nahm ein leeres Weinglas vom Abtropfregal und hielt es einen Moment lang in der Hand, dann schmetterte sie es auf die Fliesen. Der Kelch zersprang mit einem Klirren, während der Stiel größtenteils intakt blieb und in Richtung Kühlschrank rollte. Stumm sah er ihr zu, ohne sich zu rühren. Falls du darüber nachdenken solltest, dir selbst wehzutun, sagte er, lass es. Du machst nur Theater und wirst dich danach kein Stück besser fühlen. Mit den Händen stützte sie sich auf der Küchentheke ab, die Augen geschlossen. Sehr leise entgegnete sie: Nein, keine Sorge. Ich werde nichts tun, solange ihr alle hier seid. Er hob die Augenbrauen und sah auf sein Getränk. Dann bleib ich wohl besser, sagte er. Ihre Knöchel standen weiß hervor, während sie den Thekenrand umklammerte. Ich glaube ganz ehrlich, dir ist es egal, ob ich lebe oder sterbe, sagte sie. Felix nahm einen Schluck Bier. Eigentlich sollte ich jetzt echt stinksauer sein, so wie du mit mir redest, sagte er. Aber wozu? Du redest ja eigentlich nicht mit mir. In deinem Kopf redest du immer noch mit ihr. Alice beugte sich über die Spüle, das Gesicht in den Händen vergraben, und er stand auf und ging zu ihr. Ohne sich umzudrehen, sagte sie: Komm näher, und ich hau dir eine rein, Felix. Echt. Er blieb am Tisch stehen, während sie den Kopf weiter in den Händen hielt. So verging einige Zeit in Stille. Schließlich kam er hinter dem Tisch hervor, schob einen der Küchenstühle beiseite und sammelte einige der größeren Glasscherben von den Fliesen auf. Ein paar Sekunden lang blieb sie einfach an die Spüle gelehnt stehen, als hätte sie nicht einmal gehört, dass er sich ihr genähert hatte, und dann setzte sie sich hin, ohne ihn anzusehen. Sie zitterte, ihre Zähne schlugen aufeinander. Mit einem tiefen Seufzen sagte sie: O Gott. Ich will mich umbringen. Er lehnte sich an den Küchentisch, sah sie an. Ja, das Gefühl kenn ich, erwiderte er. Aber ich habe es nicht getan. Und du wirst es auch nicht tun. Sie sah ihn an, ihr Gesicht zeigte Angst, Reue, Scham. Nein, sagte sie. Du hast vermutlich recht. Tut mir leid. Er lächelte schwach und senkte den Blick. Du bist in Ordnung, sagte er. Und es ist mir übrigens nicht egal, ob du lebst oder stirbst. Das weißt du auch selbst. Sie sah ihn für einige lange Sekunden an, gedankenverloren glitten ihre Augen über seine Gestalt, seine Hände, sein Gesicht. Es tut mir leid, sagte sie. Ich schäme mich. Ich dachte – keine Ahnung, ich dachte, es würde mir langsam besser gehen. Tut mir leid. Er setzte sich auf den Tisch. Aber es geht dir besser, sagte er. Das war nur eine winzig kleine – wie auch immer man es nennt, eine kleine Episode. Nimmst du irgendwas? Antidepressiva oder so? Sie nickte. Ja, sagte sie. Prozac. Er sah sie mitfühlend an, wie sie dort auf dem Stuhl saß. Im Ernst?, fragte er. Du verträgst das aber echt gut. Als ich das Zeug nehmen musste, hatte ich überhaupt keine Lust auf Sex. Sie lachte, und ihre Hände zitterten, als wäre sie erleichtert darüber, eine Katastrophe abgewendet zu haben. Felix, sagte sie, ich kann nicht glauben, dass ich zu dir gesagt habe, ich würde dir eine reinhauen. Ich komme mir vor wie ein Monster. Ich weiß nicht, was ich sagen soll. Es tut mir so leid. Ruhig erwiderte er ihren Blick. Du wolltest nicht, dass ich dir nahekomme, das ist alles, sagte er. Du wusstest nicht, was du sagst. Und du bist ein Fall für die Psychiatrie, denk dran. Verwirrt sah sie auf ihre zitternden Hände. Aber ich dachte, das wäre vorbei, sagte sie. Er hob die Schultern, zog sein Feuerzeug aus der Tasche. Tja, offenbar nicht, sagte er. Das ist okay, so was dauert. Sie berührte ihre Lippen, sah ihn an. Wann hast du Prozac genommen?, fragte sie. Ohne aufzusehen, antwortete er: Letztes Jahr für ein oder zwei Monate, dann habe ich es wieder abgesetzt. Und ich hab sehr viel schlimmere Dinge getan, als ein paar Weingläser runterzuschmeißen, glaub mir. Ich hab mich ständig geprügelt. Dummes Zeug. Er fuhr mit dem Daumen über das Reibrad des Feuerzeugs. Du und deine Freundin, ihr kriegt das wieder hin, sagte er. Alice starrte auf ihren Schoß und sagte: Keine Ahnung. Ich denke, es ist eine dieser Freundschaften, bei denen eine Person sehr viel mehr investiert als die andere. Er zündete die Flamme, ließ sie wieder ausgehen. Glaubst du wirklich, du bist ihr egal?, fragte er. Alice sah immer noch auf ihren Schoß, strich die Hände über den Rock. Nein, das nicht, sagte sie. Aber es ist nicht dasselbe. Er stand auf und ging zur Hintertür, wich den Glasscherben aus. Er machte die Tür weit auf, lehnte sich an den Rahmen und sah hinaus in den dunstigen Garten, atmete die kühle Nachtluft ein. Eine Weile schwiegen sie beide. Alice stand auf und holte Handfeger und Schaufel unter der Spüle hervor, um die Scherben aufzukehren. Die kleinsten Splitter waren am weitesten verstreut, lagen unter der Heizung, zwischen Kühlschrank und Küchentheke, silbrig schimmernd im Licht. Als sie alles zusammengefegt hatte, leerte sie die Schaufel über einer Zeitungsseite aus, wickelte diese zusammen und warf sie in den Mülleimer. Felix lehnte am Türpfosten und sah hinaus. Dasselbe denkst du auch über mich, sagte er. Ganz interessant, dass es dasselbe ist. In der Küche richtete sie sich auf und sah ihn an. Was?, fragte sie. Er atmete tief ein und aus, bevor er antwortete. Du glaubst, dass du Eileen nicht so wichtig bist wie sie dir, sagte er. Und dasselbe denkst du bei mir auch, also dass ich dir wichtiger bin als umgekehrt. Vielleicht ist das der Grund, warum du mich überhaupt magst, keine Ahnung. Ein bisschen glaube ich, dass du dich einfach selbst hasst. Alles, was du tust, allein hier rauszuziehen ohne Auto und so, dich auf eine Zufallsbekanntschaft aus dem Internet einzulassen – das ist, als würdest du es nur machen, um dich mies zu fühlen. Und vielleicht willst du, dass dich jemand verarscht und dir wehtut. Das würde zumindest erklären, warum du mich ausgesucht hast, weil du denkst, ich wäre der Typ, der so was tut. Oder gern tun würde. Sie stand an der Spüle, sagte nichts. Langsam nickte er. Aber das werde ich nicht tun, sagte er. Wenn es das ist, was du willst, tut es mir leid. Er räusperte sich und fügte hinzu: Und ich glaube auch nicht, dass du mich lieber magst. Ich glaube, wir mögen uns beide gleich. Ich weiß, dass ich es dir nicht die ganze Zeit über zeige, aber ich kann versuchen, mich zu bessern. Und das werde ich. Ich liebe dich, okay? Sie hatte einen seltsam benommenen Ausdruck im Gesicht, während sie zuhörte und eine Hand an ihre Wange hielt. Obwohl ich ein Fall für die Psychiatrie bin, sagte sie. Er lachte, stellte sich aufrecht hin und schloss die Tür hinter sich. Ja, antwortete er. Obwohl wir beide es sind.

Nachdem er den Raum verlassen hatte, war Simon nach oben gegangen und für einen Moment vor Eileens Tür stehen geblieben. Von innen kam hohes, abgerissenes Schluchzen, unterbrochen von keuchendem Atmen. Sanft klopfte er mit dem Handrücken an die Tür, und mit einem Mal wurde es still. Hey, sagte er laut, ich bin's nur. Darf ich reinkommen? Wieder war das Weinen zu hören. Er öffnete die Tür und ging hinein. Eileen lag auf der Seite, die Knie an die Brust gezogen, eine Hand im Haar, die andere bedeckte ihre Augen. Simon schloss die Tür hinter sich und setzte sich zu ihr auf die Bettkante, neben die Kissen. Ich kann nicht fassen, dass das mein Leben ist, sagte sie. Er saß da und sah sie freundlich an. Komm her, sagte er. Sie schluchzte wieder und riss sich an den Haaren. Mit belegter Stimme entgegnete sie: Du liebst mich nicht. Sie liebt mich nicht. Ich habe niemanden. Niemanden. Ich weiß nicht, warum ich so leben muss. Ich verstehe es nicht. Er legte eine breite Hand auf ihren Kopf. Wie kommst du denn darauf?, fragte er. Natürlich liebe ich dich. Komm her. Einen Moment lang rieb sie sich verärgert mit den Händen die Nase, ohne etwas zu sagen, und dann rückte sie mit derselben angespannten Gereiztheit zu ihm heran und legte ihren Kopf in seinen Schoß, die Wange an sein Knie. So ist es besser, sagte er. Sie runzelte die Stirn, rieb sich die Augen. Ich mache alles kaputt in meinem Leben, was gut ist, sagte sie. Alles. Er strich wieder mit der Hand über ihr Haar, schob feuchte Strähnen aus ihrem Gesicht. Mit Alice habe ich alles kaputt gemacht, fuhr sie fort. Und mit dir. Abermals schluchzte sie auf, bedeckte ihre Augen. Seine Hand strich langsam über ihre Stirn, über ihr Haar. Du hast gar nichts kaputt gemacht, sagte er. Sie ging nicht darauf ein, atmete durch, fuhr dann fort: Als wir gestern Abend im Pub was trinken waren – wieder hielt sie inne, atmete tief ein und sprach mit einiger Mühe weiter: Da war ich endlich einmal glücklich in meinem Leben. Ich dachte es sogar in dem Moment, jetzt bin ich endlich mal glücklich. Manchmal habe ich das Gefühl, dass ich bestraft werde, als würde Gott mich bestrafen. Oder dass ich mir das selbst antue, keine Ahnung. Weil jedes Mal, wenn ich mich auch nur fünf Minuten lang wohlfühle, etwas Schlimmes passieren muss. Wie letztens bei dir zu Hause vor ein paar Wochen, als wir zusammen ferngesehen haben. Ich hätte wissen müssen, dass danach alles kaputtgeht, weil ich da auf deinem Sofa saß und dachte, ich kann mich gar nicht daran erinnern, wann ich das letzte Mal so glücklich war. Jedes Mal, wenn etwas wirklich Gutes passiert, muss mein Leben danach auseinanderfallen. Vielleicht liegt es an mir, vielleicht bin ich dafür verantwortlich. Ich weiß es nicht. Aidan hat es nicht ausgehalten mit mir. Und jetzt hält Alice es nicht aus mit mir, und du auch nicht. Mit leiser Stimme murmelte Simon beruhigend: Doch, das tue ich. Ungeduldig wischte sich Eileen die Tränen weg, die ihr immer noch aus den Augen strömten. Ich weiß nicht, vielleicht bin ich kein so toller Mensch, sagte sie. Vielleicht denke ich wirklich weniger an andere Menschen als an mich selbst. Du zum Beispiel. Soweit ich weiß, geht es dir schlechter als mir, aber du sagst nie etwas. Und du bist immer nett zu mir. Immer. Sogar jetzt heule ich mich bei dir aus. Wann hast du dich jemals bei mir ausgeheult? Niemals, noch nicht ein einziges Mal. Zärtlich sah er sie an, ihre Sommersprossen auf dem Wangenknochen, ihr glühend rotes Ohr. Nein, bestätigte er. Aber wir sind unterschiedliche Menschen. Und es geht mir nicht schlecht, keine Sorge. Manchmal bin ich traurig, aber das ist in Ordnung. Sie schüttelte leicht den Kopf, ohne ihn aus seinem Schoß zu heben. Aber ich kümmere mich nicht so um dich, wie du dich um mich kümmerst, sagte sie. Er streichelte langsam mit seinem Daumen ihre Wange. Na ja, vielleicht kann ich es nicht so gut zulassen, dass man sich um mich kümmert, antwortete er. Ihre Tränen waren verebbt, und sie lag noch einen Moment auf seinem Schoß, ohne etwas zu sagen. Dann fragte sie: Warum nicht? Er lächelte unbehaglich. Keine Ahnung, sagte er. Aber wir sprachen gerade über dich. Sie drehte den Kopf, um ihn anzusehen. Ich wünschte, wir könnten zur Abwechslung mal über dich reden, sagte sie. Er erwiderte ihren Blick und war einen Moment still. Es tut mir leid, dass es dir so vorkommt, als würde Gott dich bestrafen, sagte er. Ich glaube nicht, dass er das tun würde. Sie sah ihn ein paar Sekunden länger an und sagte dann: Als wir im Zug hierher saßen, habe ich Alice eine Nachricht geschrieben und gesagt, ich wünschte, Simon hätte mich vor zehn Jahren gefragt, ob ich ihn heiraten will. Einen Moment lang sagte er nichts, offenbar in Gedanken versunken. Als du neunzehn warst, sagte er. Hättest du meinen Antrag denn angenommen? Sie lachte matt auf und hob die Schultern. Ihre Augen brannten und waren geschwollen. Wenn ich vernünftig gewesen wäre, dann ja, antwortete sie. Aber ich kann mich nicht erinnern, ob ich in dem Alter so vernünftig war. Ich vermute, ich hätte es furchtbar romantisch gefunden, also vielleicht ja. Ich hätte ein besseres Leben gehabt. Als das, was ich stattdessen hatte. Er nickte, lächelte schief. Ich auch, sagte er. Es tut mir leid. Sie nahm daraufhin seine Hand, und sie schwiegen eine Weile. Ich weiß, Alice hat dich verärgert, sagte er. Sie fuhr mit dem Daumen über seine Knöchel. Heute Morgen in der Küche hat mich Felix gefragt, warum ich nicht schon früher zu Besuch gekommen bin, sagte sie. Und ich hab gesagt, na ja, warum hat sie mich denn nicht besucht? Wo war sie denn? Sie hat schließlich nicht so viel zu tun. Sie hätte jederzeit einen

Zug nehmen und vorbeikommen können, wann immer sie gewollt hätte. Wenn ich ihr so wichtig bin, warum ist sie dann überhaupt hierhergezogen? Niemand hat sie dazu gezwungen. Es ist, als hätte sie sich besonders große Mühe gegeben, damit wir es schwer haben, uns zu sehen, und jetzt leckt sie ihre Wunden und redet sich ein, sie sei mir egal. Dabei ist sie es doch, die gegangen ist. Ich wollte nicht, dass sie geht. Bei diesen letzten Worten fing Eileen wieder an zu weinen, das Gesicht in ihren Händen. Ich wollte nicht, dass sie geht, wiederholte sie. Simon berührte ihr Haar, sagte nichts. Ohne aufzusehen, sagte sie mit schmerzvoller Stimme: Bitte verlass mich nicht. Während er eine Locke ihres Haares sanft hinter ihr Ohr strich, murmelte er: Nein, niemals. Natürlich nicht. Sie weinte eine weitere Minute, zwei Minuten, und er saß still da und hielt ihren Kopf in seinem Schoß. Schließlich setzte sie sich aufrecht neben ihn auf die Matratze, trocknete ihr Gesicht mit dem Ärmel. Ich konnte es nie gut zulassen, sagte er. Dass man sich um mich kümmert. Mit einem schwachen kleinen Lachen sagte sie: Nimm dir ein Beispiel an mir. Ich bin die Expertin. Er lächelte gedankenverloren, sah auf seinen Schoß. Ich vermute, ich habe Angst davor, mich aufzudrängen, fuhr er fort. Ich meine, ich will nicht, dass jemand etwas tut, nur weil er glaubt, ich wolle es so, oder weil er sich verpflichtet fühlt. Vielleicht erkläre ich das nicht richtig. Es ist nicht so, dass ich selbst keine Wünsche hätte. Es gibt einiges, was ich möchte, sehr gern. Er hielt inne, schüttelte den Kopf. Ach, ich drücke mich nicht gut aus, sagte er. Ihr Blick glitt über sein Gesicht. Aber Simon, sagte sie, du lässt nicht zu, dass ich dir wirklich nahekomme. Weißt du, was ich meine? Und wenn ich dir dann doch nahekomme, stößt du mich einfach weg. Er räusperte sich, sah auf seine Hände. Wir können ein anderes Mal darüber reden, sagte er. Ich weiß, dass du dich über Alice ärgerst, wir müssen das jetzt nicht alles besprechen. Mit einer kleinen Falte zwischen den Brauen sah sie ihn nachdenklich an. So wie jetzt, du stößt mich schon wieder weg, sagte sie. Er lächelte schmerzlich. Ich hatte mich gerade an den Gedanken gewöhnt, dass zwischen uns niemals mehr etwas sein würde, sagte er. Es war nicht leicht, aber es war leichter, als mir immer dieselbe Frage zu stellen. Er massierte die Handinnenfläche unter dem Knöchel seines Daumens. Falls ich jemals etwas für dich getan habe, dann war das eigentlich für mich selbst, weil ich dir nah sein wollte, fuhr er fort. Verstehst du, was ich meine? Ich hab das Gefühl, es ist total unverständlich, was ich sage. Ich meine, du hast so viel mehr für mich getan als ich jemals für dich. Und ich brauche dich mehr. Ich brauche dich wirklich viel, viel mehr als du mich. Er atmete aus. Sie betrachtete ihn stumm. Zerstreut, als würde er mit sich selbst sprechen, fuhr er fort: Aber vielleicht sage ich die ganze Zeit das Falsche. Es fällt mir wirklich schwer, darüber zu reden. Wieder atmete er aus, es klang fast wie ein Seufzen, und berührte seine Augenbraue. Sie betrachtete ihn, hörte zu, sagte nichts. Schließlich sah er zu ihr auf und sagte: Ich weiß, dass du Angst hast. Und vielleicht hast du das alles, was du über unsere Freundschaft gesagt hast, auch so gemeint, dass du mit mir nur befreundet sein willst, und wenn das so ist, werde ich es akzeptieren. Aber vielleicht ist es möglich, dass du das alles gesagt hast, zumindest teilweise, weil du wolltest, dass ich die andere Position einnehme. Dass ich sage, Nein, Eileen, tu mir das nicht an, ich habe dich die ganze Zeit geliebt, ich weiß nicht, wie ich ohne dich leben soll. Oder was auch immer, was auch immer du mich sagen hören wolltest. Nicht dass es nicht stimmen würde, es stimmt natürlich. Und vielleicht, keine Ahnung, ist es mit Alice sogar dasselbe, wenn du dich über sie ärgerst und sagst, dass du ihr egal bist. Irgendwie möchtest du, dass sie sagt, Eileen, ich liebe dich, du bist meine beste Freundin. Das Problem ist nur, dass du dich offenbar zu Menschen hingezogen fühlst, die nicht sehr gut darin sind, solche Antworten zu geben. Ich meine, jeder hätte dir sagen können – Felix und mir war es ganz klar in dem Moment –, dass Alice garantiert nicht so reagieren würde. Und vielleicht ist es mit mir irgendwie dasselbe. Wenn du sagst, dass du nicht mit mir zusammen sein willst, bin ich vielleicht verletzt und gedemütigt, aber ich fange deswegen nicht an, dich zu bitten und zu betteln. Und auf irgendeine Weise ist dir das auch klar, glaube ich, aber dann hast du den Eindruck, dass ich dich nicht liebe oder dich nicht will, weil ich nicht so reagiere, obwohl du im Grunde weißt, dass ich so nicht reagiere, weil ich nicht der Typ dafür bin. Keine Ahnung. Ich will mich nicht entschuldigen, auch nicht Alice. Ich weiß, dass du denkst, ich würde sie immer verteidigen, und ehrlicherweise liegt es vermutlich daran, dass ich in Wirklichkeit mich selbst verteidige. Weil ich mich in ihr erkenne und sie mir leidtut. Ich sehe, wie sie dich wegstößt, obwohl sie es gar nicht will, und das tut ihr weh. Ich weiß, wie sich das anfühlt. Hör zu, wenn du es wirklich ernst gemeint hast, dass du nur mit mir befreundet sein willst, dann verstehe ich das, wirklich. Es ist nicht leicht, mit mir zusammen zu sein, das weiß ich. Aber wenn du meinst, es gäbe da eine Chance für mich, dich glücklich zu machen, dann hoffe ich, dass du es mich versuchen lässt. Weil es das Einzige ist, was ich in meinem Leben wirklich möchte. Sie saßen nebeneinander auf dem Bettrand, und sie drehte sich zu ihm hin, legte die Arme um seinen Hals und drückte ihr Gesicht daran, und sie flüsterte ihm etwas zu, was nur er hören konnte.

Als Alice ein paar Minuten später den Fuß der Treppe erreichte, kam Eileen zum oberen Treppenabsatz. Im schwachen Licht einer Flurlampe sahen sie sich und hielten inne,

Eileen oben von der Treppe, Alice hinaufschauend, in ihren Gesichtern Sorge, Skepsis, Kränkung, jedes ein trüber Spiegel des anderen, bleich und ungewiss, während die Sekunden verstrichen. Dann gingen sie aufeinander zu, trafen sich auf halber Treppe, und sie umarmten sich, hielten sich fest, die Arme eng um den Körper der anderen geschlungen, und dann sagte Alice: Es tut mir leid, es tut mir leid, und Eileen sagte: Entschuldige dich nicht, mir tut es leid, ich weiß nicht, warum wir uns streiten. Dann lachten sie beide, es war ein merkwürdig hicksendes Gelächter, und sie wischten sich über ihre Gesichter und sagten: Ich weiß nicht mal, worüber wir uns eigentlich streiten. Es tut mir leid. Sie setzten sich auf die Treppe, erschöpft, Alice eine Stufe unter Eileen, den Rücken an die Wand gelehnt. Weißt du noch, als wir uns an der Uni gestritten haben und du mir einen gemeinen Brief geschrieben hast, sagte Eileen. Auf Ersatzpapier. Ich weiß nicht mehr, was du geschrieben hast, aber es war nicht nett. Alice lachte wieder hicksend, etwas schwächer jetzt. Du warst meine einzige Freundin, sagte sie. Du hattest andere Freunde, aber ich hatte nur dich. Eileen nahm ihre Hand, verschränkte ihre Finger. Eine Weile saßen sie so auf der Treppe, ohne zu reden, oder sie sprachen zerstreut über Dinge, die lange zurücklagen, dumme Streitereien, die sie ausgetragen hatten, Leute, die sie einmal kannten, Dinge, über die sie gemeinsam gelacht hatten. Alte Gespräche, so oft schon wiederholt. Dann wieder Stille für eine Weile. Ich will nur, dass alles wieder so ist, wie es war, sagte Eileen. Dass wir wieder jung sind und nah beieinander wohnen und nichts sich ändert. Alice lächelte traurig. Aber wenn es nicht mehr so ist, können wir dann trotzdem Freundinnen sein?, fragte sie. Eileen legte ihren Arm um Alice' Schultern. Wenn du nicht meine Freundin wärst, dann wüsste ich nicht, wer ich bin, sagte sie. Alice ließ ihr Gesicht auf Eileens Arm ruhen, schloss die Augen. Nein, stimmte sie zu. Ich wüsste auch nicht, wer ich bin. Und eine Zeit lang wusste ich es wirklich nicht. Eileen sah auf Alice' kleinen blonden Kopf, der sich an ihren Morgenmantel schmiegte. Ich auch nicht, sagte sie. Es war halb drei am Morgen. Draußen das astronomische Zwielicht, der Halbmond tief über dem dunklen Wasser. Die Flut, die mit schwachem, wiederkehrendem Rauschen über den Sand auflief. Ein anderer Ort, eine andere Zeit.

29

Hallo – ich habe den Essay mit meinen Anmerkungen angehängt. Er liest sich schon richtig gut, ich frage mich nur, was du von der Idee hältst, die beiden mittleren Abschnitte miteinander zu tauschen? Dann würde der biografische Teil später kommen. Schau doch mal, wie du dich damit fühlst. Hat JP sich eigentlich mal mit seinen Anmerkungen gemeldet? Ich kann mir vorstellen, dass er hier sehr viel nützlicher ist als ich!

Ich habe so komplett jedes lineare Zeitgefühl verloren, dass ich gestern Abend im Bett lag und dachte: Es muss jetzt fast ein Jahr her sein, seit Eileen und Simon zum ersten Mal hier waren. Und erst nach und nach – als mir auffiel, dass ich unter unserer großen, warmen Decke und nicht der leichten Sommerdecke lag – wurde mir klar, dass es fast Dezember ist und achtzehn Monate seit eurem Besuch damals im Sommer vergangen sind. Achtzehn Monate!!! Wird es so für den Rest unseres Lebens sein? Dass sich die Zeit in dicken schwarzen Nebel auflöst, Ereignisse von letzter Woche wie Jahre zurückliegend erscheinen, während sich etwas, das letztes Jahr passiert ist, so anfühlt, als wäre es erst gestern gewesen? Ich hoffe, es ist eine Nebenwirkung des Lockdowns und nicht eine Folge des Älterwerdens. Wo wir gerade dabei sind: Glückwunsch nachträglich. Ich habe rechtzeitig ein Geschenk losgeschickt, weiß aber nicht, ob es auch rechtzeitig ankommen wird …

Bei uns gibt es nichts Neues. Felix geht es den Umständen

entsprechend. Er durchlebt weiterhin Phasen der Verzweiflung, was die Pandemie betrifft, und munkelt düster, dass er für nichts garantieren kann, wenn die Situation noch länger anhält. Aber normalerweise wird seine Laune danach wieder besser. Unterdessen geht er für einige ältere Leute im Ort einkaufen, was ihm ausreichend Stoff liefert, um sich über ältere Leute zu beschweren, und er verbringt ziemlich viel Zeit im Gemeinschaftsgarten, macht Kompost, beschwert sich darüber, Kompost zu machen, und so weiter. Für mich hingegen ist der Unterschied zwischen Lockdown und normalem Leben (deprimierend?) gering. Achtzig bis neunzig Prozent meiner Tage verlaufen exakt so, wie sie ohnehin verlaufen wären – ich arbeite zu Hause, ich lese, ich meide Zusammenkünfte, aber dann stellt sich heraus, dass wenig Geselligkeit immer noch viel mehr ist als gar keine Geselligkeit – ich meine, ein Abendessen mit Gästen alle zwei Wochen unterscheidet sich schon kategorisch davon, gar niemanden zu treffen. Und natürlich bin ich verrückt vor Sehnsucht nach dir, und auch nach deinem Freund. Ihn letztens in den Abendnachrichten zu sehen, war quasi der Höhepunkt unseres Lebens. Felix ist davon überzeugt, dass der Hund ihn erkannt hat, weil er den Bildschirm angebellt hat, aber unter uns, er bellt den Fernseher ständig an.

Ich weiß nicht, ob du das verfolgt hast, aber vor ungefähr einem Monat gab ich ein Mail-Interview, und die Journalistin fragte mich, was mein Partner von meinen Büchern hält. Völlig gedankenlos schrieb ich zurück, dass er sie nicht gelesen hat. Daraus haben sie natürlich die Überschrift gemacht – »Alice Kelleher: Mein Freund hat meine Bücher nicht gelesen« –, und dann ist Felix auf einen populären Tweet gestoßen, in dem so etwas stand wie: »Echt tragisch ... sie hat was Besseres verdient«. Er hat ihn mir eines Abends wortlos auf seinem Handy gezeigt, und als ich ihn fragte, was er denkt, zuckte er nur mit den Schultern. Mein erster Gedanke war: ein perfektes Beispiel für unsere oberflächliche, selbstgefällige »Buchkultur«, in der Nichtleser als moralisch minderwertig gebrandmarkt und diejenigen, die mehr Bücher gelesen haben, für bessere Menschen gehalten werden. Aber dann dachte ich: Nein, in Wirklichkeit ist das ein Beispiel für eine vermutlich normale und zurechnungsfähige Person, deren Denken durch das Konzept von Berühmtheit korrumpiert ist. Eine Person, die tatsächlich glaubt, sie würde mich kennen, weil sie mein Foto gesehen und meine Romane gelesen hat – und deshalb natürlich auch besser als ich weiß, was das Beste für mich ist. Und das ist normal! Es ist normal, dass sie diese bizarren Gedanken nicht nur nicht für sich behält, sondern sie öffentlich formuliert und dafür positives Feedback und Aufmerksamkeit erhält. Sie hat keine Ahnung, dass sie, bezogen auf diese kleine, begrenzte Angelegenheit, wortwörtlich geistesgestört ist, weil alle um sie herum auf dieselbe Art geistesgestört sind. Sie kennen wirklich keinen Unterschied zwischen jemandem, von dem sie nur gehört haben, und jemandem, den sie persönlich kennen. Und sie glauben, dass ihre Empfindungen für diese Person, für die sie mich halten – Nähe, Abneigung, Hass, Mitleid –, genauso echt sind wie die Empfindungen für ihre Freunde. Ich frage mich, ob der Celebrity-Kult irgendwie metastasiert ist, um die Leere zu füllen, die die Religion hinterlassen hat. Wie eine bösartige Wucherung, wo einst das Heilige war.

Weitere Neuigkeiten, die keine sind: Die endlose Geschichte meiner schlechten Gesundheit geht so weiter wie bisher. Ich habe jetzt fast jeden Tag Schmerzen. Wenn es gerade mal besser geht, rede ich mir ein, das sei nur die Folge des ganzen Stresses und der Erschöpfung der letzten Jahre und werde mit der Zeit und mit viel Geduld von selbst weggehen. In schlechteren Momenten denke ich: Das ist es, mein Leben. Ich habe viel über »Stress« in der medizinischen Literatur nachgelesen. Man scheint sich darin einig zu sein, dass er für die Gesundheit ebenso schlecht ist wie Rauchen, und ab einem bestimmten Punkt sind schwere gesundheitliche Folgen praktisch garantiert. Und doch ist die einzige Behandlung, die gegen Stress empfohlen wird, sich ihm erst gar nicht auszusetzen – anders als bei Angsterkrankungen oder Depressionen, bei denen man zum Arzt geht und behandelt wird und hoffentlich eine gewisse symptomatische Verbesserung erfährt. Es ist wie beim Konsum illegaler Drogen – mach es einfach nicht, und wenn doch, dann möglichst selten. Es gibt kein verfügbares Medikament und keine wirklich evidenzbasierte Therapie. Sei einfach nicht gestresst! Das ist sehr wichtig, sonst kannst du ernsthaft krank werden! Vom ätiologischen Standpunkt betrachtet, fühle ich mich jedenfalls, als hätte man mich in einen rauchgefüllten Raum gesperrt, zusammen mit Tausenden anderen Menschen, die mich seit Jahren Tag und Nacht anbrüllen, wobei ich kein Wort verstehe. Und ich weiß nicht, wann es aufhören wird, oder wie lange es dauern wird, bis ich mich endlich besser fühle, oder ob es jemals besser wird. Einerseits weiß ich, dass der menschliche Körper unglaublich resilient sein kann. Andererseits haben meine robusten bäuerlichen Vorfahren wenig dazu beigetragen, mich auf eine Karriere als weithin verachtete Promischriftstellerin vorzubereiten. Was meinst du? Schrittweise Rückkehr zu einem Zustand mäßiger bis passabler Gesundheit? Oder schrittweise Akzeptanz chronisch schlechter Gesundheit, was eventuell neue Möglichkeiten für spirituelles Wachstum eröffnet?

Wo wir schon dabei sind: Als Felix mitbekam, dass ich dir schreibe, sagte er: »Erzähl ihr doch, dass du jetzt katholisch bist.« Was er meint, ist, dass er mich letztens gefragt hat, ob ich an Gott glaube, und ich gesagt habe, ich wisse es nicht. Danach lief er den ganzen Tag kopfschüttelnd herum und sagte mir schließlich, falls ich in ein Kloster eintreten würde, sollte ich keine Besuche von ihm erwarten. Selbstverständlich werde ich in kein Kloster eintreten, und ich bin auch nicht katholisch, soweit ich weiß. Doch ob es stimmt oder nicht, mir ist, als würde unter allem noch etwas verborgen liegen. Wenn ein Mensch einen anderen tötet oder verletzt, dann ist da doch »etwas« – oder nicht? Nicht nur Atome, die in unterschiedlichen Anordnungen durch den Raum fliegen. Ich weiß nicht, wie ich mich da richtig erklären soll. Aber ich denke, dass es durchaus eine Rolle spielt – andere Menschen nicht zu verletzen, auch im eigenen Interesse. Felix stimmt natürlich so weit auch zu, und er weist aus gutem Grund darauf hin, dass niemand herumläuft und Massenmorde begeht, nur weil er nicht an Gott glaubt. Aber ich denke immer mehr, es liegt daran, dass die Leute auf irgendeine Weise doch an Gott glauben – an Gott als das verborgene Prinzip von Güte und Liebe schlechthin. Güte ungeachtet einer Belohnung, ungeachtet der eigenen Begierden, ungeachtet dessen, ob jemand zusieht oder jemand davon erfährt. Felix sagt, wenn das Gott ist, prima, es ist nur ein Wort, es bedeutet nichts. Und natürlich bedeutet es nicht Himmel und Engel und die Auferstehung Jesu – aber vielleicht können diese Dinge irgendwie dabei helfen, uns mit dem in Verbindung zu bringen, was es tatsächlich bedeutet. Dass die meisten Versuche in der Geschichte der Menschheit, den Unterschied zwischen richtig und falsch zu beschreiben, dürftig und grausam und ungerecht waren, dass der Unterschied aber dennoch besteht – dass er grundlegender ist als wir, grundlegender als jede spezifische Kultur und jedes Individuum, das jemals lebte und starb. Und dass wir unsere Leben damit verbringen, diesen Unterschied zu erkennen und danach zu leben, dass wir andere Menschen lieben, anstatt sie zu hassen, und dass nichts sonst auf dieser Welt zählt.

Mit dem Buch ging es zwischenzeitlich sprunghaft voran, doch gerade tröpfelt es nur noch unregelmäßig vor sich hin. Selbstverständlich hat mich mein sanguinisches Temperament davor bewahrt, etwas Unheilvolles in diese Wendung hineinzulesen. Haha! Aber im Ernst, ich versuche wirklich, diesmal nicht in diesem Kaninchenloch zu verschwinden – Angst zu haben, mein Gehirn habe aufgehört zu funktionieren und dass ich nie wieder einen Roman schreiben werde. Eines Tages wird es gelingen, und ich kann mir nicht vorstellen, dass ich dann froh darüber sein werde, so viel Zeit damit verbracht zu haben, mir solche Sorgen gemacht zu haben. Ich weiß, dass ich mich in vielerlei Hinsicht glücklich schätzen kann. Und wenn ich es mal vergesse, dann denke ich daran, dass es Felix gibt und dich und Simon, und bin auf ganz erstaunliche und fast schon beängstigende Weise glücklich und bete, dass niemandem von euch je etwas Schlechtes zustößt. Jetzt schreib zurück und sag mir, wie es dir geht.

30

Alice – tausend Dank für deine Anmerkungen – und das Geburtstagsgeschenk, das rechtzeitig angekommen und charakteristisch großzügig ist! – und entschuldige bitte die kleine Verzögerung. Ich weiß, du wirst mir verzeihen, weil ich mit wichtigen und vertraulichen Neuigkeiten schreibe. Vertraulich allerdings nur für den Moment, wie du bald feststellen wirst, nicht für lange. Die Neuigkeit lautet: Ich bin schwanger. Ich weiß es sicher, seit ich vor ein paar Tagen einen Test mit der Küchenschere aus der Plastikverpackung geschnitten und im Bad darauf uriniert habe, bevor Simon von einer Ausschusssitzung nach Hause kam, bei der er persönlich anwesend sein musste. Als das Testergebnis kam, setzte ich mich an den Küchentisch und fing an zu weinen. Ich weiß nicht genau, warum. Ich kann nicht behaupten, dass ich schockiert war, weil ich schon vor Monaten auf ärztlichen Rat hin die Pille abgesetzt hatte und meine Periode drei Wochen überfällig war. Ich will dich nicht damit langweilen oder beschämen, dass ich bezüglich der Frage, wie ich schwanger wurde, allzu sehr ins Detail gehe – ich bin davon überzeugt, dass dich in dieser Phase unserer Freundschaft verantwortungsloses Handeln meinerseits sicher kaum überraschen wird, und lass es uns so sagen: Selbst Simon ist nur ein Mensch. Jedenfalls hatte ich keine Ahnung, wann er von seiner Sitzung zurückkommen würde – in einer Stunde, zwei Stunden, vielleicht würde es auch richtig spät werden und ich den ganzen Abend allein in der Wohnung sitzen –, und gerade, als ich dies dachte, hörte ich seinen Schlüssel in der Tür. Er kam herein und sah mich nichts tuend am Tisch sitzen, und ich bat ihn, sich zu mir zu setzen. Er stand da und sah mich eine gefühlte Ewigkeit lang einfach nur an, dann kam er zu mir und setzte sich. Noch bevor ich etwas sagte, wusste ich, dass er es wusste. Ich sagte ihm, ich sei schwanger, und er fragte mich, was ich tun wolle. So seltsam das klingen mag, darüber hatte ich bis dahin noch gar nicht nachgedacht. Aber es waren auch nur ein paar Minuten vergangen, und ich hatte währenddessen allein daran gedacht, wo er war – ob er noch bei der Arbeit oder schon auf dem Heimweg war, ob er noch zur Apotheke oder in einen Supermarkt gegangen war – und wie lange er wohl brauchen würde, um nach Hause zu kommen. Als er mich fragte, fiel mir die Antwort leicht, ich musste nicht darüber nachdenken. Ich sagte ihm, ich wolle das Baby bekommen. Er weinte und sagte, er sei sehr glücklich. Und ich glaubte ihm, weil ich ebenfalls sehr glücklich war.

Alice, ist das die schlechteste Idee, die ich je hatte? In gewisser Weise vielleicht schon. Wenn alles gut geht, wird das Baby wahrscheinlich Anfang Juli nächsten Jahres kommen, zu dem Zeitpunkt sind wir wahrscheinlich immer noch im Lockdown, und ich muss während einer globalen Pandemie allein im Krankenhaus ein Kind zur Welt bringen. Selbst wenn ich solche unmittelbaren Sorgen beiseiteschiebe, so haben du und ich doch keinerlei Zuversicht, dass die menschliche Zivilisation, wie wir sie kennen, über unsere Lebenszeit hinaus weiter bestehen wird. Andererseits werden unabhängig von meiner Entscheidung am selben Tag Hunderttausende Babys geboren werden, deren Zukunft fraglos genauso wichtig ist wie die meines hypothetischen Babys, das sich nur dahingehend von ihnen unterscheidet, als es mit mir und dem Mann, den ich liebe, verwandt ist. Was ich meine, ist, es werden Kinder kommen, und für das große Ganze ist es irrelevant, ob eines davon meins oder seins ist. Wir müssen ohnehin versuchen, die Welt so zu gestalten, dass sie darin leben können. Und ich verspüre den seltsamen Drang, auf der Seite der Kinder sein zu wollen, auf der Seite ihrer Mütter; bei ihnen zu sein, nicht nur als Beobachterin, die sie aus der Ferne bewundert und über ihre Interessen spekuliert, sondern als eine von ihnen. Nicht dass du denkst, ich will damit sagen, dass alle so empfinden sollten – ich merke nur, und ich weiß gar nicht genau, warum, dass es mir so geht. Außerdem könnte ich den Gedanken nicht ertragen, aus Angst vorm Klimawandel abzutreiben. Für mich (und vielleicht nur für mich) wäre das ein kranker, wahnsinniger Akt, die Verstümmelung meines realen Lebens als eine Geste der Unterwerfung unter eine imaginäre Zukunft. Ich möchte keiner politischen Bewegung angehören, die mich dazu zwingt, meinen eigenen Körper mit Argwohn und Angst zu betrachten. Ganz egal, welche Gedanken oder Befürchtungen wir in Hinblick auf die Zukunft haben, überall auf der Welt werden Frauen Kinder gebären, und ich gehöre zu ihnen, und wenn ich ein Kind bekomme, dann gehört es zu ihren Kindern. Eine ganz leise rationale Stimme in mir sagt, dass das keinen Sinn ergibt. Aber ich fühle es, ich fühle es, und ich weiß, dass es wahr ist.

Was dir bestimmt sehr viel dringlicher erscheint – und ich wünschte, ich wüsste, was du denkst, bitte antworte schnell und sag es mir! –, ist die Frage, ob ich überhaupt in der Lage bin, ein Kind großzuziehen. Ich bin gesund, ich habe einen Partner, der mich liebt und unterstützt, wir sind finanziell abgesichert, ich habe großartige Freunde und eine Familie, ich bin in meinen Dreißigern – alle Umstände sind wahrscheinlich so gut, wie sie nur sein können. Andererseits sind Simon und ich erst seit achtzehn Monaten (!) zusammen, wir wohnen in einer Zweizimmerwohnung, wir haben kein Auto, und ich bin eine riesige Idiotin, die erst kürzlich in Tränen ausgebrochen ist, weil sie keine einzige der Einstiegsfragen von »University Challenge« richtig beantworten konnte. Ist das ein Beispiel für angemessen vorbildhaftes Verhalten? Wenn ich den Tag damit zubringe, Kommas hin und her zu schieben, abends ein bisschen koche und Geschirr spüle und nach diesen einfachen Aufgaben so müde bin, dass ich durch den Boden sinken und eins mit der Erde werden könnte – ist das die Mentalität einer Frau, die bereit ist, ein Kind zu bekommen? Ich habe mit Simon darüber gesprochen, und er sagt, dass es mit über dreißig wahrscheinlich normal sei, nach dem Abendessen müde zu sein, also kein Grund, sich zu sorgen, und dass »alle Frauen« Weinanfälle bekämen, und obwohl ich weiß, dass das nicht stimmt, finde ich seine paternalistischen Ansichten über Frauen ganz charmant. Manchmal denke ich, er ist so perfekt dafür geeignet, Vater zu sein, so entspannt und zuverlässig und gut gelaunt, dass aus dem Kind auf jeden Fall etwas wird, egal, wie schrecklich ich bin. Er liebt die Vorstellung, dass wir zusammen ein Kind haben, so sehr – ich merke schon jetzt, wie glücklich und stolz er ist, und wie aufgeregt –, und es ist so berauschend, ihn auf diese Weise glücklich zu machen. Angesichts dessen, wie sehr er mich liebt, fällt es mir schwer, allzu schlecht über mich selbst zu denken. Ich weiß natürlich, wie töricht Männer in Bezug auf Frauen sein können. Aber vielleicht hat er recht – vielleicht bin ich gar nicht so schlecht, vielleicht bin ich sogar ein guter Mensch und wir werden eine glückliche Familie. Manchen Menschen gelingt das doch, oder nicht? Ich meine, eine glückliche Familie zu werden. Ich weiß, du kommst nicht aus einer solchen, und ich auch nicht. Aber Alice, ich bin immer noch so froh, dass wir geboren wurden. Was die Wohnung angeht, sagt Simon, ich solle mir keine Sorgen machen, weil wir uns einfach ein Haus in einer nicht so teuren Gegend kaufen können. Und natürlich hat er wieder davon angefangen, ob wir nicht darüber nachdenken sollten zu heiraten, wenn ich möchte ...

Stell dir das mal vor, ich als Mutter und verheiratete Frau in einem kleinen Reihenhaus irgendwo in den Liberties. Mit vollgemalten Tapeten und Legosteinen überall auf dem Boden. Ich muss schon lachen, wenn ich das nur tippe – du musst zugeben, es klingt so gar nicht nach mir. Andererseits konnte ich mir letztes Jahr auch nicht wirklich vorstellen, dass ich Simons Freundin sein würde. Ich meine damit nicht nur, dass es schwierig war, mir auszumalen, was unsere Familien sagen oder unsere Freunde davon halten würden. Ich meine, ich konnte mir nicht vorstellen, dass wir zusammen glücklich sein würden. Ich dachte, es würde wie alles andere in meinem Leben sein – kompliziert und traurig, weil ich eine komplizierte und traurige Person bin. Aber ich bin nicht mehr so, falls ich jemals so war. Und das Leben ist viel wandelbarer, als ich dachte. Ich meine, es kann lange Zeit schrecklich sein und später dann glücklich. Es ist nicht entweder so oder so – es wird nicht auf ein bestimmtes Gleis namens »Persönlichkeit« gesetzt und folgt ihm bis zum Ende. Aber ich dachte wirklich, so sei es. Jeden Abend, wenn wir mit der Arbeit fertig sind, schaltet Simon die Nachrichten ein, während ich koche, oder ich schalte die Nachrichten ein, während er kocht, und dann reden wir über die neuesten Richtlinien im Gesundheitswesen und darüber, was dem Bericht zufolge alle im Kabinett sagen und was Simon zufolge alle tatsächlich sagen, und dann essen wir und spülen ab, und hinterher lese ich ihm ein Kapitel aus *David Copperfield* vor, während wir auf dem Sofa liegen, und dann sehen wir uns eine Stunde lang die Trailer auf irgendwelchen Streamingdiensten an, bis einer von uns oder wir beide einschlafen, und dann gehen wir ins Bett. Und morgens wache ich auf und bin so glücklich, dass es fast wehtut. Mit jemandem zusammenzuleben, den ich wirklich liebe und respektiere, der mich wirklich liebt und respektiert – wie hat das mein Leben verändert. Natürlich ist gerade alles schrecklich, und ich vermisse dich inständig, ich vermisse meine Familie, ich vermisse Partys und Buchpremieren und Filme im Kino, aber das alles bedeutet nur, dass ich mein Leben wirklich liebe und dass ich mich darauf freue, es wiederzubekommen, zu spüren, dass es weitergehen wird, dass Neues geschehen wird, dass noch nichts vorbei ist.

Ich wünschte, ich wüsste, was du von alldem hältst. Ich habe immer noch keine Vorstellung davon, wie es sein wird – wie es sich anfühlen wird und wie die Tage vergehen werden, ob ich immer noch schreiben will oder kann, was aus meinem Leben wird. Ein Kind zu bekommen, ist vermutlich einfach das Normalste, was ich mir vorstellen kann. Und das ist es – ich will beweisen, dass das Normalste an menschlicher Existenz nicht Gewalt oder Gier, sondern Liebe und Zuneigung ist. Wem beweisen, frage ich mich. Vielleicht mir selbst. Jedenfalls: Außer dir weiß es noch niemand, und in den nächsten Wochen wollen wir es noch niemandem sagen, nur dir und Felix. Du kannst es ihm natürlich sagen, wenn du möchtest, oder Simon sagt es ihm am Telefon. Ich weiß, das ist nicht das Leben, das du dir für mich vorgestellt hast, Alice – dass ich ein Haus kaufe und ein Kind von dem Jungen bekomme, mit dem ich aufgewachsen bin. Es ist auch nicht das Leben, das ich mir für mich vorgestellt habe. Aber es ist das Leben, das ich habe, das einzige. Und während ich dir diese Nachricht schreibe, bin ich sehr glücklich. Alles Liebe.

Danksagung

Der Titel des Buchs stammt aus Friedrich Schillers Gedicht »Die Götter Griechenlandes« von 1788. Franz Schubert vertonte 1819 einen Teil des Gedichts. *Beautiful World, Where Are You?* war auch der Titel der Liverpooler Biennale 2018, die ich im selben Jahr während des Liverpool Literary Festival im Oktober besuchte.

Ich möchte mich hier für die Unterstützung bedanken, die ich während der Arbeit an diesem Buch erhielt. In erster Linie möchte ich meinem Ehemann danken, der es mir ermöglicht, so zu leben und zu arbeiten, wie ich es tue. John, ich kann nur versuchen, mit meinem Schreiben einen kleinen Teil der Liebe und des Glücks auszudrücken, die du in mein Leben gebracht hast. Und meinen Freundinnen Aoife Comey und Kate Oliver: Ich bin für jeden Tag unserer Freundschaft dankbar, und ich kann euch niemals genug danken.

Ich schulde John Patrick McHugh große Dankbarkeit, sein exzellentes frühes Feedback ließ mich eine dringend benötigte neue Richtung für dieses Buch finden. Ebenfalls zu Dank verpflichtet bin ich meiner Lektorin Mitzi Angel, die mir von Anfang an dabei half, das Gute an dem Roman zu erkennen und wie es besser werden konnte. Ich möchte auch Alex Bowler für seine gründlichen und sehr aufschlussreichen Anmerkungen danken. Weiterer persönlicher und beruflicher Dank gilt Thomas Morris und meiner Agentin und lieben Freundin Tracy Bohan.

Für die Unterhaltungen, die mir halfen, die Probleme des Buchs herauszukitzeln, und die mich in manchen Fällen bei faktischen und praktischen Fragen weiterbrachten, möchte ich mich bei Sheila, Emily, Zadie, Sunniva, William, Katie und Marie – und den oben genannten – bedanken.

Ich verbrachte eine herrliche Zeit in Santa Maddalena in der Toskana, um an diesem Roman zu arbeiten. Ich möchte Beatrice Monti della Corte von Rezzori und der Santa Maddalena Foundation für ihre Großzügigkeit danken, mich zu einem Aufenthalt dorthin eingeladen zu haben. Und Rasika, Sean, Nico, Kate, Fredrik – wie kann ich euch je für diese himmlischen Wochen danken?

Ich möchte ebenfalls die Unterstützung des Cullman Center in der New York Public Library erwähnen, wo ich von 2019–20 Stipendiatin war. Mein Dank gilt nicht nur der wundervollen Belegschaft dort, sondern auch meinen Mit-Stipendiatinnen und -stipendiaten, besonders Ken Chen, Justin E. H. Smith, und Josephine Quinn. Josephines Beitrag über den Zusammenbruch der Bronzezeit aus dem Jahr 2016 (›Your own ships did this!‹, *LRB*) hat eindeutig Eileens Denken in Kapitel 16 dieses Romans inspiriert (wobei natürlich alle Fehler von Eileen und mir stammen).

Und schließlich mein wärmster Dank an alle, die an Veröffentlichung, Vertrieb oder Verkauf dieses Buchs gearbeitet haben.

Quellennachweis

Eliot, T. S., *Das öde Land. Englisch und deutsch*, übers. v. Norbert Hummelt, Frankfurt am Main: Suhrkamp, 2008.

Ginzburg, Natalia, »Mein Beruf«, in dies., *Die kleinen Tugenden*, übers. v. Maja Pflug u. a., Berlin: Verlag Klaus Wagenbach, 2016, bearbeitet in Absprache mit der Übersetzerin.

O'Hara, Frank, *How to get there / Wie dahin kommen*, in ders., *Lunch Poems und andere Gedichte*, übers. v. Rolf Dieter Brinkmann, Köln: Kiepenheuer & Witsch, 1969.

Proust, Marcel, *Im Schatten junger Mädchenblüte. Auf der Suche nach der verlorenen Zeit 2*, übers. v. Eva Rechel-Mertens, Frankfurt am Main: Suhrkamp, 2004.